"十二五"国家重点图书

舰船舷侧结构损伤与防护

张　婧　编著

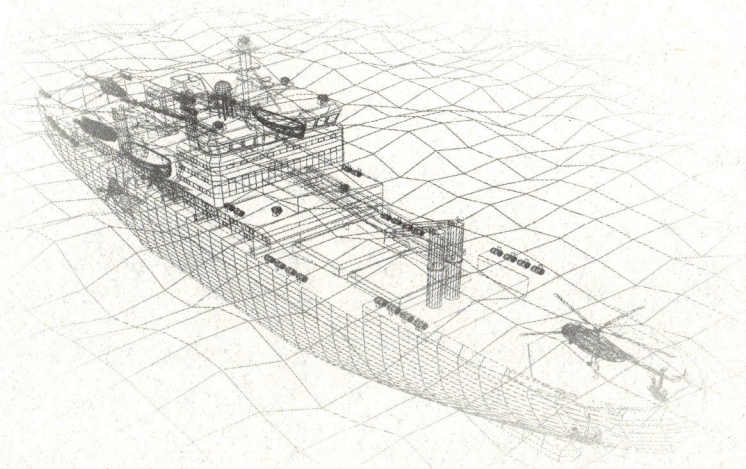

上海交通大学出版社
SHANGHAI JIAO TONG UNIVERSITY PRESS

内容提要

本书主要介绍接触爆炸对板架结构的破坏机理、船用加筋板结构的爆炸冲击破坏、舰船防护结构在爆炸下的破坏机理、舰船防护结构的抗爆影响、舰船舷侧在两发武器攻击下的破坏情况等内容。

本书可作为船舶与海洋工程专业及相关专业研究生教材使用,也可供从事船舶与海洋工程专业的研究人员参考。

图书在版编目(CIP)数据

舰船舷侧结构损伤与防护/张婧编著.—上海:
上海交通大学出版社,2015
ISBN 978 - 7 - 313 - 14089 - 0

Ⅰ. ①舰… Ⅱ. ①张… Ⅲ. ①军用船-船舷-船体结构-损伤(力学)-研究②军用船-船舷-船体结构-防护-研究 Ⅳ. ①U674.7

中国版本图书馆 CIP 数据核字(2015)第 271632 号

舰船舷侧结构损伤与防护

编　　著:张　婧
出版发行:上海交通大学出版社　　　　　　地　　址:上海市番禺路 951 号
邮政编码:200030　　　　　　　　　　　　电　　话:021 - 64071208
出 版 人:韩建民
印　　制:常熟市文化印刷有限公司　　　　经　　销:全国新华书店
开　　本:710 mm×1000 mm　1/16　　　　印　　张:13.75
字　　数:225 千字
版　　次:2015 年 11 月第 1 版　　　　　　印　　次:2015 年 11 月第 1 次印刷
书　　号:ISBN 978 - 7 - 313 - 14089 - 0/U
定　　价:68.00 元

前　言

我国是海洋大国,海域辽阔,海岸线长,保护我国的领土完整和主权的独立是海军的神圣使命。研究及评估反舰武器对水面舰船造成的损伤,对我国舰船的防护设计也具有相当大的指导意义。以此来提高国防的现代化水平,走科技强军之路,对保卫我国的安全具有重要意义。舰船在战斗中可能会受到来自空中和水下兵器的攻击,按照作用距离的远近可分为接触爆炸、近场和远场爆炸。远场爆炸在大部分情况下很难使结构丧失不沉性,难以对舰船形成致命性的打击。接触爆炸的大部分能量耗于船体结构的损伤,使船体结构出现较大破口,导致船体结构进水,甚至沉没。因此,开展舰船防护结构在接触爆炸作用下的冲击破坏及防护机理,对提高舰船的生命力和战斗力是至关重要的。

舰船舷侧损伤与防护涉及的范围较广,与应力波的传播、爆炸冲击动力学及流固耦合动力学都有着密切的联系。本书力求内容新颖和切合实用,内容多为作者近年来取得的一些研究成果。本书为舰船结构的抗爆抗冲击防护设计提供依据,可作为相关学科的研究人员及研究生的学习和参考用书。

本书分为绪论、接触爆炸对板壳结构的破坏机理、船用加筋板结构的爆炸冲击破坏、舰船防护结构在爆炸作用下的破坏机理、舰船防护结构的抗爆影响研究、舰船舷侧在两发武器攻击下的破坏共6章。第1章主要介绍了舰船结构损伤与防护概述、大型水面舰船的结构及主要防护形式、舰船结构损伤响应研究现状等内容。第2章介绍了爆炸冲击波的基本理论、分析接触爆炸作用下板壳的临界状态、破口的计算方法、单层钢板的数值模拟及失效概率等。第3章分析了接触爆炸下加筋板的破口、加筋板在接触爆炸下的响应数值方法、加筋板的冲击破坏。第4章分析了单向应变平面波的传播、爆炸冲击波对多层结构的破坏、水下接触爆炸作用下舰船防护结构的试验和仿真研究,并对结构的破坏概率进行研究。第5章对防雷舱在接触爆炸作用下的毁伤进行理论分析,并对舰船防护结构中空舱及液舱的抗爆影响进行分析。第 6 章考虑两发武器同时攻击和先后攻击下,分析结构的爆炸动响应。

在本书的形成和研究过程中,曾得到导师哈尔滨工程大学王善教授的悉心指导和帮助,对本书作出贡献的还包括施兴华博士、盖京波博士、欧阳志为博士、蔡金志硕士、张馨硕士,在此表示感谢。本书的部分理论来源于前人的著作,在此,对这些作者表示真诚的感谢。

由于作者水平和学识有限,书中肯定有欠妥和疏漏之处,恳请广大读者、同行和专家予以批评和指正。

目　录

第 1 章 绪 论

1.1 舰船结构损伤与防护概述

近年来,随着先进军事技术突飞猛进的发展,新型的舰船、水中兵器的问世以及相应攻防技术、材料技术、信息与智能技术日新月异的更新,舰船抗爆抗冲击技术发展的需求正在增长、要求也愈益提高。因此,各国海军都把舰船的抗冲击能力和舰船的生命力研究作为其重要研究任务。

水面舰船由于其体积硕大,并且拥有护航和辅助船只形成舰船编队。这就造成舰船编队前呼后应,极易遭受敌方武器的攻击。当今世界各大强国的核动力攻击型潜艇均携带有大量的潜射反舰导弹和鱼雷,其数量多在 20 枚以上,攻击力极强。哪怕只有一两艘突破水面舰船编队的反潜警戒圈到达攻击阵位,就足以对舰船产生相当大的威胁。由于舰船自身的防御能力相对不足,在一定条件下,多艘核潜艇仅凭自身携带的反舰导弹和鱼雷,即可对舰船展开饱和攻击,对其造成致命打击,防不胜防。所以,水面舰船在作战时不可避免地会受到来自空中和水中武器的攻击。

对舰船所造成损伤的攻击主要是由爆炸引起的。舰船所遭受的爆炸冲击可以分为非接触爆炸和接触爆炸两类。所谓非接触水下爆炸通常是指沉底水雷、深水炸弹等武器在离舰船数米至上百米的位置爆炸。非接触爆炸在多数情况下很难使舰船产生破口而丧失不沉性,难以对舰船形成致命打击。这种爆炸通常会带来冲击波载荷和气泡脉动载荷,不会使船体产生严重的破损和变形而导致舰船的沉没,但是可能引起船体剧烈的振动和较大塑性变形,导致船上各类重要设备广泛的冲击破坏及舰船总体结构的破损,使舰船失去战斗力。接触爆炸主要是指半穿甲反舰导弹、鱼雷等攻击武器命中舰船,直接作用于舰船舷侧或是依靠自身动能穿透舰船外壳,进入舰船内部延时爆炸,产生爆炸冲击波并且形成大量爆炸破片,从而造成人员的伤亡、舰船结构及设备的破损。接触爆炸使船体局部产生较大破口,部分舱室进水,严重情况下会造成大量舱室进水,甚至舰船沉没。对于舰船来说,不仅要有较强的作战能力,同时要有相应的生存能力,特别是在遭到敌方攻击下能够继续完成既定使命任务的能力。

舰船舷侧防护结构作为各种水面舰船抵御各种战术武器攻击的有效手段,一直以来受到各个国家的重视。舰船设置防护结构的目的就是为了有效地抵御各种战术武器的攻击,保证舰船在受到各种武器攻击下所产生的破损或毁坏程度能控制在允许的状态和范围内,从而提高舰艇的生存和作战能力。尤其是舰船内部的各种动力设备、电力设备、武器装备是舰船安全性和战斗力的有效保证,典型防护结构的设置能够对上述设备起到有效的保护作用。因此,现代舰船为了提高其抗爆抗冲击能力,特别是在遭到敌方攻击条件下的生存能力,有效地抵御各种战术武器的攻击,保证舰船在受到各种武器攻击条件下所产生的破损或毁伤程度被控制在允许的状态和范围内,通常在舷侧设置多层防护结构。

舰船防护结构是舰船的最后一道防线,其功能则在于,当舰船遭到反舰导弹战斗部直接命中后能够保护内部重要设备、弹药和燃料舱不受损伤,以避免一旦命中就造成舰毁人亡的情况。一个优良的防护结构,可将敌方费尽周折最终侥幸突防成功的反舰导弹"消化吸收",从而使敌方计划周密的进攻无功而返。相反,如果防护结构不可靠,一旦被敌方命中就会造成舰毁人亡的严重后果。因此,一艘舰船的防护结构是否安全可靠,关系到整个舰船的生命力。

1.2 大型水面舰船的结构及主要防护形式

1.2.1 大型水面舰船的主要结构形式

大型舰船的结构主要由主舰体、岛形上层建筑以及甲板设备等舰面部件构成。

现代大型舰船甲板以下的舰体部分为主舰体。主舰体在垂向以甲板和平台分成若干层空间。在纵向以水密横隔壁分为若干水密隔舱(见图1-1)。现代大型非对称舰船把甲板作为主舰体的加强甲板,而将舰底到甲板看成一个巨大的钢质箱型结构进行设计,从而达到安全抗爆的目的。甲板是纵向连通的,平台是局部的。一般甲板之间的高度约在2.4~2.8 m范围内。机库的高度取决于舰载机的高度,有时机库的高度要占去2~3层甲板的空间。下层的机舱和辅机舱也需要较大的高度。

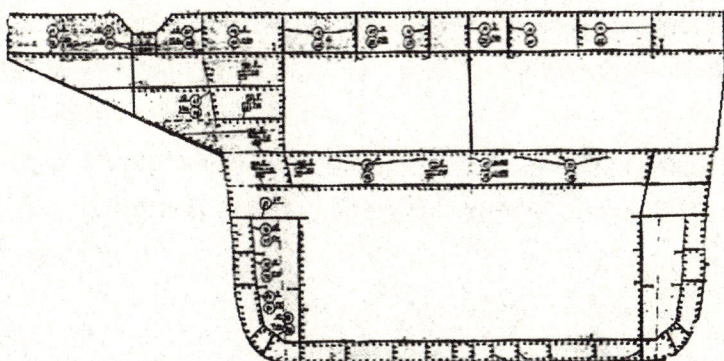

图 1-1 某型舰船的中横剖面

横向和纵向隔舱壁分割而成的是水密隔舱。水密隔舱可以防止舱室浸水蔓延到其他舱室，以保证舰船的安全。大型非对称舰船一般要求 4 舱进水不沉，而且稳性要求保持正值。水密舱壁达到的最高层甲板称为水密舱隔壁甲板。现代大型非对称舰船虽然已将甲板做成主舰体整体结构的一部分，但如果设置舷侧升降机，机库舷侧有较大的开口，故只能以机库甲板作为水密舱壁甲板。

由于大型舰船所担负的特殊使命，大型舰船的舰体结构和一般水面舰船有很大的差别。大型舰船的甲板要求有很大的舰长，必须保证大型舰船的主舰体有较强的总纵强度和刚度。大型舰船两舷的不对称外伸结构会造成剖面中和轴的偏转，导致剖面左右应力分布的差异。甲板和机库都会有一些较大的开口或开口群，在结构上有加强措施。

1.2.2 舰船的毁伤等级

现代化的大型水面舰船虽然装备了集攻防于一体的武器设备，但因目标大，航速低，易受到各种航空炸弹、空对地、地对地导弹、反舰导弹、鱼雷和水雷的攻击。现代对舰船攻击武器不仅破坏威力大大提高，而且命中精度和突防能力都有很大的改进。有关资料表明[1]：如果由 12 枚导弹同时攻击大型舰船编队，则导弹的突防概率为 42.5%；如果有 5 艘潜艇对大型非对称舰船编队以鱼雷为武器实施攻击，则大型舰船被击沉的概率为 7%，被击伤的概率为 23%。目前采用的舰船目标的毁伤等级分为 5 类[2]：

A 类：舰艇沉没，舰艇断裂或因严重火灾失控弃船，为完全丧失生命力。

B 类：舰艇无作战机动能力，漂浮水面仍具有不沉性，基本丧失生命力。

C类：舰体或主要设备系统遭受破坏，但仍具有不沉性；在 30 min 内修复后，仍具有手动操作下的舰艇机动能力和主要的防御作战能力，具有基本的生命力。

D类：舰体或主要设备系统遭受局部破坏，但仍具有不沉性；在 30 min 内修复后，仍具有手动操作下的舰艇机动能力和主要的防御作战能力，具有完全的生命力。

E类：舰艇完好，毫无损失。

1.2.3　舰船的防护结构模型

随着对舰攻击武器性能的提高，舰船装甲防护手段必须发生改变。大型舰船在关键部位都有装甲和隔舱等各种防护措施来提高整个舰船的生命力。大型舰船由于防护范围很大，而其有限的排水量对装甲结构的重量有严格的限制，舰船装甲防护结构不太可能采用很厚的装甲结构。大型舰船一般充分利用自身空间较大的优势，在结构上合理设计，采用较薄复合装甲的立体防护。目前，大型舰船装甲防护多采用结构化、立体化，充分利用空间来衰减攻击武器的破坏强度，从而在同样防护重量的前提下，进一步提高装甲防护的防护效果，以适应攻击武器发展的要求。大型舰船装甲—结构防护系统与舰体结构是相互交叉的，在一定条件下舰体结构可起到防护作用，而防护装甲又可以兼作舰体结构，参与保证舰体强度。

大型舰船装甲—结构防护系统主要是由甲板防护、水上舷侧防护、水下舷侧防护、底部防护和专门区域防护等部分组成。

大型舰船装甲—结构防护系统的作用是抵御武器攻击，使舰船在受攻击情况下的破损限制在允许的范围内。根据舱室的重要性，防护要求可分为 3 种：① 不允许任何弹片和气体进入；② 允许气体进入；③ 允许弹片进入，但不能扩大破坏的程度。例如弹药库破坏的危险最大，要求最高；动力机械舱的外层防护可以遭受破坏但不能被穿透；更次要的舱室可以允许弹片低速穿透。

舷侧结构防护主要包括水上结构防护和水下结构防护两方面。

水上结构防护可采用 4 种防护形式：一层防护壁、两层防护壁、栅状结构、屏蔽式结构。需要水上结构防护的舱室较为分散，所以水上防护类似"补丁"。

水下结构防护的范围比较大，它与整舰生命力要求密切相关，所以水下结构防护有很高的重要性。水下结构防护的主要对象是鱼雷和水雷。原则上不允许鱼雷和水雷接近大型舰船,但在密集攻击时仍可能突破防御系统,使舰船侧面受鱼雷攻击。因此大型舰船侧面防护的目的在于当鱼雷战斗部与舷侧接触爆炸或在舰船附近与船舷非接触爆炸时,能防止海水从破损处浸淹舰船的内部重要舱室。

1.3 舰船结构损伤响应研究现状

在海战中,水雷、鱼雷和深弹等水中兵器在水下爆炸时会产生冲击波和气泡脉动压力等载荷,这些载荷能导致舰船局部或总体结构发生严重毁伤,使舰船丧失战斗力。为提高舰船抗爆能力,各国海军都在进行水下爆炸载荷及其对舰船结构毁伤作用的研究,特别是各海军强国,如美国、澳大利亚等,在装药的设计和性能、爆炸机理、舰船响应等方面,通过采用理论分析、数值模拟、模型试验和实船试验等手段,开展了大量研究工作,基本涵盖了水下爆炸及其对舰船毁伤作用研究的主要方面,其研究成果为提高舰船生命力提供了科学依据。我国海军也开始逐渐重视这一方面的研究工作,许多研究单位和学者都不同程度地投入到了这一领域中。

水下爆炸载荷作用下的舰船结构响应是一个高度非线性的动态响应过程,涉及流固耦合、塑性动力学、断裂力学等多个学科,研究方法也涉及理论、试验、仿真等多个方面。

1.3.1 简单结构的爆炸冲击响应

舰船板架结构承受的爆炸载荷,是在很短时间内,在巨大冲击载荷作用下的一种复杂的非线性动态响应过程,属大变形、强非线性(包括材料非线性、几何非线性、运动非线性)问题,按其作用形式主要分为接触爆炸和非接触爆炸两种。通常接触爆炸主要造成舰船板架结构的局部损伤,而非接触爆炸的破坏作用则是全船性的。

舰船的生命力是舰船的一个重要的性能指标,舰船结构在爆炸冲击载荷作用下的变形与破损,是舰船结构动力学的一个重要课题。舰船主要是由板架结构组成的,研究板架结构在爆炸冲击载荷作用下的动态响应是研究舰船结构生命力的重点[3~7]。对于板、壳这一类结构,在 3 个方向的尺寸中,总有一个或两个方向的尺寸远较其他方向的尺寸为小,而突加载荷作用方向又往往就是尺寸最小的方向。在这种情况下,应力波传播时间比载荷作用时间短得多[8]。在动载荷作用下,结构的塑性变形将随时间而不断发展,其塑性区将不断扩大,最终导致结构的破坏。如果载荷较大,但作用时间较短,则施加于结构的能量有限。在这种情况下,物体的运动和变形将在输入能量消耗完以后,停止于一个确定的状态。

1) 理论研究现状

舰船局部结构主要由板、壳、梁等基本元素构成,对舰船局部结构的响应研究可简化为对这些简单结构的研究。理论研究的方法主要是求解流固耦合的瞬态运动微分方程,但因理论求解具有局限性,因此,早期的工作基本限制在对相对简单结构(圆板、方板、圆柱壳等)的塑性动力响应上。

板的动态响应研究首先是从圆板开始的,圆板的主应力方向一致,情况较为简单,对于其他形状的板则复杂得多。对爆炸荷载作用下的动态响应问题的难点在于爆炸荷载的加载与历史有关,板的本构关系变为高度非线性,板的变形与加载率有关。20世纪40年代以来,根据变形行为和本构关系的各种基本假定,对板的动态响应作了大量的理论分析。对板结构变形行为的基本假定,包括线性弯曲理论和考虑膜力的小挠度和大挠度理论等。能量理论在早期是分析简单结构(如板、梁)在爆炸作用下永久变形的行之有效的方法。根据外载荷所做的功与结构的变形能相等的原理,采用塑性铰线或移动塑性铰线的方法预报结构永久变形,是其中最简单明了的方法之一[9]。

Cole最早给出了水下爆炸作用下圆板的永久变形计算公式[10],Hopkins和Wang等对爆炸载荷作用下的圆板的塑性变形进行了很好的预报[11~13],当时的这些研究只考虑了板内塑性弯曲变形能,没有考虑膜力和剪力的变形能影响,也没有考虑应变率的影响。Florence等对简支圆铝板和钢板的实验表明当变形达到使膜力不能忽略的程度后,板的强度明显增加,弯曲理论只有在变形较小时才能预报准确[14]。Wierzbicki和Florence对受冲击波作用的固支圆板进行了实验和理论研究,计入了应变率效应[15]。Youngdahl和朱国琦等分析了梁和板在冲击作用下的塑性响应,讨论了不同的载荷波形对结构塑性动力响应的影响,指出只要波形的冲量和形心位置相同,则冲击效果就是相同的[16,17]。国内也有不少学者对圆板塑性动力响应进行了研究,王延斌等根据不同材料选用不同强度标准的统一强度理论,求解了简支圆板在中等脉冲载荷作用下的动力响应问题[18]。谌勇等分析了刚塑性圆板受水下爆炸载荷时的动力响应问题,分析了圆板的永久变形场,考察了流固耦合作用及空泡对结构响应的影响[19]。

对于非圆板的塑性动力响应,其情况要复杂得多。Cox 和 Morland 采用 Tohansen 屈服准则,给出了简支方板在均布载荷下的最终变形计算方法,但未考虑弹性应变、硬化和应变率的影响[20]。若考虑到水下爆炸载荷,问题会更加复杂。Taylor 采用一维笛卡儿坐标,将水视为线性流体,提出了空背板结构在水下爆炸弱冲击波作用下的精确解,但没有考虑水下爆炸的空穴效应[21]。之后,有人又采用模态法进一步研究了空背板结构在水下爆炸强冲击波作用下的动态响应。与 Taylor 不同的是,他们将水视为非线性流体,得到了一维笛卡儿坐标下的解析解,但他们同样也没有考虑空穴效应。Bleich 和 Sandler 则分析了空背板结构在水下爆炸弱冲击波作用下空穴现象产生的时间[22]。他们采用模态法,同时将水介质视为双线性流体,得到了空穴发生时间的解析公式。Huang 研究了二维轴对称弹性空背板在水下爆炸球面波作用下的瞬态变形,在不考虑空穴效应的情况下得到了该问题的理论解[23]。Jiang 等提出了一个分析加筋板在水下爆炸载荷作用下非线性动态响应的简化解析法[24]。他们沿用分析空爆作用下加筋板响应的方法,将加筋板模型视为刚塑性梁或交叉梁系,采用 Hains 线性声学理论近似考虑了流固耦合效应。在分析中,考虑了大变形和应变率效应等因素,通过控制水压力波形来计及空穴效应和二次加载现象,最后得到了理论解。Hains 模型的局限性在于,其只适用于求解结构的早期效应。他指出,如果要扩大该方法的适用范围,可以采用 Kirchhoff 的迟滞势理论来替代 Hains 模型。为此,Jiang 等提出了一个用迟滞势理论来分析水下爆炸载荷作用下圆板动态响应的有限元方法。用该方法计算的近场和远场爆炸作用下结构的响应与实验结果较为吻合[25]。Geers 通过引入"残余速度势"的方法,在三维空间内求解了弹性结构物与液流场间的相互耦合作用[26]。

对于舰船结构在水下爆炸载荷作用下的塑性动力响应问题,我国的研究主要是求出固支方板的理论响应解。吴成等借助能量原理和 Lagrangian 函数,研究了固支方板在水下爆炸载荷作用下变形的最终挠度的解析解[27]。吴有生等应用能量法提出了一种适用于非接触爆炸条件下单向加筋船体板架塑性变形的能量公式[28]。刘土光等利用能量法及刚塑性结构模型,研究了在爆炸载荷作用下加筋板的塑性动力响应,提出了该类结构爆炸冲击载荷作用下的变形模式及判别条件[29]。唐文勇等利用能量法及刚塑性本构模型,对加筋板结构的塑性动力响应进行了分析,导出了指数载荷作用下加筋板塑性动力响应的持续时间及最大残余变形的表达式[30]。朱锡等利用能量原理,在考虑中面膜力影响的基础上,推导了爆炸载荷作用下舰船板架最大残余变形的计算公式[31]。牟金磊等利用能量原理,通过将加筋板变形分为整体变形和局部变形两部分,进而推导出了计算爆炸载荷作用下复杂加筋板变形挠度的解析公式[32]。盖京波等对舰船板架在接触爆炸载荷作用下的变形问题进行了研究。基于变分原理得到四边固支的板架残余变形的近似计算公式,根据破坏准则给出了估算破口半径的近似方法,并与经验公式进行了比较,结果表明此方法可应用于舰船结构在爆炸冲击波作用下的破坏或防护方面的工程预测,从而为舰船的安全防护设计提供了理论依据[33]。

以上研究多基于能量法。能量法忽略中间复杂过程而直接计算最终状态,虽降低了理论计算难度,但却不能详细反映结构响应过程。在考虑塑性变形过程、运用解析法求解结构塑性动响应方面,于政文从理论上分析了受均布冲击载荷作用下,位于弹性基础上的简支理想刚塑性方板的塑性动力响应,给出了中载和高载情况下各相对爆炸载荷作用下的固支方板进行理论分析,导出了固支方板在爆炸载荷作用下的应变场,分析了爆炸载荷下固支方板的破裂形式,给出了破裂临界压力值[34]。施兴华等应用薄板塑性动力响应波动解及动态断裂准则,从理论上推导了薄钢板在爆炸冲击作用下产生初始环向裂纹即发生临界破坏时的装药量,给出板的临界位移理论表达式[35]。在水下爆炸载荷作用下求解舰船结构响应,流固耦合影响不容忽视,但由于计算难度非常大,因而考虑流固耦合的理论计算的文献尚不多见。

2) 试验研究现状

在理论上,由于水下爆炸问题涉及流体和船体结构的相互耦合作用,数学物理模型的建立尚不十分完善,且由于较强的非线性因素,使得数值计算工作量很大,因此,目前研究结构在水下爆炸载荷作用下的动态响应在很大程度上依赖于试验。在对所建立的数学物理模型进行检验和对理论与数值计算结果进行验证方面,试验研究都是十分必要的。

Rentz用试验手段研究了加筋平板在水下爆炸载荷作用下的动态响应,并进行了数值计算[36]。Gifford等对具有初始裂纹的焊接厚板在水下爆炸载荷作用下的动态响应进行了研究,并做了一系列试验[37]。Shima等研究了水下爆炸产生的气泡以及气泡的破裂对复合材料结构的冲击作用[38]。Goertner等和Thrun等研究了水下爆炸产生的气泡对圆板产生的冲击力,并分别研究了轴对称结构及不对称加筋结构两种情况[39,40]。

对于固支圆板在爆炸载荷作用下的变形与能量关系,Gleyzal 进行了理论推导和实验验证,发现圆板在冲击动响应过程中所吸收的能量与板变形的平方近似成正比[41]。为了进一步研究板变形与吸收能量的关系,Fye P. M 等做了一系列的实验,通过在板上分布应变片测得应变数据计算板吸收的能量。给出的结论是:在板格中心变形相等的条件下,板的变形为抛物线型时所吸收的能量与球型变形几乎相同,圆锥型变形与双曲型变形为球型变形所吸收能量的 1/2[42]。

近年来,国外研究的热点主要是舰船结构在爆炸冲击载荷作用下的毁伤模式,主要方法是试验与数值仿真相结合。Nurick 和 Olson 通过对加筋方板进行研究,给出了爆炸压力载荷作用下加筋方板响应的试验与仿真结果,提出随着载荷强度的增加,应变率敏感的板呈现出两种失效模式:塑性大变形和拉伸撕裂,在数值分析中,通过考虑几何、材料非线性和应变率效应的影响,发现在加强筋较弱的情况下,裂纹首先出现在固支边界处,在加强筋较强的情况下,裂纹则首先从加强筋处开始[43]。在后续的研究中,Nurick 等又将板的失效模式进行了细分,按照有无颈缩现象及颈缩出现的位置,将塑性大变形分为 3 种子模式:无明显颈缩、边界处局部颈缩和整个边界颈缩[44],将撕裂模式也进一步分为 3 种子模式:部分撕裂、随中点挠度的增加而完全撕裂、随中点挠度的减小完全撕裂[45]。

Houlston 对不同厚度的方形薄板进行了水下爆炸研究,获得了相应的位移分布值[46]。Ramajeyathilagam 等通过试验和数值仿真,将爆炸载荷作用下板的破坏模式进行细化[47,48],指出除上述两种破坏模式外,还有剪切破坏。并对Jones 和 Nurick 提出的变形预测与实验结果进行验证,得到了令人满意的结果。Chung 等和 Langdon 等进行了不同形式(包括平板、单筋、双筋、十字加筋、双十字加筋)的固支加筋方板分别在均布和局部爆炸载荷作用下的系列实验和数值研究,观察加筋板结构的失效模式。考虑了不同加筋形式、加筋尺寸对板架结构变形的影响[49,50]。

我国由于条件所限,试验研究开展较少。刘润泉等对船体单元结构模型进行了一系列的水下接触爆炸试验,拟合了经验破口估算公式中的系数。该公式可用于估算固支方板受水下接触爆炸作用产生的破口。由于公式中仅考虑了炸药药量和板厚而未考虑加强筋的影响,对于船舶结构中较常见的加筋板结构的破口预测会有较大偏差[51]。朱锡等人对四边刚性固定的加筋板结构进行了水下接触爆炸试验,提出了板架结构加强筋相对刚度的概念,描绘不同尺寸加强筋在不同装药量下对板架结构破口范围的影响,并对现有的水下接触爆炸作用下的板架破口长度估算公式进行了修正[52]。吴成等人对气背固支方板进行了不同药量和爆距的水下爆炸冲击试验,并与理论计算结果进行了比较[53]。牟金磊等对水下爆炸载荷作用下的加筋板塑性动力响应进行了系列试验研究和仿真研究[54,55]。吴成等对固支方板爆炸冲击作用下变形挠度进行了理论推导,并进行了相关的实验研究。对比分析发现边界的约束条件对靶板的变形有较大的影响。这对以后的实验研究工作的开展具有很大的指导意义[53]。

总的来看,由于该领域的试验属破坏性试验,因而花费巨大,试验条件要求也比较高。我国具备试验条件的单位不多,试验研究开展得也较少,且多数试验是为了验证理论或数值仿真而做的验证性试验,缺乏大量、系统的试验研究。

3) 数值仿真研究现状

实验研究是再现物理过程最可靠的手段。但是爆炸实验对于实验场地、实验设备要求严格,操作复杂,实验周期长等,难于大规模进行,所以不便于广泛应用。同时,对水下爆炸作用下加筋板架这样复杂的结构响应的理论分析也比较困难。在这样的背景下,数值仿真计算便显得十分必要。尤其是在20世纪60年代以后,随着计算机硬件技术的发展以及计算方法的完善,水下爆炸的数值仿真研究得到了很大的发展,同时由于数值仿真方法具有研究周期短和投入经费少等优点,目前数值仿真已经成为水下爆炸研究的热点。许多高瞬态非线性有限元分析程序,如 LS - DYNA,ABAQUS,ADINA,DYTRAN 等得到了广泛使用。数值仿真的关键在于要保证仿真结果的可靠性,这主要取决于输入参数、建模方法、计算手段等多方面的因素。

随着计算机技术、结构有限元、边界元以及流固耦合、非线性弹塑性动力响应软件的成熟以及大型工作站、巨型机的出现,对舰船结构的爆炸动力响应和破坏模式的研究出现了一个数字化的模拟时代。目前,数值模拟和仿真手段已由原来可有可无的角色成为该领域研究中的重要组成部分。国外在此方面开展得比较早,且已取得了大量成果。

Rudrapatna 等给出了四周固定的方形钢板在冲击载荷作用下的数值仿真结果,考虑了几何非线性、材料非线性和材料应变率效应的影响,提出了一个用包含弯曲、张力和横向剪力的交互式失效准则来预报结构的失效模式,开发了节点释放准则,用于仿真板从边界处开裂的过程[56]。Liang 等提出了一个耦合非线性有限元和双重渐进逼近法(DAA 法)的程序,其中考虑了瞬态动力学、几何非线性、材料的弹塑性和流固耦合[57]。

近年来,国外的仿真研究取得了大量研究成果,达到了较高水平,基本能准确预报结构的响应。随着各种商用有限元程序的引进,我国近年来从事数值仿真研究的学者越来越多,也取得了大量研究成果[58~61]。冯刚等人结合DYTRAN 软件和 NASTRAN 软件计算了水下爆炸载荷作用下受损圆柱壳的剩余屈曲强度,并提出了一种结合上述两种软件计算加肋圆柱壳剩余屈曲强度的方法,其数值计算结果与试验结果吻合较好[62]。另外,还比较了肋骨和肋间壳板在迎爆面、侧爆面和背爆面处的中面有效应力和应变,分析了壳体的破坏机理和最终变形,计算结果表明计算中需考虑应变率效应的影响[63]。姚熊亮等采用有限元软件 ANSYS/LS-DYNA 对圆筒结构水下爆炸进行了研究,并对流场边界的约束进行了讨论,提出了人工边界在确定边界约束上的应用,并将有限元计算结果与实验结果进行对比分析,认为 ANSYS/LS-DYNA 在计算较远距离的水下爆炸问题上存在着一定的局限性[64]。贾宪振等根据流固耦合的 Taylor平板理论和 Cole 的水下爆炸经验公式,得到了水下爆炸冲击波作用下平板迎爆面的总压力载荷,将压力载荷嵌入 ABAQUS 程序的用户自定义载荷子程序VDLOAD 中,实现了对 ABAQUS 的二次开发,模拟了水下爆炸冲击波作用下固支平板的塑性动力响应,其结果与试验结果吻合较好[65]。

由于西方国家对我国计算水下爆炸专用程序 USA 进行技术封锁,因此与发达国家相比,我国的仿真研究水平还有很大差距,多数研究都需要进行试验验证才能确保精度。

1.3.2 水面舰船的破坏研究

对于水面舰船的破坏,学者们进行了广泛的研究[66~69]。解析方法主要用于分析规则结构的响应和破坏,数值方法分析复杂结构的响应和破坏,试验大多用于验证分析结果。

1) 理论研究现状

对于水下爆炸的研究理论上则基本没有突破 Cole 奠定的理论框架[70],二战以后的几十年基本上以应用研究为主。1950 年出版的《水下爆炸研究》1~4卷汇集了大量的舰船抗爆研究资料,从爆炸载荷到舰船的破坏都进行了系统的研究。Keil 对水面舰船的爆炸动响应和破坏进行了系统的论述。指出水面舰船的船体破坏主要分为 3 种模式：第一种模式为舷侧破坏,主要由直接接触爆炸引起。由于舷侧的加强筋比较弱,加强筋与面板变形一致,冲击较强时面板和加强筋同时破坏。第二种模式为底部结构破坏,由船底下方爆炸引起的冲击波和气泡脉动压力作用所致。由于船底部的加强筋比较强,加强筋与面板变形的量值不一致,出现面板凹陷,冲击较强时面板撕裂,而加强筋不完全破坏。第三种模式为船体纵桁破坏,由非接触爆炸条件下的冲击波和气泡脉动压力共同作用下的总体鞭状震荡响应(Whipping)所致。表现为在整船的一个截面或几个截面上形成塑性铰,纵桁被拉压至屈服或失稳,舷侧出现自上而下的皱褶[71]。通常沉底水雷的爆炸会产生这种破坏。

吉田隆对二战期间日本舰船的破坏情况进行了总结,给出了舰船在接触爆炸条件下的破口尺寸的经验公式[72]。这一公式比其他的经验公式得出的数值大一些,可能与日本二战期间的舰船由商船改装而来有关。中国船舶科学研究中心也曾结合小模型试验和国外的资料,提出了破口半径的估算公式。姚熊亮等运用弹塑性理论及 Mindlin 理论,计入了大型非对称舰船在波浪中运动的总纵应力,分析了大型非对称舰船的甲板在爆炸载荷作用下的弹塑性动力响应,给出了不同结构的甲板安全区、轻微破坏区和严重破坏区的范围[73]。姚熊亮等将船体梁视为两端自由的 Timoshenko 梁,在借用二维切片法和水弹性方法的基础上,计算船体梁在水下爆炸二次脉动压力下的响应特性[74]。

盖京波对舰船舷侧防护结构在爆炸载荷作用下的破坏进行了研究。基于理想刚塑性材料模型假定,采用能量原理分析了圆板在接触爆炸载荷作用下的塑性动力响应,从理论上导出了破口半径的计算公式[75]。徐双喜研究了导弹穿透靶板的机理,推导了锥形弹体低斜角和高斜角穿甲薄板的剩余速度公式。研究了舰舷板架结构抵抗反舰导弹穿甲性能,提出了舷侧板架抗穿甲的设计建议和泄爆舱室横舱壁角隅较优的抗爆加强结构形式[76]。

冲击波和气泡脉动的出现是水下爆炸的两大主要现象。水下爆炸时,爆炸冲击波过后,爆炸产物形成的气泡中还有相当部分能量,气泡在与周围水介质的相互作用下,膨胀和压缩,产生滞后流与脉动压力。水下爆炸产生的气泡脉动压力具有非常强的破坏力。当气泡靠近船体时,气泡收缩还会引起射流,产生非常高的局部压力,造成船体的局部破坏[77,78]。

2) 试验研究现状

水面舰船是各国海防的重要力量,对各国海军具有重要作用。舰船的抗爆抗冲击性能以及生命力研究一直受到各国的重视。大型水面舰船舷侧防护结构抗爆抗冲击性能的研究由于保密原因,国内外关于这方面公开文献较少,而且基于舰船结构的复杂性,理论研究也较少,多数研究也仅限于试验以及有限元数值仿真研究。

美国海军对每一新型舰船的首制舰均进行实船水下爆炸试验,考核达到指标后方能服役,考核不合格的必须进行修改设计以达到抗爆抗冲击的要求,图 1-2 展示了美国航母海上实船爆炸试验,俄国海军在舰船抗爆抗冲击方面开展大量研究,形成了法规性文件,对每一新型舰及改型舰进行抗爆抗冲击和生命力评估。西欧等海军强国也对舰船的抗爆性能进行了大范围的试验研究,以期提高舰船的生命力,图 1-3 展示了德国、意大利海上实船爆炸试验。

图 1-2　美国航母海上实船爆炸试验

图 1-3　德国、意大利海上实船爆炸试验

1992 年秋,意大利在退役的"EXMARGOTTIN 1"号驱逐舰上进行了全尺度 6 次不同强度水下爆炸试验,获得了全船及加筋板在水下爆炸载荷作用下的动态响应分布情况[79]。意大利对一艘 2 500 t 驱逐舰进行了实船水下爆炸试验,

获得舰船受振荡效应下的振型和频率[80]。

但是由于保密性要求，国外的大部分资料都查不到，或者说不能得到完整准确的数据。中国船舶科学研究中心也曾结合小模型试验和国外的资料，提出了破口半径的估算公式。我国已建立水面舰艇舱段模型水下爆炸试验方法的标准[81]。

我国很早就开始对水面舰船的抗爆抗冲击性能进行研究，20世纪80年代初进行了"汾河"号登陆舰和0286扫雷舰的实船水下爆炸试验，取得了一些宝贵的数据资料[82]。随着理论和试验研究的深入以及大型有限元分析软件的应用，确定了对舰船的抗爆抗冲击性能以及生命力评估的相关指标，基于此陆续对其他水面舰船进行了海上实船爆炸试验，使评估体系得到不断的修正和完善。图1-4给出了某实船爆炸试验的结构变形图。

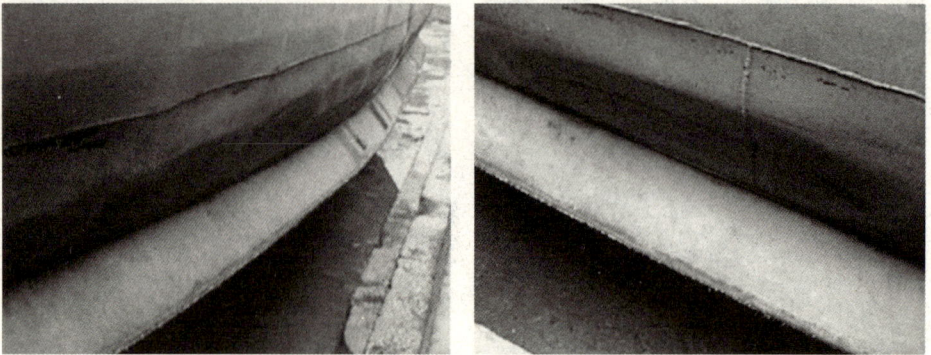

图1-4 实船爆炸试验的结构变形

对水面舰艇防雷舱结构模型进行水下抗爆能力系列试验，探讨了有无水中防御结构的利弊及防护效果，并对防雷舱进行水下抗爆设计，通过试验方法定性分析了舷侧防雷舱结构的防护机理。Wierzbicki等以及张振华等对接触爆炸载荷作用下的船体板的破损吸能进行了研究[83,84]。张振华、朱锡等从吸能率的角度分析了各层防护结构的防护机理，并对各层结构的吸能进行了研究，为从理论角度合理有效地设计舷侧防雷舱结构提供参考[85]。

非接触爆炸在大部分情况下很难使结构丧失不沉性，虽然可以使舰船丧失战斗力，却难以对舰船形成致命性的打击。接触爆炸的大部分能量耗于船体结构的损伤，船体结构出现较大破口，使舰船的主体结构、重要构造和要害部位遭受严重破坏，导致舰船总体强度削弱或破坏。反舰武器直接爆炸作用于舰船结构的问题,国内外学者在理论上的研究都还不够,主要采用试验的方法。叶本治等分析了半穿甲反舰导弹战斗部对舰船的毁伤机理、效果以及整体穿甲、爆破、杀伤等功能,根据计算和战例说明,一枚半穿甲型战斗部直接命中可使大中型舰船沉没或严重丧失战斗力[86]。为开展舰艇接触爆炸冲击环境研究,计算模拟某舰在预定武器直接命中时的接触爆炸冲击环境,陈继康等组织实施了舰艇的接触爆炸冲击环境模型试验。这是我国首次进行的舰艇接触爆炸冲击环境的模型试验,通过对模型的理论计算结果与模型试验实测结果(模型的破口形状和尺寸、形成花瓣的数量、模型破片击穿结构情况、破口周围和其他部位的变形情况以及结构易损部位等)进行比较,为计算模拟某舰在接触爆炸载荷作用下结构动态响应、破损强度、不沉性和剩余强度提供前提[87]。大型非对称舰船等大型舰船在关键部位都有多层壳和吸能舱等各种防护措施来提高整个舰船的生命力[88]。对于这方面的问题由于涉及军事机密,公开发表的文献不多。余同希从理论上分析了结构能量吸收的原理及主要结构形式[89,90]。黄祥兵等分析了大型水面舰船防雷舱的设计,根据板的破坏模式来计算吸收能量[91]。

侯海量、朱锡等通过对典型半穿甲导弹打靶实验中舰艇结构破坏模式的观察结合数值模拟,分析了舱内爆炸载荷的特征以及舱内爆炸下舱室板架结构的失效模式[92]。侯海量等采用典型舱室结构进行了舱内爆炸模型实验,研究了舱内爆炸下的冲击载荷及其作用过程,分析了舱室板架结构的失效模式[93]。余俊、张伦平等对舱内爆炸进行了实验研究,初步建立了舱内爆炸破损范围的计算方法[94]。

朱锡等分析了舰艇舷侧防御结构在水下爆炸载荷作用下的破坏机理,设计了不同防雷舱模型,并进行了模型试验[95]。试验证明了水下舷侧防雷舱结构能够大大减小水下接触爆炸对舰体的破坏作用,有效提高结构的抗爆能力。

3) 数值研究现状

实船的抗冲击试验不仅复杂而且昂贵,而数值模拟则是节省成本的一个好方法。姚熊亮等以某船的船体结构和型线为基础,建立有限元分析模型,利用LS-DYNA程序计算了船体在不同炸药当量、起爆位置、有限元网格划分时的冲击环境,分析了船体在不同工况下的冲击响应[96]。

杜志鹏等将一种基于FCT算法的高精度爆炸流体动力学程序与LS-DYNA动力学有限元软件相连接,同时考虑了穿甲、爆炸破片和爆炸冲击波的耦合作用,对半穿甲内爆式反舰导弹攻击下舰船舷侧防护结构的响应与破损全过程进行了数值模拟[97]。孔祥韶等考察了舱壁开口对舱室破坏效果的影响,同时分析了爆炸产生的破片和二次破片对舱室结构的毁伤作用[98,99]。朱建方等通过数值模拟分析了反舰导弹的侵彻爆炸毁伤效应进行了分析[100]。李伟等利用导弹模拟战斗部进行了舱室内部爆炸模型试验,研究内爆条件下高速破片和爆炸冲击波对舱室结构的联合毁伤效应,分析舱内爆炸环境下舱室板架结构的典型破坏模式[101]。

为探讨舷侧防护结构的舱室抗爆设计,严波等研究了舱室爆炸载荷作用下,典型舷侧防护结构的抗爆性能,对防护结构的破坏形式、纵舱壁的响应等进行了详细分析[102]。陈卫东等基于某型舰船舷侧防护结构,对水下接触爆炸载荷作用下舰船舱段模型的动态响应进行数值仿真研究[104]。李青等对 5 种舷侧结构,在远场水下非接触爆炸载荷作用下的动态性能进行了对比分析。研究表明,在此种载荷条件下,舷侧双壳结构的抗冲击性能优于传统单壳舷侧结构[105]。

目前,国内外关于舰船的毁伤研究已经展开,在理论分析、数值模拟、实验研究等方面都取得了一定的成效。国外的研究开展得较早,取得的成果也较多,但是由于保密性要求,我们可以查询到的数据资料并不完善;国内研究起步较晚,和欧美先进国家差距比较明显。

1.4 舰船结构损伤与防护发展展望

(1) 复合材料和新型结构的应用是舰船发展的一个重要方向,舰船的抗爆结构中也可引入新的复合材料或结构形式来提高对战斗部爆炸的防御能力。由于复合材料自身的特殊性以及其流固耦合的独特性,使复合材料结构在水下爆炸载荷作用下的动态响应计算十分复杂,今后的研究工作中应开展复合材料的抗爆结构在反舰武器攻击下的响应研究及复合材料动态特性和参数相关的基础研究。为复合材料的抗水下爆炸研究提供有效的理论分析依据。

(2) 点阵金属材料是一种具有有序微结构的多孔材料,具有体密度小、比表面积大、比力学性能高等特点。将其作为芯材的夹芯结构在爆炸冲击载荷作用下,因结构动态失稳产生巨大的塑性变形并转化为热能,可吸收掉大部分的冲击能量,因而具有优良的缓冲吸能和抗爆炸冲击性能,在舰船结构水下抗爆问题的研究中得到重视。而在理论解析研究方面,从微结构角度预测材料宏观动力学响应的本构模型研究虽还处在初步阶段,但无疑是一种趋势。为进一步提高点阵金属夹芯结构在爆炸冲击载荷作用下的比力学性能,突出轻质、高强的特点,点阵金属夹芯结构出现了向复合材料方向发展的趋势。

(3)在计算方法上,无网格法与有限元法相比有其优点,在涉及网格畸变、网格移动等问题中它有明显的优势,同时它的前处理过程也比有限元法更为简单。但目前从文献看来国内应用较少,有待进一步研究。

(4)在对大型水面舰船舷侧典型功能防护舱室机理的研究基础上,可通过对其进行优化以获得防护效果更好、占用空间和质量更小的结构形式,以达到舰船整体作战效能最大化的目标。战斗部爆炸载荷下防护结构优化设计方法的建立和验证是开展这一工作的前提。

参考文献

[1] 朱熹,冯文山.大型非对称舰船装甲—结构防护系统概述[J].海军工程大学学报,1993,65(4):50-56.

[2] 曹柏桢.飞航导弹战斗部与引信[M].北京:宇航出版社,1995.

[3] 马晓青.冲击动力学[M].北京:北京理工大学出版社,1992.

[4] Gupta A D, Gregory F H, Bitting R L, et al. Dynamic analysis of an explosively loaded hinged rectangular plate[J]. Comput Struct, 1987, 26: 339-344.

[5] Klaus M H. Response of a panel wall subjected to blast loading[J]. Comput Struct 1985,21: 129-135.

[6] Houlston R, Slater J E, Pegg N, et al. On analysis of structural response of ship panels to air blast loading[J]. Computer Struct, 1985, 21: 273-289.

[7] Koko T S, Olson M D. Non-linear transient response of stiffened plates to air blast loading by a super element approach[J]. Compute Methods Appl Mech Eng, 1991, 90: 737-760.

[8] 杨嘉陵,余希同,王仁.结构塑性动力响应当前的进展和研究重点[J].力学进展,1993.

[9] 刘燕红,朱锡.舰船结构塑性动力响应研究进展[J].海军工程大学学报,1998,85(4): 92-100.

[10] Cole R H. Underwater explosions[M]. USA: Princeton University Press, 1948.

[11] Hopkins H G, Prager W. On the dynamics of plastic circular plate[J]. ZAMP, 1954, 5: 317-330.

[12] Wang A J, Hopkins H G. On the Plastic Deformation of Built-in circular Plates under Implusive Load[J]. J Mech Phys Solids, 1954, 3: 22-37.

[13] Wang A J. The permanent deflection of a plastic plate under blast loading[J]. J. Appl Mech, 1955, 22: 375-376.

[14] Florence A L, Abrahamson G R. A theory for critical loads to damage a cylindrical shell by a large underwater explosion[R]. 1966, AD-A042074 (DNA4047F).

[15] Wierzbicki T, Florence A L. A theoretical and experimental investigation of impulsively loading clamped circular viscoplastic plates[J]. Intl. J Solid Struc, 1970, 6: 553-568.

[16] Zhu G Q, Huang Y G, Yu T X, et al. The characteristic curves of plastic response of structures to general pulse loading[C]. Proc Intern Sym Intensive Dynamic Loading. Beijing, 1986: 564-569.

[17] Youngdahl C K. Influence of pulse shape on the final plastic deformation of a circular plate[J]. Intl J Solid Struc, 1971, 17: 1127-1141.

[18] 王延斌, 俞茂宏, 肖耘, 等. 冲击载荷作用下简支圆板的塑性动力响应统一解[J]. 2003, 23(5): 405-414.

[19] 谌勇, 唐平, 汪玉, 等. 刚塑性圆板受水下爆炸载荷时的动力响应[J]. 爆炸与冲击, 2005, 25(1): 90-96.

[20] Cox A D, Morland L W. Dynamic plastic deformations of simply-supported square plate[J]. J. Mech. Phys. Solids, 1959(7): 229-241.

[21] Taylor G I. The pressure and impulse of submarine explosion waves on plates[J], Undenvater Explosion Resealch, VOI. I, office of Naval Research, 1950: 1155-1173.

[22] Bleich H H, Sandler I S. Interaction between structuresand bilinear fluids[J]. International Journal of Solidsand Structures, 1970, 6(5): 617-639.

[23] Huang H. Transient bending of a large elastic plate by an incident spherical pressure wave[J]. Journal of Applied Mechanics, 1974, 41(3): 772-776.

[24] Jiang J, Olson M D. Rigid-plastic analysis of underwater blast loaded stiffened plates[J]. International Journal of Mechanic Science, 1995, 37(8): 843-859.

[25] Jiang J, Olson M D. Non-linear transient analysis of submerged circular plates subjected to underwater explosions[J]. Computer Methods in Applied Mechanics and Engineering, 1996, 134(1-2): 163-179.

[26] Geers T L. Residual potential and approximate methods for three dimensional fluid — structure problem[J]. The Journal of the Acoustical Society of America, 1971, 49(5B): 1505-1510.

[27] 吴成, 倪艳光, 郭磊, 等. 水下爆炸载荷作用下气背固支方板的动态响应分析[J]. 北京理工大学学报, 2007, 27(3): 205-209.

[28] 吴有生, 彭兴宁, 赵本立. 爆炸载荷作用下舰船板架的变形与破损[J]. 中国造船, 1995(4): 55-61.

[29] 刘土光, 胡要武, 郑际嘉. 固支加筋方板在爆炸载荷作用下的刚塑性动力响应分析[J]. 爆炸与冲击, 1994, 14(1): 55-65.

[30] 唐文勇, 陈铁云. 加筋板结构的塑性动力响应分析[J]. 上海交通大学学报, 1996,

30(8)：73－80.

[31]　朱锡,刘艳红,张振中,等.非接触爆炸载荷作用下舰船板架的塑性动力呼应[J].武汉造船,1998(6)：1－4.

[32]　牟金磊,朱锡,张振华,等.爆炸冲击作用下加筋板结构变形研究[J].海军工程大学学报,2007,19(6)：12－16.

[33]　盖京波,王善,杨世全.舰船板架在接触爆炸冲击载荷作用下的破坏[J].舰船科学技术,2005,27(5)：16－18.

[34]　于政文.冲击载荷作用下简支方板的理论解[J].振动与冲击,1999,18(1)：17－22.

[35]　施兴华,张婧,王善.接触爆炸载荷作用下单层薄板临界破坏分析[J].南京理工大学学报(自然科学版).2009,33(2)：238－241.

[36]　Rentz T R. An experimental investigation into the dynamic response of a stiffened flat plate loaded impulsively by an underwater shockwave, A123151[R]. 1984.

[37]　Gifford L N, Carlberg J R, Wiggs A J, et al. Explosive testing of full thickness precracked weldments[J]. ASTM Special technical Publication, 1990(1074)：157－177.

[38]　Shima A, Tomita Y, Gibson D C, et al. The growth and collapse of cavitation bubbles near composite surfaces[J]. Journal of Fluid Mechanics, 1989, 203：199－214.

[39]　Goertner J F, Thrun R, Berry J E. Underwater explosion bubble collapse against a flat plate[R]. 1987 NSWC Hydrotank Test Series Pressure Data Report, Naval Surface Warfare Center Technical Report NSWCDD/TR－92/482, 1993.

[40]　Thrun R, Goertner J, Harris G. Underwater explosion bubble collapse against a flat plate [R]. Naval Surface Warfare Center technical report NSWCDD/TR－92/482, 1993.

[41]　Gleyzal A N. Plastic deformation and absorption of energy by thin circular plates under normal loading[M]. Compendium on Underwater Explosion Research, 1950.

[42]　Fye P M, Eldridge F E. Diaphragm gauge studies of underwater explosion[M]. Compendium on Underwater Explosion Research, 1951.

[43]　Nurick G N, Olson M D. Deformation and tearing of blast — loaded stiffened square plates [J]. International Journal Impact Engineering, 1995, 16(2)：273－291.

[44]　Nurick G N, Gelman M E, Marshall N S. Tearing of blast loaded plates with clamped boundary conditions[J]. International Journal Impact Engineering, 1996, 18(7/8)：803－827.

[45]　Nurick G N, Shave G C. The deformation and tearing of thin square plates subjected to impulsive loads — an experimental study [J]. International Journal of Impact Engineering, 1996, 18(1)：99－116.

[46]　Houlston R. Damage assessment of naval steel panels subjected to tree — field and enhanced air — blast loading [C]//Advances in Marine Structures, 2nd Intl Conference, Elsevier Seience Publishers Ltd, 1991.

[47]　Ramajeyathilagam K, Vendhan C P, Rao V B. Non-linear transient dynamic response

of rectangularplates under shock loading [J]. International Journal of Impact Engineering, 2000, 24(10): 999 - 1015.

[48] Ramajeyathilagam K, Vendhan C P. Deformationand rupture of thin rectangular plates subjected to underwater shock[J]. International Journal Impact Engineering, 2004, 30(6): 699 - 719.

[49] Chung K Y, Nurick G N. Experimental and numericalstudies on the response of quadrangular stiffened plates. Part I: Subjected to uniform blast load[J]. International Journal of Impact Engineering, 2005, 31 (1): 55 - 83.

[50] Langdon G S, Chung K Y, Nurick G N, et al. Experimentaland numerical studies on the response of quadran — gular stiffened plates. Part II: Localised blastloading[J]. International Journal of Impact Engineering, 2005, 31(1): 85 - 111.

[51] 刘润泉,白雪飞,朱锡. 舰船单元结构模型水下接触爆炸破口试验研究[J]. 海军工程大学学报,2001,13(5): 41 - 46.

[52] 朱锡,白雪飞,黄若波,等. 船体板架在水下接触爆炸作用下的破口试验[J]. 中国造船, 2003,44(1): 46 - 52.

[53] 吴成,金俨,李华新. 固支方板对水中爆炸作用的动态响应研究[J]. 高压物理学报, 2003,17(4): 275 - 282.

[54] 牟金磊,朱锡,张振华,等. 水下爆炸载荷作用下加筋板变形及开裂试验研究[J]. 振动与冲击,2008,27(1): 57 - 60.

[55] 牟金磊,朱锡,张振华. 水下爆炸作用下加筋板结构响应的数值仿真研究[J]. 船海工程,2006,35(6): 12 - 16.

[56] Rudrapatna N S, Vaziri R, Olson M D. Deformationand failure of blast — loaded square plates[J]. International Journal Impact Engineering, 1999, 22(4): 449 - 467.

[57] Liang C C, Tai Y S. Shock responses of a surface ship subjected to noncontact underwater explosions[J]. Ocean Engineering, 2006, 33(5/6): 748 - 772.

[58] 姚熊亮,李克杰,张阿漫. 水下爆炸时舰船正交异性板的简化方法研究[J]. 中国舰船研究,2006,1(3): 30 - 37.

[59] 张馨,王善,陈振勇,等. 水下接触爆炸作用下加筋板的动态响应分析[J]. 系统仿真学报,2007,19 (2): 257 - 260.

[60] 王伟力,曾亮,朱建方. 水下爆炸的数值模拟研究现状[J]. 海军航空工程学院学报, 2006,21(2): 209 - 216.

[61] 李磊,冯顺山. 水下爆炸对舰船结构毁伤效应的研究现状及展望[J]. 舰船科学技术, 2008,30(3): 26 - 30.

[62] 冯刚,朱锡,张振华. 水下爆炸载荷作用下受损加肋圆柱壳的剩余屈曲强度计算[J]. 海军工程大学学报,2004,16(4): 97 - 101.

[63] 张振华,朱锡,冯刚,等. 水下爆炸冲击波作用下自由环肋圆柱壳动态响应的数值仿真研究[J]. 振动与冲击,2005,24(1): 45 - 48.

[64] 姚熊亮,王玉红,史冬岩,等. 圆筒结构水下爆炸数值实验研究[J]. 哈尔滨工程大学学报,2002,23(1):5-8,36.

[65] 贾宪振,胡毅亭,董明荣,等. 水下爆炸冲击波作用下平板塑性动力响应的数值模拟[J]. 舰船科学技术,2007,29(6):41-44.

[66] Menon S. Experimental and numerical studies of underwater explosions[R]. AD-A317378,1996.

[67] Reid W D. Response of surface ships to underwater explosions[R]. AD-A326 738,1996.

[68] Sewell R G. Blast overview and near-field effects[R]. AD-A088 239,1980.

[69] Naval Sea System Command. Shock design criteria for surface ships[M]. NAVSEA 0908-LP-000-3010,Colts Neck,NJ,1995.

[70] P. 库尔. 水下爆炸[M]. 罗曜杰,等译. 北京:国防工业出版社,1960.

[71] Keil A H. The response of ships to underwater explosions[J]. SNAME,1961,69:366-410.

[72] 吉田隆. 旧海军舰船の爆弹被害损伤例について(1)[J]. 船の科学,1990,43(5):69-73.

[73] 姚熊亮,瞿祖清,陈起富. 爆炸载荷作用下大型非对称舰船飞行甲板的弹塑性动力响应[J]. 哈尔滨工程大学学报,1996,17(3):21-30.

[74] 姚熊亮,陈建平. 水下爆炸二次脉动压力下舰船抗爆性能研究[J]. 中国造船,2001,42(2):48-54.

[75] 盖京波. 舰船结构在爆炸冲击载荷作用下的局部破坏研究[D]. 哈尔滨:哈尔滨工程大学,2005.

[76] 徐双喜. 大型水面舰船舷侧复合多层防护结构研究[D]. 武汉:武汉理工大学,2010.

[77] Vernon T A. Whipping response of ship hulls from underwater explosion bubble loading[R]. AD-A178 096,1986.

[78] Moussouros Minos. Analysis of explosion-induced bending damage in submerged shell targets[R]. AD-A169 009,1984.

[79] 彭兴宁. 船舶结构对水下非接触爆炸的响应[J]. 舰船力学情报,1994,4.

[80] 高秋新. 爆炸引起的船体振荡[J]. 舰船力学情报,1992,9:41-55.

[81] 国防科学技术工业委员会. 水面舰舱段模型水下爆炸试验方法. CB/Z272-2004.

[82] 第六机械工业部船舶系统工程部. ××实艇水下爆炸材料汇编[G]. 1982.

[83] Wierzbicki T. Pedaling of plates under explosive and impact loading[J]. International Journal of Impact Engineering. 1999,22:935-954.

[84] 张振华. 舰艇结构水下抗爆研究[D]. 武汉:海军工程大学博士论文,2004.

[85] 张振华,朱锡,等. 水面舰船舷侧防雷舱结构水下抗爆防护机理研究[J]. 船舶力学,2006,10(1):113-119.

[86] 叶本治,黄启友,戴全君,等. 半穿甲反舰导弹战斗部的毁伤效果分析[R]. CAEP Report-MCSP-0014,1995.

[87] 陈继康,岳茂裕.舰艇接触爆炸冲击环境和近舰水下爆炸破口模型试验[J].舰船论证参考,1993(2):1-8.

[88] 朱锡,冯文山.大型非对称舰船的装甲-防护结构防护系统概述[R].海军工程学院,1993,4.

[89] 余同希.利用金属塑性变形原理的碰撞能量吸收装置[R].力学进展,1985,2.

[90] 余同希.结构的耐撞性和能量吸收装置[R].力学与实践,1985,3.

[91] 黄祥兵,朱锡,刘勇.大型水面舰艇舷侧水下防雷舱吸能结构论证设计[J].海军工程大学学报,2000,92(3):61-65.

[92] 侯海量,朱锡,等.舱内爆炸载荷及舱室板架结构的失效模式分析[J].爆炸与冲击,2007,27(2):151-158.

[93] 侯海量,朱锡,李伟,等.舱内爆炸冲击载荷特性实验研究[J].船舶力学,2010,14(8):901-907.

[94] 余俊,张伦平,等.舰船结构舱内爆炸破损范围计算方法研究[C].第十届全国冲击动力学学术会议论文集:1-10.

[95] 朱锡,张振华,刘润泉,等.水面舰艇舷侧防雷舱,结构模型抗爆试验研究[J].爆炸与冲击,2004,24(2):133-139.

[96] 姚熊亮,侯健,王玉红,等.水下爆炸冲击载荷作用时船舶冲击环境仿真[J].中国造船,2003,44(3):71-74.

[97] 杜志鹏,李晓彬,等.反舰导弹攻击舰船舷侧防护结构过程数值仿真[J].哈尔滨工程大学学报,2006,27(4):484-487.

[98] 孔祥韶,吴卫国,等.舰船舱室内部爆炸的数值模拟研究[J].中国舰船研究,2009,4(4):7-11.

[99] 孔祥韶.大型水面舰艇舷侧防护结构内爆的数值模拟研究[D].武汉:武汉理工大学,2009.

[100] 朱建方,王伟力,等.反舰导弹战斗部的侵彻爆炸毁伤效应研究[J].兵工学报,2010,31(+1):190-194.

[101] 李伟,朱锡,等.战斗部舱内爆炸对舱室结构毁伤的实验研究[J].舰船科学技术,2009,31(3):34-37.

[102] 严波,彭兴宁,潘建强.舱室爆炸载荷作用下舷侧防护结构的响应研究[J].船舶力学,2009,13(1):107-114.

[103] 梅志远,朱锡,刘润泉.船用加筋板爆炸载荷下动态响应数值分析[J].爆炸与冲击,2004,24(1):80-84.

[104] 陈卫东,孙逸,于诗源.水下接触爆炸载荷作用下舰船舱段动态响应的数值仿[J].南京理工大学学报,2006,30(4):499-502.

[105] 李青,吴广明.水面舰艇舷侧抗冲击防护结构形式初探[J].中国舰船研究,2008,3(3):26-29.

第 2 章　接触爆炸对板壳结构的破坏机理

2.1　爆炸冲击波

　　舰船在战争环境中可能受到舰炮、航空炸弹、鱼雷等各种反舰武器的攻击。因此,舰船的生命力是舰船的一个重要指标,舰船抗爆和舰船生命力的研究一直是世界各国关注的焦点。爆炸载荷是舰船抗爆设计和抗冲击分析的重要基础,是结构动力学响应的输入条件,爆炸载荷的准确描述直接影响结构抗爆能力的分析精度。因此,全面准确地认识并掌握爆炸载荷的原理和描述方法对于结构的动力学响应分析至关重要。

2.1.1　爆轰的 CJ 模型

　　爆轰波是沿爆炸物传播的一种强冲击波,与一般的冲击波不同点在于,其传过后,爆炸物因受到它的强烈冲击作用而立即发生高速化学反应,形成高温高压的爆炸产物并释放出大量的化学反应热能,所释放出来的这些能量又供给爆轰波对下层爆炸物进行冲击压缩。因此,爆轰波就能够不衰减地稳定传播下去,爆轰波就是后面带有一个高速化学反应区的强冲击波。

　　19 世纪末 20 世纪初 Chapman 和 Jouguet 提出了一套经典的爆轰波的流体力学理论,即 Chapman-Jouguet 理论,简称为爆轰波的 CJ 理论[1]。

　　爆轰波的 CJ 理论是在热力学和流体力学的基础上建立起来的,是平面一维的理想爆轰波的定型传播过程。所谓平面一维的理想爆轰波,即假定爆轰波面为无限宽的一维平面波,并认为在其传播过程中没有能量的耗散过程,在化学反应区中释放出来的能量全部用来支持爆轰波的自行传播。

　　研究舰船结构受爆炸载荷作用时,一般不需要考虑爆轰反应区的细节。通常不计爆轰波反应区的厚度,认为炸药微元在通过爆轰波阵面时瞬间完成化学释能反应,并转变为热力学平衡的爆轰产物。考察以定常爆速 D 传播的平面一维爆轰波。在上述假定下它被看成一个无厚度的强间断面,前后炸药和产物的状态均匀。根据炸药和爆轰产物满足的质量、动量和能量守恒关系式,得到爆轰产物诸物理量与爆速及炸药物理量的关系:

$$\rho_0(D-u_0) = \rho_1(D-u_1) \tag{2-1}$$

$$p_0 + \rho_0(D-u_0)^2 = p_1 + \rho_1(D-u_1)^2 \tag{2-2}$$

$$E_0 + p_0 v_0 + \frac{1}{2}(D-u_0)^2 = E_1 + p_1 v_1 + \frac{1}{2}(D-u_1)^2 \tag{2-3}$$

式中,ρ_0,p_0,u_0,v_0,E_0 ——炸药的初始密度、压力、速度、比容和单位质量的总能量;

ρ_1,p_1,u_1,v_1,E_1 ——爆轰产物的密度、压力、速度、比容和单位质量的总能量。

将式(2-1)代入式(2-2)得 Rayleigh 线

$$p_1 - p_0 = \frac{(D-u_0)^2}{v_0^2}(v_0 - v_1) = \frac{(D-u_1)^2}{v_1^2}(v_0 - v_1) \tag{2-4}$$

式(2-4)表明,当爆轰波的波速 D 一定时,该式是以 v 为自变量、p 为因变量的线性方程,它在 p,v 平面内为以 $o(p_0,v_0)$ 点为初始点的斜线。显然,若波速 D 不同,则相应的斜线斜率也不同。通过 $o(p_0,v_0)$ 点的某一波速线乃是一定波速的冲击波传过具有同一初始状态的不同介质所达到的终点状态的连线,这是波速线所包含的物理意义。

将式(2-4)代入式(2-3)得冲击绝热线:

$$E_1 - E_0 = \frac{1}{2}(p_1 + p_0)(v_0 - v_1) \tag{2-5}$$

式(2-5)体现了冲击波阵面通过前后介质内能的变化($E_1 - E_0$)与波阵面压力(p_1)和比容(v_1)的关系。在 p,v 状态平面上,冲击绝热方程可用以介质初态 $o(p_0,v_0)$ 为初始出发点的一条凹向 p 和 v 轴的曲线描述。冲击绝热线上各个点的状态就是不同波速冲击波的波速线与冲击绝热线相交点的状态,其情况如图 2-1 所示。

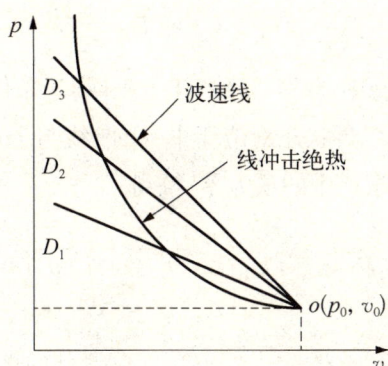

图 2-1　冲击波的波速线和冲击绝热线

将式(2-5)改写为

$$\Delta e = \frac{1}{\gamma-1}(p_1 v_1 - p_0 v_0) = \frac{1}{2}(p_1+p_0)(v_0-v_1)+Q \quad (2-6)$$

式中，Q——爆轰反应所释放出来的化学能；

Δe——爆轰波面通过前后介质参数变化所引起的内能变化，$\Delta e = e_1 - e_0$；

γ——爆轰产物的等熵指数，对于高密度的凝聚炸药，爆轰产物的 γ 值可近似取为 3。

联立式(2-4)和式(2-6)解出

$$\begin{cases} \dfrac{p_1-p_0}{p_0} = \dfrac{\gamma}{\gamma+1}\left[(M_0^2-1)\pm\sqrt{\dfrac{(M_0^2-1)^2-2(\lambda^2-1)M_0^2Q}{\gamma p_0 v_0}}\right] \\[3mm] \dfrac{(u_1-u_0)}{D-u_0} = \dfrac{p_1-p_0}{\gamma p_0 M_0^2} \\[3mm] \dfrac{v_1}{v_0} = \dfrac{1}{(\gamma+1)M_0^2}\left[\gamma M_0^2+1\pm\sqrt{\dfrac{(M_0^2-1)^2-2(\lambda^2-1)M_0^2Q}{\gamma p_0 v_0}}\right] \end{cases} \quad (2-7)$$

式中，M_0——波前炸药相对于波阵面的 Mach 数，$M_0 = D-u_0/c_0$；

c_0——波前炸药的声速，$c_0^2 = \gamma P_0/\rho_0$。

炸药都由其材料性质和装药条件等决定其爆速，爆轰波以该速度传播。Chapman 和 Jouguet 认为，爆轰波若能定型传播，爆轰反应终了产物的状态与 Mie-Gruneisen 线和爆轰波 Hugoniot 曲线相切点的状态对应。其切点即为定常传播的爆轰波反应终了产物的状态，称为 CJ 状态，此时满足：

$$u_J + C_J = D_J \qquad (2-8)$$

该式称为 Chapman-Jouguet 方程,简称 CJ 方程或 CJ 条件。

根据 CJ 条件,定常爆轰状态对应于 Reyleiy 线与 Hogoniet 线的切点 J,此时式(2-7)有重根。取根式中的项为零,得到

$$D = \frac{1}{2}\left(D_J + \sqrt{D_J^2 + 4\gamma P_0 v_0}\right) \qquad (2-9)$$

CJ 爆速的定义是 $D_J = \sqrt{2(\gamma^2-1)Q}$,实际测到的爆速与 D_J 十分接近。以 D_J 为参数,CJ 状态下产物的各物理量可写为

$$
\begin{cases}
p_J - p_0 = \dfrac{\rho_0 D D_J}{\gamma+1} \approx \dfrac{\rho_0 D_J^2}{\gamma+1} \\[2ex]
\dfrac{v_0}{v_J} = \dfrac{\rho_J}{\rho_0} = \left(\dfrac{\gamma+1}{\gamma}\right)\left[1 - \dfrac{P_0}{(\gamma+1)P_0 + \rho_0 D D_J}\right] \approx \dfrac{\gamma+1}{\gamma} \\[2ex]
C_J = \dfrac{\gamma D D_J}{\gamma+1}\,\dfrac{1 + \dfrac{(\gamma+1)P_0 v_0}{D D_J}}{\sqrt{D D_J + \gamma P_0 v_0}} \approx \dfrac{\gamma D_J}{\gamma+1} \\[2ex]
u_J = D - C_J \approx \dfrac{D_J}{\gamma+1}
\end{cases}
\qquad (2-10)
$$

2.1.2 爆轰的二维模型

CJ 模型的假设之一是爆轰产物作平面一维层流流动,但实际的炸药尺寸都是很有限的,无法避免边侧稀疏影响。即使在坚硬管子中传播的气体爆轰波,产物在靠近管壁处形成边界层,流动情况也有异于轴线附近的流场。

考察从一端起爆的柱形装药,当爆轰波传播相当距离后,波阵面变为同初始起爆速度无关的凸曲面形状,而且基本上不再随时间变化,可以认为这时反应区的流动是定常的。有限直径药柱中的上述二维定常爆轰波后方的流线是向外发散的,流线的扩张相当于一种损耗因素。

在波阵面参考系中建立柱坐标系,原点位于波阵面上,轴线为 x 坐标,方向向后,ξ 为径向坐标,在这两个方向上爆轰产物速度分量分别为 u 和 v。柱对称二维定常反应流动方程组可化为

$$\begin{cases} u\dfrac{\partial \rho}{\partial x} + \rho\dfrac{\partial u}{\partial x} = -2\rho\Big(\dfrac{\partial v}{\partial \xi}\Big)\Big|_0 \\[3mm] \rho u\dfrac{\partial u}{\partial x} + \dfrac{\partial \rho}{\partial x} = 0 \\[3mm] \dfrac{\partial p}{\partial \xi} = 0 \\[3mm] \dfrac{\partial e}{\partial x} + \rho\dfrac{\partial v}{\partial x} = 0 \\[3mm] \dfrac{\partial \lambda}{\partial x} = \dfrac{r}{u} \end{cases} \tag{2-11}$$

式中,下标 0 表示轴线上的值。式(2-11)同一维爆轰的差别在于质量守恒方程中增加了发散项 $-2\rho(\partial v/\partial \xi)\big|_0$。

假定反应物的物态方程为

$$e = e_{\mathrm{e}}(p,\ \rho) - q\lambda \tag{2-12}$$

式中,$e_{\mathrm{e}}(p,\ \rho)$ ——反应炸药的物态方程;

λ ——反应度,$\lambda = 0,1$ 分别表示未反应炸药和完全反应产物;

q ——比反应热。

二维定常流动方程组可改写为包括有反应项的形式:

$$(c^2 - u^2)\frac{\partial u}{\partial x} - 2uv\frac{\partial v}{\partial x} + (c^2 - v^2)\frac{\partial v}{\partial s} + Nc^2\frac{v}{\xi}$$

$$= \frac{qr}{\rho}\Big(\frac{\partial e}{\partial p}\Big)^{-1} - uv\Omega = qr\Gamma - uv\Omega \tag{2-13}$$

式中,Γ ——Gruneisen 系数;

Ω 旋量—— $(\partial v/\partial x - \partial u/\partial s)$;

x ——爆轰波阵面形状 $x = f(\xi)$;

r ——反映速率。

假定药柱尺寸和爆轰波阵面的曲率半径都比一维反应区长度大,经近似后可得径向速度为

$$v = -\frac{\mathrm{d}f}{\mathrm{d}\xi}\frac{D}{\gamma+1}\big[1 + \sqrt{(1-\lambda)}\,\big] \tag{2-14}$$

在实际爆轰过程中,当爆轰波沿直径为有限尺寸的药柱传播时,反应产物必然要发生径向膨胀,而这种径向膨胀引起了向反应区内传播的径向稀疏波。径向稀疏波是爆轰波沿装药传播过程中能量损失的最主要原因。

根据 Bohm 有效装药量的概念,对于半径为 r、高度为 l 的裸露炸药柱,由于侧向稀疏和后部稀疏的作用,该药柱的有效装药高度为

$$l_{\text{eff}} = \begin{cases} \dfrac{2}{3}r & l \geqslant \dfrac{9}{2}r \\ \dfrac{4}{9}l - \dfrac{8l^2}{81r} + \dfrac{16l^3}{2\,187r^2} & l < \dfrac{9}{2}r \end{cases} \tag{2-15}$$

2.1.3　爆轰产物和固体的状态方程

1) 爆轰产物的状态方程

炸药爆轰的计算除了流体力学方程组(即质量、动量和能量守恒关系)外,还必须使用描述爆轰产物各热力学关系的状态方程。凝聚炸药爆炸形成爆轰产物时,其状态在 CJ 点附近温度高达数千度,压力高达数十吉帕。它们在膨胀降压过程中相互之间还进行着复杂的化学反应和松弛过程。由此可知,凝聚炸药的爆轰产物物态方程的研究在理论和实践上都很困难。根据一些理想化假设,提出了各种模型来描述爆轰产物的物态变化。由于爆轰过程所发生的各种反应的复杂性,各种理论模型都包含一些需用试验测定的参数。

Davis 认为凝聚炸药爆轰产物的行为类似于固体,并提出了如下状态方程:

$$p = Av^{-\gamma} + \frac{B}{v}T \tag{2-16}$$

式中,A,B,γ——与炸药性质有关的常数;

T——温度。

对于实际中常用的炸药,其密度 ρ_0 一般都在 $1\ \text{g/cm}^3$ 以上,因此,爆轰产物中的热压强 $(B/v)T$ 对压力的作用相对于冷压强来说要小得多。若将热压强的作用忽略,则式(2-16)可简化为

$$p = Av^{-\gamma} = A\rho^{\gamma} \tag{2-17}$$

2) 固体的状态方程

固体的物态方程或冲击压缩规律的建立是一个非常复杂的课题,固体在受

到高温高压情况下还会发生相态和晶形的变化,决定介质的冲击压缩性规律的最常用的方法是实验。近三四十年来已经对许多固体材料和液体的冲击压缩性进行了系统的测量。实验结果表明,绝大多数密实介质的冲击波速度 D 与质点速度 u 之间呈线性关系,即

$$D = a + bu \tag{2-18}$$

式中,a,b——实验确定的与材料性质有关的常数。

根据冲击波的动量守恒方程:

$$p = \rho_0 Du \tag{2-19}$$

得到材料的冲击绝热方程为

$$p = \rho_0 (a + bu)u \tag{2-20}$$

典型的钢板中冲击波的冲击压缩方程为

$$p = 7.9(4.57 + 1.490u)u \tag{2-21}$$

2.1.4　爆轰波的传播和相互作用

1) 一维爆轰波的传播

由于冲击压缩和化学释能反应,炸药粒子通过爆轰波阵面时状态发生跃变,并产生熵增。但不计黏性、热传导、扩散和辐射等输运过程,波阵面后爆轰产物的流动是等熵的。可用理想可压缩流动方程组描述,并以爆轰波阵面为其动边界。

在常定爆轰条件下,平面一维爆轰产物的 Taylor 波解为

$$u = \frac{2}{\gamma+1}\frac{x}{t} - \frac{D_J}{\gamma+1} \quad c = \frac{\gamma-1}{\gamma+1}\frac{x}{t} + \frac{D_J}{\gamma+1} \tag{2-22}$$

引入参量 Z 表示爆轰强度,$Z = 0$ 表示 CJ 爆轰,$Z = 1$ 表示无限强爆轰。

$$Z = \sqrt{1 - \frac{D_J^2}{D^2}} = \sqrt{1 - \frac{2(\gamma^2-1)Q}{D^2}} \tag{2-23}$$

得到爆轰波阵面处产物的参数为

$$\begin{cases} P_1 = \dfrac{\rho_0 D^2}{\gamma + 1}(1 + Z) = \dfrac{D_J}{1 - Z} \\[3mm] u_1 = \dfrac{D}{\gamma + 1}(1 + Z) = u_J \sqrt{\dfrac{1+Z}{1-Z}} \\[3mm] v_1 = \dfrac{\gamma v_0}{\gamma + 1}\left(1 - \dfrac{Z}{\gamma}\right) = v_J\left(1 - \dfrac{Z}{\gamma}\right) \\[3mm] C_1^2 = \gamma \rho_1 v_1 = C_J^2 \dfrac{1 - Z\gamma}{1 - Z} \end{cases} \quad (2-24)$$

利用 RH 关系可得波阵面上产物声速和粒子速度的一般关系式为

$$C_1^2 = \gamma u_1 (D - u_1) \tag{2-25}$$

2) 二维爆轰波的传播

在爆轰波的传播中,严格的二维反应流动理论或数值计算十分困难。但当炸药装药体积较大时,在所考虑的区域和时间内可避免来自外部边界稀疏影响,并且炸药在爆轰性能上各向同性,由 Huygens 原理可计算二维爆轰波的传播问题。

由爆轰途径与爆轰波阵面的正交性,$\mathrm{grad}\,F = S/D$,从而导出爆轰波传播的方程为

$$|\,\mathrm{grad}\,F\,|^2 = \left(\frac{\partial F}{\partial x}\right)^2 + \left(\frac{\partial F}{\partial y}\right)^2 + \left(\frac{\partial F}{\partial Z}\right)^2 = D^{-2}(x,\ y,\ z) \tag{2-26}$$

式中,F——爆轰波阵面,在 $t = 0$ 时,$F(x,\ y,\ z) = 0$;

$S(x,\ y,\ z)$——爆轰途径的单位方向向量;

D——当地爆速。

3) 平面爆轰波的正反射

平面爆轰波在固壁上正反射如图 2-2 所示。假设入射和反射冲击波的波速分别为 D_1 和 D_2。入射波前、后和反射波后的区域中物理量分别用下标 0,1 和 2 表示。

由于刚性固壁不变形,反射波后至固壁间的(2)区中粒子的速度为零。

$$\sqrt{(p_1 - p_0)(u_0 - u_1)} = \sqrt{(p_2 - p_1)(u_1 - u_2)} \tag{2-27}$$

对于 γ 率气体,式(2-27)可解出

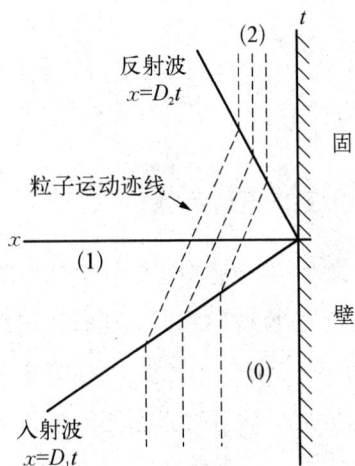

图 2-2　冲击波在刚性固壁上的正反射

$$\frac{p_2}{p_1} = \frac{(3\gamma-1)p_1-(\gamma-1)p_0}{(\gamma-1)p_1+(\gamma+1)p_0} \qquad (2-28)$$

写成超压比形式即是

$$\frac{p_2-p_0}{p_1-p_0} = 1+\frac{2\gamma p_1}{(\gamma-1)p_1+(\gamma+1)p_0} \qquad (2-29)$$

在 CJ 爆轰情况下, $D_1 = D_J$, 假设 $P_0 \approx 0$, 得到固壁反射冲击波的初始参数为

$$\begin{cases} u_2 = 0 \\[2mm] \dfrac{p_2}{p_J} = \dfrac{5\gamma+1+\sqrt{17\gamma^2+2\gamma+1}}{4\gamma} \\[4mm] \dfrac{\rho_2}{\rho_J} = \dfrac{4\gamma^2+\gamma+1+\sqrt{17\gamma^2+2\gamma+1}}{2(2\gamma^2+\gamma-1)} \\[4mm] \dfrac{D_2}{D_J} = -\dfrac{1}{\gamma+1}\left\{\sqrt{\dfrac{\lambda}{2}\left[(\gamma+1)\dfrac{P_2}{P_J}+(\gamma-1)\right]}-1\right\} \end{cases} \qquad (2-30)$$

反射波后的熵增是

$$S_2 - S_1 = C_v \ln\left[\frac{p_2}{p_1}\left(\frac{\rho_2}{\rho_1}\right)^2\right] \qquad (2-31)$$

式中, C_v ——爆轰产物的定容比热。

对于 $\gamma = 3$ 的 CJ 爆轰波, 熵增很小, 约 $0.08\,C_v$, 一般可以假定爆轰波从固壁上反射的是弱冲击波。由声学近似确定的反射波速度为

$$D_2 = -\frac{(5\lambda - 3)D_J}{4(\lambda + 1)} \qquad (2-32)$$

该式与式(2-26)的精确解十分接近。

2.1.5 钢板中爆炸冲击波的初始参数

爆轰产物向介质中飞散时,在介质中必然产生爆炸冲击波,同时在爆轰产物中或者产生反射冲击波,或者产生反射稀疏波。这种反射波的性质取决于炸药及介质的物理性质。如果炸药的冲击阻抗 $\rho_0 D$ 比介质的冲击阻抗 $\rho_{m0} D_m$(ρ_{m0} 为介质的原始密度,D_m 为冲击波速度)小,反射时界面上的压力 p_x 高于爆轰波的 CJ 压力 p_H,则产物中的反射波为冲击波。反之,如果炸药的冲击阻抗大于介质的冲击阻抗,界面上的压力 p_x 将低于爆轰波的 CJ 压力 p_H,则传入产物中的反射波为稀疏波。

装药在钢板表面的接触爆炸,由于炸药的冲击阻抗小于钢板的冲击阻抗,炸药装药爆炸后在介质中形成冲击波,同时反射回爆轰产物中的也是冲击波,此时分界面处冲击波的初始压力 p_x 大于爆轰波的 CJ 压力 p_H。

爆轰波到达界面前后,爆轰波与钢板发生作用瞬间的 $p-x$ 分布如图 2-3 所示。

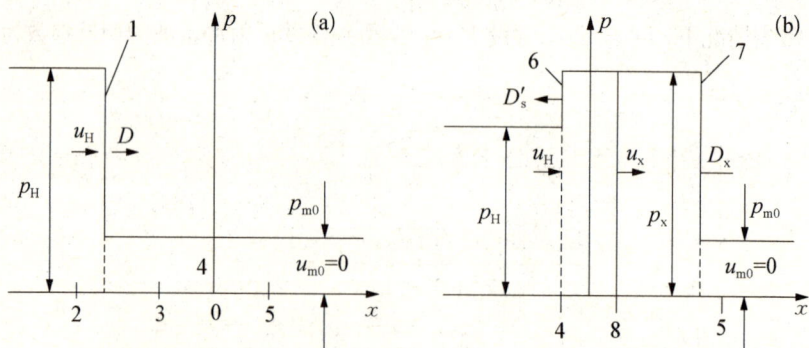

(a) 爆轰波到达钢板前   (b) 爆轰波与钢板作用后

图 2-3 爆轰波到达钢板前后冲击波参数分布

图中:1-爆轰波面;2-爆轰产物;3-炸药;4-原始分界面;5-钢板;6-反射冲击波面;7-钢板内冲击波面;8-分界面;

p_H,u_H ——CJ 压力和爆轰产物的质点速度;

p_{m0},u_{m0} ——钢板的初始压力和质点速度;

p_x,u_x ——爆轰波与钢板接触后接触面处的压力和质点速度;

D ——炸药爆速;

D_x ——钢板中冲击波的初始速度;

D_s' ——反射冲击波的初始速度。

由于反射冲击波波速为 D_s'，反射波传过后爆轰产物的质点速度由 u_H 降低为分界面的运动速度 u_x，即反射波 D_s' 传过后爆轰产物获得一个附加速度 u_r，这一速度等于 u_x 与 u_H 之差，即

$$u_r = u_x - u_H = -\sqrt{(p_1 - p_H)(v_H - v_x)}$$

即

$$u_x = u_H + u_r = u_H - \sqrt{(p_1 - p_H)(v_H - v_x)} \qquad (2-33)$$

利用爆轰产物的多方方程 $p = A\rho^\gamma$，可将反射冲击波的冲击绝热方程写为

$$\frac{v_x}{v_H} = \frac{(\gamma+1)p_H + (\gamma-1)p_x}{(\gamma+1)p_x + (\gamma-1)p_H} = \frac{(\gamma-1)\pi + (\gamma+1)}{(\gamma+1)\pi + (\gamma-1)} \qquad (2-34)$$

式中，$\pi = p_1/p_H$。

将式(2-34)代入式(2-33)，得

$$u_x = u_H - \sqrt{p_H v_H (\pi-1)\left(1 - \frac{v_x}{v_H}\right)}$$

$$= v_H - \sqrt{p_H v_H (\pi-1)\left[1 - \frac{(\gamma-1)\pi + (\gamma+1)}{(\gamma+1)\pi + (\gamma-1)}\right]} \qquad (2-35)$$

式中，

$$p_H v_H = 1/(\gamma+1)\rho_0 D^2 \gamma/(\gamma+1)v_0 = \gamma/(\gamma+1)^2 D^2$$

$$u_H = 1/(\gamma+1)D \qquad (2-36)$$

将式(2-36)代入式(2-35)得

$$u_x = \frac{D}{\gamma+1}\left[1 - \frac{(\pi-1)\sqrt{2\gamma}}{\sqrt{(\gamma+1)\pi + (\gamma-1)}}\right] \qquad (2-37)$$

对于向介质中传播的冲击波，有

$$u_{mx} = u_x = \sqrt{(p_x - p_{m0})(v_{m0} - v_{mx})} \qquad (2-38)$$

钢板的冲击压缩规律为

$$D_m = a + bu_m \qquad (2-39)$$

式中，D_m ——钢板中冲击波速度；

　　u_m ——钢板中质点速度；

a, b——实验确定的与材料有关的常数,对于船用钢,$a = 3.574\,\text{mm}/\mu\text{s}$,
$b = 1.920$。

由冲击波的动量方程,得

$$p_{\text{m}} = \rho_{\text{m0}} D_{\text{m}} u_{\text{m}} \tag{2-40}$$

在分界面上,有

$$p_{\text{x}} = \rho_{\text{m0}} D_{\text{x}} u_{\text{x}} \tag{2-41}$$

将式(2-39)代入式(2-41),得

$$p_{\text{x}} = \rho_{\text{m0}}(a + bu_{\text{x}})u_{\text{x}} \tag{2-42}$$

由式(2-37)、式(2-38)、式(2-42)组成的联立方程组比较复杂,无法得到解析解。可通过迭代法,求出方程的近似解。具体的求解过程如下:

(1) 首先假设一个分界面压力 p_{x},代入式(2-42),可求得一个相应的 u_{x}。

(2) 将此 u_{x} 代入式(2-37),可求得一个分界面的压力 p'_{x},若 p'_{x} 与假设的 p_{x} 相差较大,则取其平均值重复上述计算,直到假设的 p_{x} 与计算出的 p'_{x} 接近相等为止。

(3) 将确定的 p_{x} 和 u_{x} 值代入式(2-38)即可算出分界面上的 v_{mx}。

(4) 将确定的 p_{x} 和 u_{x} 值代入式(2-41)即可求得分界面上的 D_{x}。

由以上步骤即可确定舷侧防护板中的冲击波初始参数 p_{x}, u_{x}, D_{x}, v_{x}。

2.2　接触爆炸作用下板壳结构的临界状态

2.2.1　固支圆板在接触爆炸载荷作用下的波动解

板壳结构是航天、宇航飞行器、导弹以及舰船中广泛采用的结构形式。舰船在服役过程中,这种板架结构不可避免地受到空中或水下爆炸等冲击载荷作用,对舰船有致命的威胁。冲击爆炸载荷作用下板架结构的破坏变形是非常复杂的非线性动态响应过程,为了保证舰船的安全和正常使用,提高舰船的生命力,舰船结构必须具有一定的承载能力。因此,研究舰船结构在接触爆炸载荷下的破坏效应对于提高舰船的生命力和战斗力具有重要工程应用价值。

1) 模型的建立

假设冲击波和爆轰产物产生的压力均匀作用在平板中心区域,总冲量为 I,

由于爆炸载荷对薄板的作用是局部的，板可看作为四周固定，板的厚度为 h，圆板的半径为 R_0，初始为静止状态，在 $t = 0 +$ 时刻，板中心区域半径为 R_1 范围内受到横向接触爆炸冲击载荷作用，如图 2 - 4 所示。

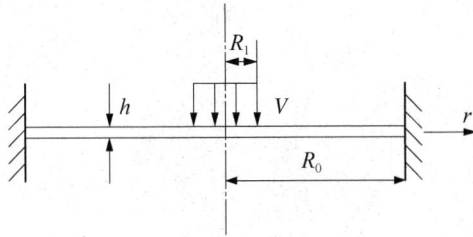

图 2 - 4　模型

为得到闭合解，忽略径向位移，而且本构关系中的环向应力也忽略。为简化问题，采用一种准确衡量应力、应变的材料描述，其一系列假设与文献[2]中相似。将冲击载荷问题转化为简单但不连续的初始值问题，通过一次和二次波的完整分析来得到准确光滑解（即板的竖向位移）。板的最终变形取决于所加冲击载荷的幅值及空间分布，其应力通常是不确定的，这并不影响其应变、速度、位移分布的唯一性。

在固支圆板的中心区域半径 R_1 内，突然受一均布横向压力 P 的冲击，其中，$R_1 < R_0$。这是一个轴对称问题，板上每一点的实际位置可用其实际半径 r 和实际横向位移 w 来表示，r 和 w 都是初始半径 R 及时间 t 的函数。假设对于每一个固定的时段 t_0，所加均布压力 $p(t_0)$ 满足如下条件：当 t_0 减小时，$t_0 p(t_0)$ 为常数，即

$$\lim_{t_0 \to 0} t_0 p(t_0) = I_0 = \text{const} \tag{2-43}$$

极限情况 $t_0 = 0$ 时，压力载荷问题转化为冲击载荷问题，即初始速度不连续的初始边界问题。

用 Lagrangean 描述的动量守恒和质量守恒可得出如下方程：

$$\rho_0 R \frac{\partial^2 r}{\partial t^2} = -\sigma_\theta \frac{\mathrm{d}s}{\mathrm{d}R} + \frac{\partial}{\partial R}\left(r\sigma_r \frac{\mathrm{d}R}{\mathrm{d}s} \frac{\mathrm{d}r}{\mathrm{d}R}\right)$$

$$\rho_0 R \frac{\partial^2 w}{\partial t^2} = \frac{\partial}{\partial R}\left(r\sigma_r \frac{\mathrm{d}R}{\mathrm{d}s} \frac{\mathrm{d}w}{\mathrm{d}R}\right) \tag{2-44}$$

$$\rho r \frac{\mathrm{d}s}{\mathrm{d}R} = \rho_0 R$$

式中，$r = r(R, t)$，$w = (R, t)$——径向曲线方程；

ρ_0，ρ——初始和真实的面密度；

σ_r，σ_θ——实际径向和环向应力；

$\mathrm{d}s$——微段弧长，可以表示为

$$\mathrm{d}s = \left[\left(\frac{\partial r}{\partial R}\right)^2 + \left(\frac{\partial w}{\partial R}\right)^2\right]^{1/2}\mathrm{d}R \qquad (2-45)$$

应变计算表达式为

$$2\varepsilon_1 = \left(\frac{\partial r}{\partial R}\right)^2 + \left(\frac{\partial w}{\partial R}\right)^2 - 1$$

$$2\varepsilon_2 = \frac{r^2}{R^2} - 1 \qquad (2-46)$$

则相应的应力为

$$\sigma_1 = \sigma_r \frac{r}{R}\left[\left(\frac{\partial r}{\partial R}\right)^2 + \left(\frac{\partial w}{\partial R}\right)^2\right]^{-1/2}$$

$$\sigma_2 = \sigma_\theta \frac{R}{r}\left[\left(\frac{\partial r}{\partial R}\right)^2 + \left(\frac{\partial w}{\partial R}\right)^2\right]^{1/2} \qquad (2-47)$$

将式(2-46)和式(2-47)代入式(2-44)，得

$$\rho_0 R \frac{\partial^2 r}{\partial t^2} = \frac{\partial}{\partial R}\left(\sigma_1 R \frac{\mathrm{d}r}{\mathrm{d}R}\right) - \frac{r}{R}\sigma_2$$

$$\rho_0 R \frac{\partial^2 w}{\partial t^2} = \frac{\partial}{\partial R}\left(\sigma_1 R \frac{\mathrm{d}w}{\mathrm{d}R}\right) \qquad (2-48)$$

$$\rho\left[(1+2\varepsilon_1)(1+2\varepsilon_2)\right]^{1/2} = \rho_0$$

初始条件和边界条件为

$$r(R,0) = R, w(R,0) = 0 \quad R \in (0, R_0)$$

$$\frac{\partial r}{\partial t}(R,0) = 0 \quad R \in (0, R_0)$$

$$\frac{\partial w}{\partial t}(R,0) = \begin{cases} -\dfrac{I_0}{\rho_0 h} & R \in (0, R_1) \\ 0 & R \in (R_1, R_0) \end{cases} \qquad (2-49)$$

$$w(R_0, t) = 0 \quad t > 0$$

2）初始边界值的简化

假设板材料为理想刚塑性，其单轴流动应力为 σ_0，为得到上述问题的闭合解，进行假设：

（1）没有径向位移，即 $r(R, t) \equiv R, R \in (0, R_0), t > 0$。

（2）σ_2 足够小以致在本构关系中可以忽略。

这两个假设都有其局限性，第一个假设对于固支边界条件是正确的，但第二个假设在板中心附近不够准确。因为在板中心处，由于对称，实际上环向应力与径向应力相等，这样，将导致这种简化问题的解（至少在板中心附近）与实验观测不完全相符。

基于假设（1）和（2），该初始边界值问题简化为

$$\rho_0 R \frac{\partial^2 w}{\partial t^2} = \frac{\partial}{\partial R}\left(r\sigma_r \frac{\mathrm{d}R}{\mathrm{d}s} \frac{\mathrm{d}w}{\mathrm{d}R}\right)$$

$$2\varepsilon_1 = \left(\frac{\partial w}{\partial R}\right)^2$$

$$\frac{\partial \varepsilon_1}{\partial t} = \begin{cases} 0 & \sigma_1 \in (0, \sigma_0) \quad \text{或} \quad \sigma_1 = \sigma_0, \dfrac{\partial \sigma_1}{\partial t} < 0 \\[3mm] > 0 & \sigma_1 = \sigma_0, \dfrac{\partial \sigma_1}{\partial t} = 0 \end{cases}$$

(2-50)

边界条件：

$$w(R, 0) = 0 \quad R \in (0, R_0)$$

$$\frac{\partial w}{\partial t}(R, 0) = \begin{cases} -\dfrac{I_0}{\rho_0 h} & R \in (0, R_1) \\[3mm] 0 & R \in (R_1, R_0) \end{cases}$$

(2-51)

$$w(R_0, 0) = 0 \quad t > 0$$

式中，σ_0——流动应力，为一常数。

将式（2-50）和式（2-51）进行无量纲化：

$$\xi = \frac{R}{R_0}, \ \xi_0 = \frac{R_1}{R_0}, \ \tau = \frac{c_0 t}{R_0}, \ c_0 = \left[\frac{\sigma_0}{\rho_0}\right]^{1/2}$$

$$\omega = \frac{w}{R_0}, \ s = \frac{\sigma_1}{\sigma_0}, \ V = \frac{I_0}{c_0 \rho_0 h}$$

(2-52)

$$u = \frac{\partial \omega}{\partial \xi}, \ v = \frac{\partial \omega}{\partial \tau}$$

则式(2-50)转化为一阶偏微分方程:

$$\xi \frac{\partial \upsilon}{\partial \tau} = \frac{\partial}{\partial \xi}(\xi s u) \qquad (2-53)$$

边界条件化为

$$\omega(\xi, 0) = 0 \quad \xi \in (0, 1)$$

$$\upsilon(\xi, 0) = \begin{cases} -V & \xi \in (\xi_0, 1) \\ 0 & \xi \in (\xi_0, 1) \end{cases} \qquad (2-54)$$

$$\omega(1, \tau) = 0 \quad \tau > 0$$

由板中心处的自然边界条件,中心处的总剪力为0,即 $\lim\limits_{\xi \to 0}(2\pi \xi s u) = 0$。则只要 $\xi \to 0$,s 和 u 的乘积为有限值,即可满足板中心自然边界条件。而本书的解,满足上述边界条件。

3) 薄板挠度的波动解

由于初始速度的不连续,产生不连续的解,因此,为得到这个解,须对所有可能的冲击波、稀疏波及加速波(二次波)进行完整的分析[3]。

由于初始条件的不连续,在 $\tau = 0$ 时,ξ_0 处产生两束冲击波 S_1 和 S_2,其传播速度分别为 $\mathrm{d}\xi/\mathrm{d}\tau = 1$ 和 $\mathrm{d}\xi/\mathrm{d}\tau = -1$,如图2-5所示。

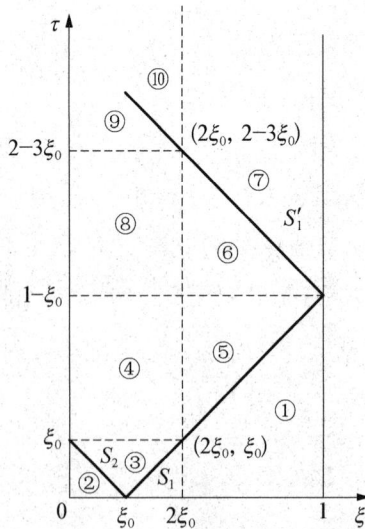

图2-5　冲击波、反射波传播

对于应力,式(2-51)没有给出初始条件,这是因为 s 的初始值并不影响 u 和 v。实际上,在 $\tau=0$ 时刻,一束水平冲击波(不改变 u 和 v)使 s 在 ξ_0 处的初始值变为 1,以利于冲击波 S_1 和 S_2 的传播。也就是说,唯一可能在 ξ_0 处的加速波为一竖向波(没有考虑竖向波与冲击波的叠加)。这样,由冲击波阶跃关系,则在 $(\xi_0, 0)$ 处,u 和 v 在冲击波阵面上的极值是一个 Riemann 问题,可由文献[3]求得

$$u=\frac{V}{2},\ v=-\frac{V}{2} \tag{2-55}$$

由 u,v,s 一阶导数的阶跃条件可得,在 $(\xi_0, 0)$ 处,波阵面上 $\partial u/\partial\tau=\partial s/\partial\tau=0$。因此,无法判断波阵面上是刚性区($\partial\varepsilon/\partial\tau\equiv0$)还是塑性区($\partial\varepsilon/\partial\tau>0$)。

根据式(2-53)及初始条件和边界条件,在整个区域内,在 S_1 到达前,该区域的解为 $u\equiv v\equiv0$;而在 S_2 到达前,这些区域的解为 $u\equiv0$,$v\equiv-V$。换句话说,如果塑性区随着波在延伸,即 $s=1$,$\partial\varepsilon/\partial\tau>0$,那么 S_2 上的应变 ε 的极值迅速增长到无穷大(在 $\xi=0$),而 v 迅速减小为 $-\infty$。因此,在冲击波 S_1 和 S_2 的波阵面上是一个刚性区,$\partial\varepsilon/\partial\tau=0$,则 $u(\xi,\tau)=u(\xi)$,$v(\xi,\tau)=v(\tau)$。

目前,用于计算刚性区 u,v,s 的方法非常简单:将式(2-52)关于 ξ 在区域边界之间积分(边界上 $s=1$),然后得到关于 $v(\tau)$ 的常微分方程,而 $u(\xi,\tau)=u(\xi)$ 可由刚性区边界值计算得到。

假设冲击波 S_1 前的区域为"1",冲击波 S_2 前的区域为"2",两束冲击波之间的区域为"3",可得

区域"1"

$$\begin{aligned} u(\xi,\tau)=v(\xi,\tau)=0 &\quad \tau\in[0,\ \min(1-\xi_0,\ \xi_0)]\\ \omega(\xi,\tau)=0 &\quad \xi\in(\xi_0+\tau,\ 1) \end{aligned} \tag{2-56}$$

区域"2"

$$\begin{aligned} u(\xi,\tau)=0 &\quad \tau\in[0,\ \min(1-\xi_0,\ \xi_0)]\\ v(\xi,\tau)=-V &\quad \xi\in(0,\ \xi_0-\tau)\\ \omega(\xi,\tau)=-V\tau & \end{aligned} \tag{2-57}$$

由式(2-56)和式(2-57)可得出,在这两个区域中,s 没有统一解,但这并不

影响 u 和 v 的值,为计算区域"3"的解,只需要 S_1 和 S_2 上的 s,而这时 $s=1$,为计算区域"3"中 $v(\tau)$ 的值,对式(2-53)关于 ξ 在 $\xi_1=\xi_0-\tau$ 和 $\xi_2=\xi_0+\tau$ 上(即 S_2 和 S_1)积分,得

$$\frac{1}{2}\left[(\xi_0+\tau)^2-(\xi_0-\tau)^2\right]\frac{\mathrm{d}v(\tau)}{\mathrm{d}\tau} \tag{2-58}$$
$$=(\xi_0+\tau)(su)(\xi_0+\tau,\ \tau)-(\xi_0-\tau)(su)(\xi_0-\tau,\ \tau)$$

式中,u,v,s——区域"3"中的无量纲值。

而 $s(\xi_0+\tau,\ \tau)=s(\xi_0-\tau,\ \tau)=1$,由冲击波阶跃关系,通过 S_1 和 S_2,有

$$u_3(\xi_0+\tau,\ \tau)=-v_3(\xi_0+\tau,\ \tau)$$
$$u_3(\xi_0-\tau,\ \tau)=v_3(\xi_0-\tau,\ \tau)+V \tag{2-59}$$

将式(2-59)代入式(2-58),可得

$$\tau\frac{\mathrm{d}v}{\mathrm{d}\tau}+v=V\frac{\tau-\xi_0}{2\xi_0} \tag{2-60}$$

由式(2-55),可得

$$v(0)=-\frac{V}{2} \tag{2-61}$$

将式(2-61)代入式(2-60),可得

$$v(\tau)=\frac{V(\tau-2\xi_0)}{4\xi_0} \tag{2-62}$$

由

$$u(\xi,\ \tau)=u(\xi),\ v(\xi,\ \tau)=v(\tau) \tag{2-63}$$

将式(2-62)和式(2-63)代入式(2-59),可得

$$u_3(\xi_0+\tau)=-v_3(\tau)=-\frac{V(\tau-2\xi_0)}{4\xi_0}$$
$$u_3(\xi_0-\tau)=v_3(\tau)+V=\frac{V(\tau+2\xi_0)}{4\xi_0} \tag{2-64}$$

由式(2-63)和式(2-64),得

$$u(\xi, \tau) = \frac{V(3\xi_0 - \xi)}{4\xi_0} \qquad \xi \in (\xi_0 - \tau, \xi_0 + \tau) \tag{2-65}$$

通过对式(2-53)关于 ξ 在 $\xi_1 = \xi_0 - \tau$ 和 $\xi_2 = \xi$ 之间的积分,得

$$\int_{\xi_0 - \tau}^{\xi} \xi \frac{\partial v}{\partial \tau} d\xi = \int_{\xi_0 - \tau}^{\xi} \frac{\partial}{\partial \xi}(\xi s u) d\xi \tag{2-66}$$

又因为

$$\frac{\partial v}{\partial \tau} = \frac{V}{4\xi_0}, \ u = \frac{V(3\xi_0 - \xi)}{4\xi_0} \tag{2-67}$$

将式(2-67)代入式(2-66),得

$$\int_{\xi_0 - \tau}^{\xi} \frac{V}{4\xi_0} \xi d\xi = \int_{\xi_0 - \tau}^{\xi} \frac{\partial}{\partial \xi} \left[\xi s \frac{V(3\xi_0 - \xi)}{4\xi_0} \right] d\xi \tag{2-68}$$

即

$$\frac{V}{8\xi_0} \xi^2 \bigg|_{\xi_0 - \tau}^{\xi} = \xi s \frac{V(3\xi_0 - \xi)}{4\xi_0} \bigg|_{\xi_0 - \tau}^{\xi} \tag{2-69}$$

$$\frac{V}{8\xi_0} \xi^2 - \frac{V}{8\xi_0} (\xi_0 - \tau)^2$$

$$= \xi s(\xi, \tau) \frac{V(3\xi_0 - \xi)}{4\xi_0} - (\xi_0 - \tau) s(\xi_0 - \tau, \tau) \frac{V(2\xi_0 + \tau)}{4\xi_0} \tag{2-70}$$

而

$$s(\xi_0 - \tau) = 1 \tag{2-71}$$

将式(2-71)代入式(2-70),得

$$\xi s(\xi, \tau) \frac{V(3\xi_0 - \xi)}{4\xi_0} = \frac{V}{8\xi_0} [\xi^2 + 3(\xi_0^2 - \tau^2)] \tag{2-72}$$

所以

$$s(\xi, \tau) = \frac{\xi^2 + 3(\xi_0^2 - \tau^2)}{2\xi(3\xi_0 - \xi)} \tag{2-73}$$

变形 $\omega(\xi, \tau)$ 的计算可由 $u = \partial \omega / \partial \xi$ 积分或由 $v = \partial \omega / \partial \tau$ 积分得到,以下由

$u=\partial\omega/\partial\xi$ 对 ξ 在 $(\xi_0-\tau,\xi)$ 上积分得

$$\omega(\xi,\tau)=\frac{V}{4}\left\{3(\xi-\xi_0+2)-\frac{1}{2\xi_0}\left[\xi^2-(\xi_0-\tau)^2\right]\right\} \quad (2-74)$$

区域"3"上的 ω 的解必须加上区域"2"的 ω，得

$$\omega(\xi,\tau)=\frac{V}{4}\left\{3(\xi-\xi_0)-\tau-\frac{1}{2\xi_0}\left[\xi^2-(\xi_0-\tau)^2\right]\right\} \quad (2-75)$$

在这个阶段，必须区别 $\xi_0<1-\xi_0$（即 $\xi_0<1/2$）和 $\xi_0>1-\xi_0(\xi_0>1/2)$ 的情况，因为这取决于冲击波 S_1 首先到达边界 $\xi=1$ 还是冲击波 S_2 先到达板的中心 $\xi=0$。这里感兴趣的是板上所有点均停止后的最终变形，即 $v(\xi,\bar\tau)=0$ 时，$\bar\tau$ 取最小值 $\omega(\xi,\bar\tau)$。文献[4]中实验表明在横向冲击载荷作用下，板的横向速度 $v(\xi,\tau)$ 的符号不变（取负号）。因此，横向速度和加速度同时消失，为了解释这个物理问题，必须引入加载和卸载准则。假设给定的瞬时速度 $v(\xi,\tau)=0$，然后刚性区将在整个板内传播直到板所有点的速度都为 0，在 $\bar\tau$ 时刻，计算结束。

对于舰船结构舷侧的局部破坏来说，我们只考虑 $\xi_0<1/2$ 的情况：

区域"3"的解直到 $\tau=\xi_0$ 都是正确的，即 S_2 达到板的中心 $\xi=0$ 处。然后，在 $(0,\xi_0)$ 时，区域"3"中出现应力 s 的稀疏区，$s(\eta)=1/\eta$，$\eta=\xi/\tau-\xi_0$，$\eta\in(-\infty,-1)$，即在 S_2 和 $\tau=\xi_0$ 之间。产生的稀疏波抵消冲击波 S_2，因为它使 s 由 1 降为 0。实际上，在 $(0,\xi_0)$ 处，在 $\tau=\xi_0$（即 $\eta=+\infty$）和 $\xi=0(\eta=0)$ 之间，$(su)(\eta=0)=0$，由中心处 $\xi=0$，代入式(2-51)、式(2-65)和式(2-73)，可得 $(u,v,s)=(3V/4,-V/4,0)(\eta=+\infty)$。

由于在 $\xi=0$ 处 u 不再为 0，而且本构关系中不允许 ε 减小，因此 $s(\eta=0)=0$，所以 S_2 在 $(0,\xi_0)$ 不能被反射，唯一在 $(0,\xi_0)$ 传播的波为一水平加速波 $\tau=\xi_0$，改变了 $\partial s/\partial\tau$ 的符号，这是因为由 $\xi\to0$，则 $s(\xi,\xi_0)=0$，代入式(2-73)所得的 $\partial s/\partial\tau(\xi,\xi_0)$ 为负。这束水平二次波将使 $(2\xi_0,\xi_0)$ 处产生一竖向加速波，因此，对于 $\tau\in(\xi_0,1-\xi_0)$ 存在两个新区域"4"和"5"，见图 2-5，这两个区域都是刚性区，利用与"3"中相同的方法可得出结果。

对于区域"4"和"5"中的 v，对式(2-53)关于 ξ 在 $(0,\xi_0+\tau)$ 上积分，可得

$$\frac{1}{2}(\xi_0+\tau)^2\frac{\partial v}{\partial\tau}=(\xi_0+\tau)(su)(\xi_0+\tau,\tau)-0\cdot(su)(0,\tau) \quad (2-76)$$

由于速度的连续性

$$v(\xi_0) = -\frac{V}{4}, \qquad s(0, \tau) = 0 \tag{2-77}$$

而在冲击波阵面上

$$u(\xi_0 + \tau, \tau) = -v(\tau), \qquad s(\xi_0 + \tau, \tau) = 1 \tag{2-78}$$

将式(2-77)和式(2-78)代入式(2-76),可得

$$\frac{\mathrm{d}v}{\mathrm{d}\tau} = -\frac{2(\xi_0 + \tau)v}{(\xi_0 + \tau)^2} \tag{2-79}$$

将式(2-77)代入式(2-79),可得

$$v(\xi, \tau) = v(\tau) = -\frac{V\xi_0^2}{(\xi_0 + \tau)^2} \tag{2-80}$$

在区域"4"中,由于没有冲击波存在,故 $u(\xi, \tau)$ 与区域"3"中相同。即

$$u(\xi, \tau) = \frac{V(3\xi_0 - \xi)}{4\xi_0} \tag{2-81}$$

由于 $v(\xi, \tau) = \partial\omega/\partial\tau$,则两边对 τ 在 (ξ_0, τ) 上积分,再加上"3"中最后时刻的位移,得

$$\omega(\xi, \tau) = \frac{V\xi_0^2}{\xi_0 + \tau} - \frac{V}{8\xi_0}\left[3\xi_0^2 + (\xi - 3\xi_0)^2\right] \tag{2-82}$$

将式(2-53)对于 ξ 在 $(0, \xi)$ 上积分,并将式(2-80)和式(2-81)代入,得

$$\frac{1}{2}\xi^2 \frac{2V\xi_0^2}{(\xi_0 + \tau)^3} = \xi s(\xi, \tau) \frac{V(3\xi_0 - \xi)}{4\xi_0} - 0 \tag{2-83}$$

由式(2-83),可得

$$s(\xi, \tau) = \frac{4\xi_0^3 \xi}{(3\xi_0 - \xi)(\xi_0 + \tau)^3} \tag{2-84}$$

对于区域"5",由冲击波阵面上,

$$u(\xi, \tau) = -v(\xi, \tau) \tag{2-85}$$

$$v(\xi_0 + \tau, \tau) = -u(\xi_0 + \tau, \tau) = -u(\xi_0 + \tau) \tag{2-86}$$

将式(2-80)代入式(2-86),得

$$\frac{v\xi_0^2}{(\xi_0 + \tau)^2} = u(\xi_0 + \tau) \tag{2-87}$$

$$u(\xi, \tau) = u(\xi) = \frac{v\xi_0^2}{\xi^2} \tag{2-88}$$

所以

$$u(\xi, \tau) = \frac{\partial \omega}{\partial \xi} = \frac{v\xi_0^2}{\xi^2} \tag{2-89}$$

将式(2-89)两边对 ξ 在 $(\xi, \xi_0 + \tau)$ 上积分,得

$$\omega(\xi, \tau) = V\xi_0^2 \left(\frac{1}{\xi_0 + \tau} - \frac{1}{\xi} \right) \tag{2-90}$$

将式(2-53)对于 ξ 在 $(\xi, \xi_0 + \tau)$ 上积分,得

$$[(\xi_0 + \tau)^2 - \xi^2] \frac{V\xi_0^2}{(\xi_0 + \tau)^3}$$

$$= (\xi_0 + \tau)s(\xi_0 + \tau, \tau) \frac{V\xi_0^2}{(\xi_0 + \tau)^2} - \xi s(\xi, \tau) \frac{V\xi_0^2}{\xi^2} \tag{2-91}$$

又因

$$s(\xi_0 + \tau, \tau) = 1 \tag{2-92}$$

将式(2-92)代入式(2-91),可得

$$s(\xi, \tau) = \frac{\xi^3}{(\xi_0 + \tau)^3} \tag{2-93}$$

当冲击波 S_1 到达板边界时, $\tau = 1 - \xi_0$,形成反射波 S_1' ,而在 $(1, 1-\xi_0)$ 产生一水平加速波 $\tau = 1 - \xi_0$,来改变 $\partial s / \partial \tau$ 的符号。

区域"7"中,在 $(1, 1-\xi_0)$ 处的导数极值为

$$\frac{\partial u}{\partial \tau} = -V\xi_0^2 \left(1 + \frac{\partial s}{\partial \tau} \right) \tag{2-94}$$

u 与 τ 无关, 所以 $\partial u/\partial \tau = 0$, 代入式(2 - 94), 得 $\partial s/\partial \tau = -1$, 因为在边界 $\xi = 1$, $v = 0$, 则区域 "7" 中 $v(\xi, \tau) = v(\tau) = 0$, 而且该区域为刚性区。

区域 "6" 中, 式(2 - 53)两边关于 ξ 在 $(0, 2 - \xi_0 - \tau)$ 上积分, 得

$$\frac{1}{2}(2 - \xi_0 - \tau)^2 \frac{\mathrm{d}v}{\mathrm{d}\tau} = (2 - \xi_0 - \tau)s(2 - \xi_0 - \tau, \tau)u(2 - \xi_0 - \tau, \tau)$$

$$(2 - 95)$$

由式(2 - 80), 可得

$$v(1 - \xi_0) = -V\xi_0^2 \qquad (2 - 96)$$

由式(2 - 88), 可得

$$u(2 - \xi_0 - \tau, \tau) = \frac{V\xi_0^2}{(2 - \xi_0 - \tau)^2}, \quad s(2 - \xi_0 - \tau, \tau) = 1 \quad (2 - 97)$$

将式(2 - 96)和式(2 - 97)代入式(2 - 88), 得

$$\frac{\mathrm{d}v}{\mathrm{d}\tau} = \frac{2V\xi_0^2}{(2 - \xi_0 - \tau)^3} \qquad (2 - 98)$$

将式(2 - 98)两边对 τ 积分, 可得

$$v(\tau) = \frac{V\xi_0^2}{(2 - \xi_0 - \tau)^2} + c \qquad (2 - 99)$$

将式(2 - 96)代入式(2 - 99), 得

$$c = -2v\xi_0^2 \qquad (2 - 100)$$

将式(2 - 100)代入式(2 - 99), 可得

$$v(\xi, \tau) = v(\tau) = V\xi_0^2 \left[\frac{1}{(2 - \xi_0 - \tau)^2} - 2 \right] \qquad (2 - 101)$$

式(2 - 53)关于 ξ 在 $(\xi, 2 - \xi_0 - \tau)$ 上积分, 得

$$\frac{1}{2}\left[(2 - \xi_0 - \tau)^2 - \xi^2 \right] \frac{2V\xi_0^2}{(2 - \xi_0 - \tau)^3}$$

$$(2 - 102)$$

$$= (2 - \xi_0 - \tau)\frac{V\xi_0^2}{(2 - \xi_0 - \tau)^2} - \xi s(\xi, \tau)\frac{V\xi_0^2}{\xi^2}$$

由式(2-102),可得

$$s(\xi, \tau) = \frac{\xi^3}{(2-\xi_0-\tau)^3} \qquad (2-103)$$

区域"8"中,

$$v(\xi, \tau) = V\xi_0^2\left[\frac{1}{(2-\xi_0-\tau)^2} - 2\right] \qquad (2-104)$$

$$u(\xi, \tau) = \frac{V(3\xi_0-\xi)}{4\xi_0} \qquad (2-105)$$

式(2-53)关于 ξ 在 $(0, \xi)$ 上积分,得

$$\frac{1}{2}\xi^2\frac{2V\xi_0^2}{(2-\xi_0-\tau)^3} = \xi s(\xi, \tau)\frac{V(3\xi_0-\xi)}{4\xi_0} - 0 \cdot s(0, \tau)u(0, \tau)$$

$$(2-106)$$

由式(2-106),可得

$$s(\xi, \tau) = \frac{4\xi_0^3\xi}{(3\xi_0-\xi)(2-\xi_0-\tau)^3} \qquad (2-107)$$

由 $v=\partial\omega/\partial\tau$,两边关于 τ 在 $(1-\xi_0, \tau)$ 上积分,再加上区域"4"的最后时刻的位移,得

$$\omega(\xi, \tau) = V\xi_0^2\left[\frac{1}{2-\xi_0-\tau} + 2(1-\xi_0-\tau)\right] - \frac{V}{8\xi_0}\left[3\xi_0^2+(\xi-3\xi_0)^2\right]$$

$$(2-108)$$

区域"6"中,由 $v=\partial\omega/\partial\tau$,两边关于 τ 在 $(1-\xi_0, \tau)$ 上积分再加上区域"5"最后时刻的位移,得

$$\omega(\xi, \tau) = V\xi_0^2\left[\frac{1}{2-\xi_0-\tau} - \frac{1}{\xi} + 2(1-\xi_0-\tau)\right] \qquad (2-109)$$

区域"7"中,

$$v(\xi, \tau) = 0, \quad u(\xi, \tau) = 2V\xi_0^2, \quad \omega(\xi, \tau) = 2V\xi_0^2(\xi-1) \qquad (2-110)$$

由以上计算,可知, $1/(2-\xi_0-\tau)-\tau = 0$, 即

$$\tau = 2 - \xi_0 - 1/\sqrt{2} \qquad (2-111)$$

如果 $2-\xi_0-1/\sqrt{2} < 2-3\xi_0$，即 $\xi_0 < 1/2\sqrt{2}$ 时，则在区域"6"和"8"中速度降为 0。故

(1) $\xi_0 \in (0, \ 1/2\sqrt{2})$，则(将 $\tau = 2-\xi_0-1/\sqrt{2}$ 代入)

$$\omega(\xi, \ \tilde{\tau}) = \begin{cases} 2(\sqrt{2}-1)V\xi_0^2 - \dfrac{V}{8\xi_0}\left[3\xi_0^2 + (\xi-3\xi_0)^2\right] & \xi \in (0, \ 2\xi_0) \\[4mm] V\xi_0^2\left[2(\sqrt{2}-1) - \dfrac{1}{\xi}\right] & \xi \in \left[2\xi_0, \ \dfrac{1}{\sqrt{2}}\right] \\[4mm] 2V\xi_0^2(\xi-1) & \xi \in \left[\dfrac{1}{\sqrt{2}}, \ 1\right] \end{cases}$$
$$(2-112)$$

(2) $\xi_0 \in (1/2\sqrt{2}, \ 1/2)$，则 v 在区域"6"和"8"中不为 0，直到 $\tau = 2-3\xi_0$，故又出现区域"9"和"10"。

区域"9"中，

$$u(\xi, \ \tau) = \frac{V(3\xi_0-\xi)}{4\xi_0} \qquad (2-113)$$

则式(2-53)关于 ξ 在 $(0, \ 2-\xi_0-\tau)$ 上积分，得

$$\frac{1}{2}(2-\xi_0-\tau)^2\frac{\mathrm{d}v}{\mathrm{d}\tau}$$
$$= (2-\xi_0-\tau)s(2-\xi_0-\tau, \ \tau)\frac{V\left[3\xi_0-(2-\xi_0-\tau)\right]}{4\xi_0} - 0 \qquad (2-114)$$

$$v(2-3\xi_0) = V\xi_0^2\left(\frac{1}{4\xi_0^2} - 2\right) \qquad (2-115)$$

将式(2-115)两边对 τ 求导，得

$$\frac{\mathrm{d}v}{\mathrm{d}\tau} = -\frac{V}{2\xi_0} + \frac{3v}{2(2-\xi_0-\tau)} \qquad (2-116)$$

由式(2-116)，可得

$$v(\xi, \ \tau) = \frac{V}{2\xi_0}\left(2-\tau-\frac{5}{2}\xi_0 - 4\xi_0^3 - 3\xi_0\ln\frac{2-\tau-\xi_0}{2\xi_0}\right) \quad (2-117)$$

又由 $\upsilon = \partial \omega / \partial \tau$，对于 τ 在 $(2 - 3\xi_0，\tau)$ 上积分，再加上区域"8"中最后时刻位移，得

$$\omega(\xi，\tau) = -\frac{V}{8\xi_0}(\xi - 3\xi_0)^2 +$$

$$\frac{V}{2\xi_0}\left[-3\xi_0(\tau - 2 + \xi_0)\ln\frac{2 - \xi_0 - \tau}{2\xi_0} - \frac{\tau^2}{2}\right] - \qquad (2-118)$$

$$\frac{V}{2\xi_0}\left[\tau\left(4\xi_0^3 - \frac{\xi_0}{2} - 2\right) - 4\xi_0^4 + 4\xi_0^3 + \frac{25}{4}\xi_0^2 - \xi_0 - 2\right]$$

$$\tau \in (2 - 3\xi_0，2 - \xi_0) \quad \xi \in (0，2 - \xi_0 - \tau)$$

同理，区域"10"的解为

$$u(\xi，\tau) = \frac{V}{4\xi_0}\left(8\xi_0^2 + 6\xi_0 - 3\xi + 6\xi_0\ln\frac{\xi}{2\xi_0}\right)$$

$$\upsilon(\xi，\tau) = 0$$

$$\qquad (2-119)$$

$$\omega(\xi，\tau) = -\frac{V}{8\xi_0}\left(3\xi^2 - 16\xi_0^3\xi + 16\xi_0^3 - 12\xi_0^2 - 12\xi_0\xi\ln\frac{\xi}{2\xi_0}\right)$$

$$\tau \in (2 - 3\xi_0，2 - \xi_0)，\qquad \xi \in (2 - \xi_0 - \tau，2\xi_0)$$

由区域"9"中的 υ，存在 $\tilde{\tau} \in (2 - 3\xi_0，2 - \xi_0)$ 使区域"9"中 $\upsilon(\xi，\tilde{\tau}) = 0$，而 $\tilde{\tau}$ 为下面方程的解：

$$2\mu - 3\ln\mu = \frac{3}{2} + 4\xi_0^2，\qquad \mu = \frac{2 - \tilde{\tau} - \xi_0}{2\xi_0} \in (0，1) \quad (2-120)$$

则 $\xi_0 \in (1/2\sqrt{2}，1/2)$ 时板的塑性动力响应为

$$\omega(\xi，\tilde{\tau}) = \begin{cases} -\dfrac{V}{8\xi_0}(\xi - 3\xi_0)^2 \\[2mm] +\dfrac{V}{2\xi_0}\left[\dfrac{\tilde{\tau}}{2} + 2(2\xi_0 - 1)\tilde{\tau} - 4\xi_0^3 + \dfrac{35}{4}\xi^2 - 8\xi_0 + 2\right] & \xi \in \left[0，\dfrac{1}{\sqrt{2}}\right] \\[3mm] -\dfrac{V}{8\xi_0}\left(3\xi^2 - 16\xi_0^3\xi + 16\xi_0^3 - 12\xi_0^2 - 12\xi_0\xi\ln\dfrac{\xi}{2\xi_0}\right) & \xi \in \left[\dfrac{1}{\sqrt{2}}，2\xi_0\right] \\[2mm] 2V\xi_0^2(\xi - 1) & \xi \in (2\xi_0，1) \end{cases}$$

$$(2-121)$$

2.2.2　临界装药量和临界位移

战场上的军事目标一般大都是由板、壳、梁等基本构件构成的。当这些构件受到爆炸冲击载荷作用时,则可能产生塑性大变形,或者发生局部或整体的断裂而导致结构失效。因此对于爆炸冲击载荷作用下板壳结构断裂破坏情况进行理论研究,得出薄板破坏的临界装药量和临界位移,对于结构防护工程以及武器战斗部的设计具有十分重要的意义。

2.2.2.1　断裂准则

对于诸如钢类的延性金属,通过其内部细小气泡的扩散形成细纹而最终断裂。本书采用无初始裂纹的延性材料的局部断裂准则[5],假设当相应的权函数关于塑性应变 $\bar{\varepsilon}$ 达到一个特定值,结构的危险点形成裂缝

$$\int_0^{\bar{\varepsilon}_f} f\left(\frac{\sigma_m}{\bar{\sigma}},\ \dot{\bar{\varepsilon}},\ T\right)\mathrm{d}\bar{\varepsilon} = D_c \qquad (2-122)$$

式中, $\bar{\varepsilon}_f$ ——等效断裂应变;

$\sigma_m/\bar{\sigma}$ ——静水压力 σ_m 与 Von Mises 等效应力 $\bar{\sigma}$ 的比值,定义为应力三轴性;

$\dot{\bar{\varepsilon}}$ ——等效应变率;

f ——三轴应力、应变率、温度 T 的函数;

D_c ——材料的累积破坏值。

在边界固支的薄板变形中,应力状态 $(\sigma_1,\ \sigma_2)$ 通常属于第一象限(拉伸)中,则相应的在 1/3(单轴拉伸)和 2/3(等效双向拉伸)之间变化,如图 2-6 中的粗线部分,可得

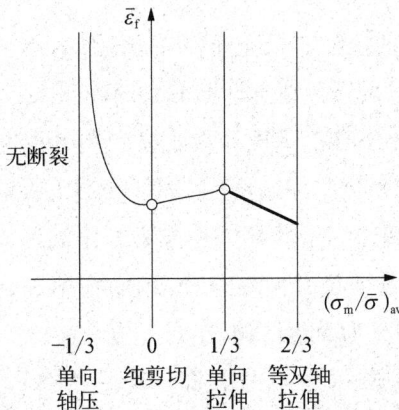

图 2-6　$\bar{\varepsilon}_f$ 和 $\sigma_m/\bar{\sigma}$ 的关系

$$\int_0^{\bar{\varepsilon}_f} \frac{\sigma_m}{\bar{\sigma}} d\bar{\varepsilon} = D_c \qquad (2-123)$$

而

$$\left(\frac{\sigma_m}{\bar{\sigma}}\right)_{av} = \frac{1}{\bar{\varepsilon}_f} \int_0^{\bar{\varepsilon}_f} \frac{\sigma_m}{\bar{\sigma}} d\bar{\varepsilon} \qquad (2-124)$$

将式(2-123)代入式(2-124)，则断裂准则可写为

$$\left(\frac{\sigma_m}{\bar{\sigma}}\right)_{av} \bar{\varepsilon}_f = D_c \qquad (2-125)$$

则由文献[6]，$\bar{\varepsilon}_f$ 与 $(\sigma_m/\bar{\sigma})_{av}$ 的关系如图 2-6 所示。需要指出的是，图 2-6 中的断裂准则仅用于无初始裂纹的断裂判断。另外，因为应变率和温度对断裂应变的影响远小于应力三轴性[6]，故本书断裂准则中没有考虑应变率和温度的影响。可知本书问题中在可能断裂点的平均应力三轴性近似为常数，约为 0.6[6]。因此，断裂应变被认为应力三轴性的确定函数，但是这个假设的应用取决于材料。

2.2.2.2　临界装药量及临界位移

1) 冲量的计算

长为 l、密度为 ρ_0、爆速为 D 的装药，左端引爆后，与其右端相接触的钢板表面作用的冲量为 I。单位面积所受到的作用比冲量为 I_0，则

$$I_0 = \int_{\frac{l}{D}}^{\infty} p_b(t) dt \qquad (2-126)$$

式中，p_b——钢板表面的压强，它是时间 t 的函数；

l/D——装药引爆后爆轰波到达壁面时的时间。

装药从左端（$x=0$）引爆，平面爆轰波以 D 的速度向右传播，在 $t=l/D$ 时刻传到钢板表面。由于钢板的冲击阻抗比炸药的冲击阻抗大，因此，在钢板中形成冲击波的同时，反射回产物中的第一道波为冲击波。由于钢板壁面在爆轰产物作用下获得了 $u_b(t)$ 的速度并向右移动，因而在第一道反射冲击波后面有一系列的稀疏波向左传播。为简化计算，作如下假设：

(1) 由于反射冲击波相对于密度较高的爆轰产物而言属于弱冲击波，因而爆轰产物的流动近似为等熵流动。

（2）取炸药爆轰产物的多方指数 $\gamma \approx 3$。

（3）假设式（2-39）逼近可用于固体介质中冲击波面参数的计算，而且也可用于波阵面后流场中参数的计算。

（4）在爆炸作用下介质近似为流体。

右传简单波中爆轰产物参数的变化规律由式 $x = (u+c)t$ 来确定，反射左传波，爆轰产物参数变化，可由爆轰产物一维等熵流动方程组得一般解为

$$\begin{cases} x = (u+c)t \\ x = (u-c)t + F_2(u-c) \end{cases} \tag{2-127}$$

由于反射回产物中的左传播是不同时刻不同位置从壁面发出的，因而任意函数 $F_2(u-c)$ 实际上是 $(u_b - c_b)$ 的函数。因此，若能找到 $F_2(u_b - c_b)$ 的具体函数形式，必须确定 u_b 和 c_b 的变化规律，即 $u_b(x, t)$ 和 $c_b(x, t)$。

爆轰产物的等熵方程为

$$p = A\rho^3 = Bc^3, \ B = \frac{16}{27} \frac{\rho_0}{D} \tag{2-128}$$

爆轰波后面传播的右传简单波系中的各自 $(u+c)$ 的速度向右传播。当它们传到钢板表面时，产物的质点速度 u 立即变为壁面的速度 u_b，产物的音速 c 立即变为壁面处产物的音速 c_b，压力 p 立即变为壁面处产物的压力 p_b，并且 $u + c = u_b + c_b$。

在 $t = l/D$ 时刻，爆轰波与界面壁面开始作用，此时，产物质点速度立即由 u_H 变为分界面的初始速度 u_{bx}，c_H 立即变为分界面处产物的音速 c_{bx}。由于 $u_H + c_H = u_{bx} + c_{bx} = D$，故 $c_{bx} = D - u_{bx}$。因此，利用式（2-128）可得到分界面处冲击波的初始压力为

$$\frac{p_{bx}}{p_H} = \frac{(D - u_{bx})^3}{c_H^3} = \frac{64}{27} \left(1 - \frac{u_{bx}}{D} \right)^3 \tag{2-129}$$

由于分界面两侧存在着压力和速度的恒等条件，因此，对于爆轰波到达分界面后任意时刻 t 有

$$\frac{\mathrm{d}x}{\mathrm{d}t} = u_b(t) = u_{mb}(t), \ p_b(t) = p_{mb}(t) \tag{2-130}$$

式中，u_{mb}，p_{mb}——t 时刻界面表面的运动速度和冲击波压力。

由式(2-128),可得

$$c_b = \left(\frac{16\rho_0}{27D}\right)^{-1/3} p_b^{1/3} \qquad (2-131)$$

由式(2-42),可得 t 时刻分界面处的压力为

$$p_{mb}(t) = p_b(t) = \rho_{m0}(a + bu_{mb})u_{mb}$$

代入式(2-131),考虑到分界面处的压力和质点速度连续条件,式(2-131)变为

$$c_b = \left(\frac{16\rho_0}{27D}\right)^{-1/3} [\rho_{m0}(a + bu_b)u_b]^{1/3} \qquad (2-132)$$

分界面处爆轰产物运动速度 u_b 的变化规律确定如下[7]:

已知

$$x = (u + c)t = (u_b + c_b)t \qquad (2-133)$$

式(2-133)两边对 t 取导数并考虑到 $dx/dt = u_b$,得到

$$\frac{du_b}{dt} = -\frac{dc_b}{dt} - \frac{c_b}{t} \qquad (2-134)$$

式中,

$$\frac{dc_b}{dt} = 1/3 \left(\frac{27D\rho_{m0}}{16a\rho_0}\right)^{1/3} a^{1/3} \left\{ \frac{a + 2bu_b}{[(a + bu_b)u_b]^{2/3}} \right\} \frac{du_b}{dt} \qquad (2-135)$$

将式(2-132)和式(2-135)代入式(2-134),得到

$$\frac{dt}{t} = -\left\{ \frac{1 + \dfrac{1}{3} \left(\dfrac{27D\rho_{m0}}{16a\rho_0}\right)^{1/3} a^{1/3}(a + 2bu_b) [(a + bu_b)u_b]^{-2/3}}{\left(\dfrac{27D\rho_{m0}}{16a\rho_0}\right)^{1/3} [(a + bu_b)au_b]^{1/3}} \right\} du_b$$

$$(2-136)$$

对式(2-136)进行数值积分就可求得分界面运动速度随时间 t 的变化规律 $u_b(t)$。初始条件和边界条件为 $t = l/D$, $x = l$, 炸药与介质分界面处有

$$u_b = u_{bx}, \quad c_b = c_{bx}, \quad p_b = p_{bx} \qquad (2-137)$$

这些参数都可用求解爆炸冲击波初始参数的方法算出。

将式(2-136)两边积分,用数学归纳法,可把数值计算结果归纳为较简单

的、适用工程计算的形式

$$\frac{u_{\mathrm{b}}}{D} = \frac{u_{\mathrm{bx}}}{D}\left(\frac{l}{Dt}\right)^{\beta}\left(t \geqslant \frac{l}{D}\right)$$ (2-138)

式中，β——和炸药及受作用材料性质有关的指数。

材料的刚性指数 β 与材料和炸药的冲击阻抗之比 $y = \rho_{\mathrm{m0}}D_{\mathrm{bx}}/\rho_{0}D$ 的关系可近似为

$$\beta = \frac{y}{0.2419 + 0.3643y}$$ (2-139)

由式(2-128)可知，分界面上任意时刻爆炸产物的压力 p_{b} 与音速 c_{b} 有如下关系：

$$\frac{\mathrm{d}x}{\mathrm{d}t} = u_{\mathrm{bx}}\left(\frac{l}{Dt}\right)^{\beta}$$ (2-140)

$$\frac{p_{\mathrm{b}}}{p_{\mathrm{H}}} = \left(\frac{c_{\mathrm{b}}}{c_{\mathrm{H}}}\right)^{3} = \frac{64}{27}\left(\frac{c_{\mathrm{b}}}{D}\right)^{3}$$ (2-141)

由式(2-133)，可知

$$c_{\mathrm{b}} = \frac{x}{t} - u_{\mathrm{b}}$$ (2-142)

将式(2-138)和式(2-142)代入式(2-141)，可得

$$\frac{p_{\mathrm{b}}}{p_{\mathrm{H}}} = \frac{64}{27}\left[\frac{x}{Dt} - \frac{u_{\mathrm{bx}}}{D}\left(\frac{l}{Dt}\right)^{\beta}\right]^{3}$$ (2-143)

分界面上的速度 $u_{\mathrm{b}} = \mathrm{d}x/\mathrm{d}t$，所以

$$\frac{\mathrm{d}x}{\mathrm{d}t} = u_{\mathrm{bx}}\left(\frac{l}{Dt}\right)^{\beta}$$ (2-144)

由式(2-144)两边对 t 积分，可得到

$$x = l\left\{1 + \frac{u_{\mathrm{bx}}}{(1-\beta)D}\left[\left(\frac{Dt}{l}\right)^{1-\beta} - 1\right]\right\}$$ (2-145)

将式(2-145)代入式(2-143)，整理得到

$$\frac{p_{\mathrm{b}}}{p_{\mathrm{H}}} = \frac{64}{27} \left(\frac{l}{Dt}\right)^3 \left[1 + \frac{\beta u_{\mathrm{bx}}}{(1-\beta)D} \left(\frac{l}{Dt}\right)^{1-\beta} - \frac{u_{\mathrm{bx}}}{(1-\beta)D}\right]^3$$

$$(2-146)$$

式(2-146)即为炸药、钢板分界面处压力 p_{b} 随时间 t 的变化规律。

将式(2-146)代入式(2-126),可得到钢板受到长为 l 的药柱的一维作用时,分界面上单位面积的比冲量为

$$I_0 = \int_{l/D}^{t} \frac{64}{27} p_{\mathrm{H}} \left(\frac{l}{Dt}\right)^3 \left[1 + \frac{\beta u_{\mathrm{bx}}}{(1-\beta)D} \left(\frac{l}{Dt}\right)^{1-\beta} - \frac{u_{\mathrm{bx}}}{(1-\beta)D}\right]^3 \mathrm{d}t$$

$$(2-147)$$

式中

$$p_{\mathrm{H}} = \frac{\rho D^2}{(\gamma+1)g} \qquad (2-148)$$

将式(2-148)代入式(2-147),并对式(2-147)积分,得到在某一时刻 t 爆炸作用于壁面上的比冲量为

$$I_0 = \frac{16}{27} l\rho_0 D \left\{\frac{(\beta A)^3}{1-3\beta} \left[\left(\frac{l}{Dt}\right)^{3\beta-1} - 1\right] + 3\beta A^2 (A-1) \left[\left(\frac{l}{Dt}\right)^{\beta} - 1\right]\right.$$

$$\left. - \frac{3\beta A (A-1)^2}{\beta+1} \left[\left(\frac{l}{Dt}\right)^{\beta+1} - 1\right] + \frac{(A-1)^3}{2} \left[\left(\frac{l}{Dt}\right)^2 - 1\right]\right\}$$

$$(2-149)$$

式中,$A = u_{\mathrm{bx}}/(1-\beta)D$。

在 $t = l/D$ 时刻,即爆轰波刚传到壁面时,壁面所受到的比冲量 $i = 0$。而当时间 $t \to \infty$,由于 $l/Dt \to 0$,则得到

$$I_0 = \frac{8l\rho D\lambda}{27g} \qquad (2-150)$$

式中, $\lambda = \left[\frac{2(\beta A)^3}{3\beta-1} - 6\beta A^2 (A-1) + \frac{6\beta A (A-1)^2}{\beta+1} - (A-1)^3\right]$

$$(2-151)$$

故总冲量为

$$I = A_0 I_0 = \frac{8mD\lambda}{27g} \tag{2-152}$$

可得

$$I_0 = \frac{8mD\lambda}{27gA_0} \tag{2-153}$$

式中，A_0——装药面积；

　　m——装药量。

则

$$V = \frac{8mD\lambda}{27\rho_0 gA_0 c_0 h} \tag{2-154}$$

2）临界装药量及临界位移的计算

由式（2-122）可得，对某种材料来说，其 D_c 为一定值。故可由实验来求得 D_c，即通过对该材料的单轴拉伸实验得到 σ-ε 曲线，则可得到该材料单轴拉伸时发生断裂破坏的 ε_f，而由于单轴拉伸时，$(\sigma_m / \bar{\sigma})_{av} = 1/3$，则可得 D_c 值。材料的断裂极限应变 ε_f 不仅与材料有关，还与材料破坏时的加载方式有关。

对于钢材料，在爆炸冲击载荷作用下，其断裂时，$(\sigma_m / \bar{\sigma})_{av} = 0.6$，则可得钢板在爆炸冲击载荷作用下的动态断裂应变为 $\bar{\varepsilon}_f = D_c / (\sigma_m / \bar{\sigma})_{av} = 5D_c/3$，而又由式（2-112），在 $\xi_0 \in (0, 1/2\sqrt{2})$ 时，钢板变形的最大斜率为常数，即 $\partial w / \partial R = \partial w / \partial \xi = 3V/4$，而 $\varepsilon = 1/2(\partial w / \partial R)^2$，得 $\varepsilon = 9/32V^2$。在断裂点令 $\varepsilon = \varepsilon_f$，可得

$$V = 2.434\sqrt{D_c} \tag{2-155}$$

将式（2-155）代入式（2-154），可得

$$m = 8.215 \frac{\rho_0 gA_0 c_0 h}{D\lambda}\sqrt{D_c} \tag{2-156}$$

可求得使单层薄板发生初始环向断裂的临界装药量。这时可由式（2-112）求得 w，代入 $\omega = w/R_0$，板的位移（临界位移）即可求得。

由式（2-156）得出临界装药量不仅与板材料的断裂性质、厚度有关，还与炸药的密度、爆速、加载面积有关，描述了临界装药量与钢板和炸药两者之间的

关系。

目前的大部分理论研究的文献都是在爆炸载荷作用下,结构的动力响应问题,或者是破口方面的研究。本章中首次推导了在接触爆炸作用下,薄板的临界装药量和临界位移的表达式。此方法简便实用,并可为舰船防御设计和武器战斗部设计提供参考。

2.3 接触爆炸下板壳结构的破口计算方法

前面对于爆炸作用下单层薄板的临界破坏进行了分析,这只是结构破坏的初始阶段,而众多实验结果表明,板结构在接触爆炸载荷作用下会发生花瓣开裂破坏,目前关于这方面的问题研究的文献还很少。1997 年 Nurick 和 Radford 对接触爆炸载荷作用下的薄板进行了一系列的试验研究[8]。他们在薄板放置圆柱形炸药,药量从少到多,逐步观测到了板的冲塞、凹陷、开裂和花瓣翻转过程,因此,花瓣理论是目前比较合理的解决爆炸作用下板的破坏问题的方法。Wierzbicki 采用能量原理对其进行了研究[9],文献[10]在此基础上对该方法进行了改进,但不足之处是上述两种方法的计算都必须采用 Nurick 试验的数据才能得到破口,而且文献[10]的方法过于繁琐,最后还须通过数值计算才能得到结果。本节将采用临界破坏的结果,对花瓣理论进行改进,得到便于工程实用的公式。

2.3.1 花瓣开裂的能量计算

1) 环向拉伸变形能

如图 2-7 所示,设半径为 r_p 的圆柱形装药与半径为 r_1,厚度为 t 的圆板接触,瞬时爆轰之后板被冲开一个半径为 r_p 的圆形缺口,之后板在初始动能的作用下向下凹陷。当板的横向位移达到最大变形 ω_0 时,缺口边缘的环向拉伸应变达到材料的极限应变,边缘发生断裂进而开始产生花瓣开裂。

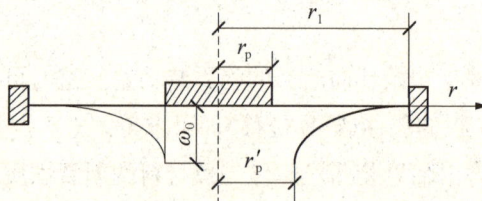

图 2-7 接触爆炸花瓣开裂前状态

设此时缺口边缘的径向坐标为 r'_p，以板中心为原点取极坐标，则该临界状态下板的横向变形位移可以表示为[2]

$$\omega(r) = \omega_0 \frac{\ln(r_1/r)}{\ln(r_1/r'_p)} \qquad (2-157)$$

根据径向无伸长假设有

$$r_1 - r_p = \int_{r'_p}^{r_1} \mathrm{d}s = \int_{r'_p}^{r_1} (\mathrm{d}r^2 + \mathrm{d}\omega^2)^{1/2}$$

$$\approx (r_1 - r'_p) - \frac{1}{2}\left[\frac{\omega_0}{\ln(r_1/r'_p)}\right]^2\left(\frac{1}{r_1} - \frac{1}{r'_p}\right) \qquad (2-158)$$

考虑任意 r 处的环向拉伸应变，设原来在 r 处的板微元运动到 r' 处，利用式（2-157）和式（2-158）有

$$r_1 - r = (r_1 - r') - \frac{r_1 r'_p (r'_p - r_p)}{r_1 - r'_p}\left(\frac{1}{r_1} - \frac{1}{r'_p}\right) \qquad (2-159)$$

根据定义，板上任意一点 r 处的环向拉伸应变为

$$\varepsilon_{\theta t}(r) = (2\pi r' - 2\pi r)/2\pi r = \left(\frac{r'}{r} - 1\right) \qquad (2-160)$$

利用式（2-160）可知极限应变 $\varepsilon_f = \dfrac{r'_p}{r_p} - 1$，可求得 r_p 和 r'_p 的关系，将式（2-159）代入式（2-160），则环向拉伸应变仅为 r 的函数，整个板内的环向拉伸应变能为

$$W_{\theta t} = \int_0^{2\pi}\int_0^t\int_{r'_p}^{r_1} \sigma_0 \varepsilon_{\theta t} r \mathrm{d}r \mathrm{d}\delta \mathrm{d}\theta = 2\pi\sigma_0 t \int_{r'_p}^{r_1}(r' - r)\mathrm{d}r \qquad (2-161)$$

式中，σ_0——板的屈服应力。

2）环向弯曲变形能

板花瓣变形前的环向弯曲变形能为

$$W_{\theta b} = \int_0^{2\pi}\int_{r'_p}^{r_1} M_0 \mathrm{d}r K_\theta r \mathrm{d}\theta \qquad (2-162)$$

式中，M_0——铰线单位长度的全塑性弯矩；

K_θ —— r 处的环向曲率，$K_\theta = -\dfrac{1}{r}\dfrac{\partial \omega}{\partial r}$。

3）径向弯曲变形能

单位长度的径向弯曲塑性铰在 r 处所做的功为 $M_0\mathrm{d}\omega'$，将其在整个板的区域内积分可得

$$W_r = \int_0^{2\pi}\int_{r_p'}^{r_1} rM_0\omega''\mathrm{d}r\mathrm{d}\theta \qquad (2-163)$$

4）冲塞临界能

板在冲击作用下发生冲塞的临界速度为[3]

$$V_{cr} = 2.83\sqrt{\varepsilon_f\sigma_0/\rho} \qquad (2-164)$$

式中，ρ —— 板的密度。

所以冲塞临界能为

$$E_{cr} = \frac{1}{2}\pi r_p^2 t\rho V_{cr}^2 \qquad (2-165)$$

5）破片的动能

破片的初速度采用格林方程计算。破片的动能为[4]

$$E_p = m_0 E_g\left[\xi + \frac{1+(2\xi+1)^3}{6(1+\xi)}\right]^{-1} \qquad (2-166)$$

$$\xi = \frac{m_0}{m_e} \qquad (2-167)$$

式中，m_0 —— 与装药接触的钢板质量；

m_e —— 装药质量；

E_g —— 格林系数。

6）花瓣弯曲能

从板中心开始分析花瓣开裂，如图 2-8 所示。根据板的变形模式将其中心对称分为 n 瓣，花瓣顶角为 2θ。其中 O 为裂纹开裂中心。则 $n = \pi/\theta$。OA 为裂纹长度，AB 为花瓣根部塑性铰线。当径向裂纹 OA 扩展时，铰线 AB 向边界移动，同时留下一块翘曲的三角形板块 AOB。设三角形 AOB 在 AB 上的高为 l、铰线 AB 的运动速度为 $\dot{l}$。花瓣以铰线 AB 为轴转动，转动角速度为 $\dot{\phi}$，则 $\dot{\phi} =$

$\dot{i}/L$。其中 $L = PN$，为裂瓣在铰线 AB 处的旋转半径，如图 2-9 所示。

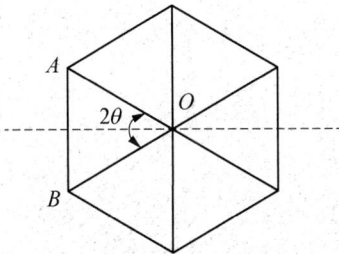

图 2-8 花瓣裂纹分布图　　图 2-9 翘曲的裂瓣

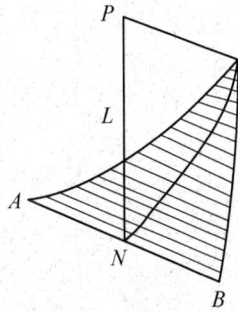

由于板的凹陷，铰线 AB 是略带一点弯曲的，因而裂瓣的全塑性弯矩 M 实际上比 M_0 要大一些，设 $M = \eta M_0$。其中 η 为弯曲放大因子，它取决于板的环向曲率。根据 Tresca 屈服条件，每一块裂瓣的弯曲能随时间的变化率为

$$\dot{E}_{\mathrm{b}} = M\dot{\phi}l_{AB} = 2M\frac{\dot{i}}{L}l \cdot \tan\theta \qquad (2-168)$$

$$\eta = 1 + \frac{2}{3}\frac{\theta^4}{t^2}\frac{r_1 r_{\mathrm{p}}'(r_{\mathrm{p}}' - r_{\mathrm{p}})}{r_1 - r_{\mathrm{p}}'} \qquad (2-169)$$

7）花瓣断裂能

花瓣断裂能随时间变化率为

$$\dot{E}_{\mathrm{m}} = 3.84 M_0 t^{-2/3}(\delta_t/t)^{1/3} L^{2/3}\dot{i}(\sin\theta)^{4/3}(\cos\theta)^{-1} \qquad (2-170)$$

2.3.2　总能量及曲率半径的确定

每一块裂瓣的总能量功率为

$$\dot{E} = \dot{E}_{\mathrm{b}} + \dot{E}_{\mathrm{m}} \qquad (2-171)$$

由上述分析，将式(2-168)和式(2-169)代入式(2-171)，得

$$\frac{\dot{E}}{M_0\dot{i}} = 4\eta\frac{l}{\rho}\tan\theta + 3.84\,\bar{\delta}^{1/3}\left(\frac{\rho}{t}\right)^{2/3}(\sin\theta)^{-4/3}(\cos\theta)^{-1} \qquad (2-172)$$

式中，$\bar{\delta} = \delta_t/t$。

式(2-172)中等号右边的第一项即弯曲能随着曲率半径 ρ 的增大而减小，

而断裂能随着 ρ 的增大而增大,因此,由变分原理,总能量功率取最小值,则有

$$\frac{\mathrm{d}(\dot{E}/\dot{i}M_0)}{\mathrm{d}\rho} = 0 \qquad (2-173)$$

所以

$$\rho = 1.3\eta^{0.6}l^{0.6}t^{0.4}\bar{\delta}^{0.2}(\sin\theta)^{1.4} \qquad (2-174)$$

将式(2-174)代入式(2-172),得

$$\frac{\dot{E}}{\dot{i}M_0} = 7.65\left(\frac{l\eta}{t}\right)^{0.4}\bar{\delta}^{0.2}(\sin\theta)^{-0.4}(\cos\theta)^{-1} \qquad (2-175)$$

由以上分析可知,式(2-175)中还含有未知数 θ,同理,每一块裂瓣的总能量取最小值,则由变分原理得

$$\frac{\mathrm{d}(\dot{E}/\dot{i}M_0)}{\mathrm{d}\theta} = 0 \qquad (2-176)$$

可求得,$\theta \approx 30°$,则表明花瓣数为 6。

而在理论上对整个系统的能量功率采用变分原理更为合理,这时可得 $\theta \approx 50°$,故花瓣数可取为 4,根据 Atkins 等的实验分析[11],花瓣开裂数在 3~6 块之间,以 4 块居多,故上述理论分析比较合理。

花瓣数 $n = 4$,$\theta = \pi/4$,且 $\bar{\delta} = 1.0$,代入式(2-175)得

$$\left[\frac{\dot{E}}{\dot{i}M_0}\right]_n = 49.74\left(\frac{l\eta}{t}\right)^{0.4} \qquad (2-177)$$

$$\rho = 0.8\eta^{0.6}l^{0.6}t^{0.4} \qquad (2-178)$$

2.3.3 破口半径的计算

当爆炸冲击载荷比较大时,即装药量超过临界值,这时将使板的破坏呈现为花瓣开裂过程,则

$$\frac{1}{2}\pi r_p^2 t\rho_0(V^2 - V_{cr}^2) = \int_{t_c}^t \dot{E}\mathrm{d}t \qquad (2-179)$$

式中,r_p——板发生临界破坏时的破口半径,由临界破坏分析中可知,可取为装药半径。故有

$$\frac{1}{2}\pi r_{\mathrm{p}}^{2}t\rho_{0}(V^{2}-V_{\mathrm{cr}}^{2})=8.9\sigma_{0}\eta^{0.6}t^{1.6}\ (l-r_{\mathrm{p}})^{1.4} \tag{2-180}$$

将式(2-180)变换为

$$\frac{V_{\mathrm{cr}}^{2}}{2}\pi r_{\mathrm{p}}^{0.6}t\rho_{0}\Big[\Big(\frac{V}{V_{\mathrm{cr}}}\Big)^{2}-1\Big]=8.9\sigma_{0}\eta^{0.4}t^{1.6}\Big(\frac{l}{r_{\mathrm{p}}}-1\Big)^{1.4} \tag{2-181}$$

又由

$$\frac{V}{V_{\mathrm{cr}}}=\frac{m}{m_{\mathrm{cr}}} \tag{2-182}$$

将式(2-182)代入式(2-181),得

$$\Big(\frac{l}{r_{\mathrm{p}}}-1\Big)^{1.4}=\frac{0.176V_{\mathrm{cr}}^{2}r_{\mathrm{p}}^{0.6}\rho_{0}\big[(m/m_{\mathrm{cr}})^{2}-1\big]}{\sigma_{0}\eta^{0.4}t^{0.6}} \tag{2-183}$$

式中,V_{cr},m_{cr} 可分别由式(2-155)、(2-156)求得。

可求得破口半径 R 为

$$R=\sqrt{2}l \tag{2-184}$$

以文献[8]中的试验来验证本节理论的正确性,试验的结果如图 2-10 所示,采用本章的方法分别对装药量为 8,10,11 g 的情况进行了计算,计算结果如表 2-1 所示。

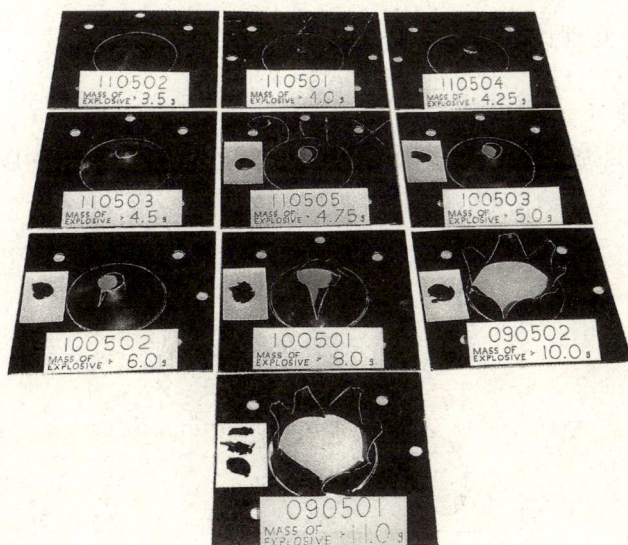

图 2-10　实验结果

表 2-1　破口半径的结果

装药量/g	8	10	11
破口半径/mm	48.7	51.1	52.3

由实验结果图 2-10 可知,当装药量为 8 g 时,裂纹已接近板的边界,板的半径 $R=50$ mm,本节计算得到破口半径为 48.7 mm,与试验基本吻合。而对于装药量为 10 g 和 11 g 的情况,图中的花瓣已完全开裂,且裂纹已扩展到板的边界,本节的结果分别为 51.1 mm 和 52.3 mm,与试验结果基本一致。

2.4　爆炸作用下单层钢板数值仿真及失效概率

鱼雷、水雷等水下攻击武器由于装药量大且能够在水下爆炸,爆炸形成的冲击波超压较高,传播速度较快,危害程度比空中爆炸要大得多,对舰船生命力有着致命的威胁。板壳结构的抗爆炸冲击的能力直接影响到舰船的生命力。因此,研究水下爆炸载荷作用下舰船防护板壳结构的可靠性(失效概率)具有重要的理论意义和工程价值。舰船水下防护板壳在水下爆炸载荷作用下的变形和破损过程中,许多参数通常不是确定量,如战斗部的装药量、板壳材料的特性参数、水深等都是随机变量。因此,对水下爆炸载荷作用下舰船防护板壳的失效概率进行研究是非常复杂的。

2.4.1　有限元理论

1) 初始条件

在图 2-11 所示的笛卡儿坐标系中,b 点的初始坐标 $X_\alpha (\alpha=1,2,3)$,移动

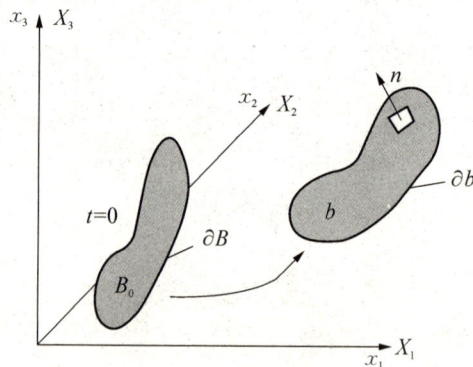

图 2-11　坐标变换图形

到同一个坐标体系中的点 $x_i(i=1,2,3)$，当采用 Lagrangian 坐标时，变形用转移坐标 X_a 和时间 t 表示为

$$x_i = x_i(X_a, t) \tag{2-185}$$

在 $t=0$ 时刻的初始条件为

$$x_i(X_a, 0) = X_a \tag{2-186}$$

$$\dot{x}_i(X_a, 0) = V_i(X_a) \tag{2-187}$$

式中，V_i——初始速度。

2）控制方程

动量方程为

$$\sigma_{ij,j} + \rho f_i = \rho \ddot{x}_i \tag{2-188}$$

力边界条件为

$$\sigma_{ij}\boldsymbol{n}_j = t_i(t) \tag{2-189}$$

在边界 ∂b_1 上，位移边界条件为

$$x_i(X_a, t) = D_i(t) \tag{2-190}$$

在边界 ∂b_2 上，接触的间断条件为

$$(\sigma_{ij}^+ - \sigma_{ij}^-)n_i = 0 \tag{2-191}$$

在内部边界 ∂b_3 上，存在 $\sigma_{ij}^+ = \sigma_{ij}^-$。

式中，σ_{ij}——柯西应力；

ρ——密度；

f——体力密度；

$\ddot{x}$——加速度；

$\boldsymbol{n}_j$——边界 ∂b 上的外法向向量。

质量关系为

$$\rho V = \rho_0 \tag{2-192}$$

式中，V——相对体积。

变形梯度的矩阵行列式 F_{ij} 为

$$F_{ij} = \frac{\partial x_i}{\partial X_j} \qquad\qquad (2-193)$$

能量方程为

$$\dot{E} = V s_{ij} \dot{\varepsilon}_{ij} - (p+q)\dot{V} \qquad\qquad (2-194)$$

式中，s_{ij} ——偏应力；

    p ——压力；

    q ——体积黏性。

$$s_{ij} = \sigma_{ij} + (p+q)\delta_{ij} \qquad\qquad (2-195)$$

$$p = -\frac{1}{3}\sigma_{ij}\delta_{ij} - q = -\frac{1}{3}\sigma_{kk} - q \qquad\qquad (2-196)$$

3) 有限元方程的建立

根据以上分析，可得方程

$$\int_v (\rho\ddot{x}_i - \sigma_{ij,j} - \rho f)\delta x_i \mathrm{d}v + \int_{\partial b_1} (\sigma_{ij}\boldsymbol{n}_j - t_i)\delta x_i \mathrm{d}s + \int_{\partial b_3} (\sigma_{ij}^+ - \sigma_{ij}^-)\boldsymbol{n}_j\delta x_i \mathrm{d}s = 0$$

$$(2-197)$$

这里，δx_i 满足所有在边界 δb_2 上的边界条件

$$\int_v (\sigma_{ij}\delta x_i)_{,j}\mathrm{d}v = \int_{\partial b_1} \sigma_{ij}\boldsymbol{n}_j\delta x_j\mathrm{d}s + \int_{\partial b_3} (\sigma_{ij}^+ - \sigma_{ij}^-)\boldsymbol{n}_j\delta x_i\mathrm{d}s \quad (2-198)$$

注意到

$$(\sigma_{ij}\delta x_i)_{,j} - \sigma_{ij,j}\delta x_i = \sigma_{ij}\delta x_{i,j} \qquad\qquad (2-199)$$

$$\delta\pi = \int_v \rho\ddot{x}_i\delta x_i\mathrm{d}v + \int_v \sigma_{ij}\delta x_{i,j}\mathrm{d}v - \int_v \rho f_i\delta x_i\mathrm{d}v - \int_{\partial b_1} t_i\,\delta x_i\mathrm{d}s = 0 \quad (2-200)$$

对选取的板结构图形进行有限元划分，可以得到下式

$$x_i(X_\alpha, t) = x_i[X_\alpha(\xi, \eta, \zeta), t] = \sum_{j=1}^{k} \phi_j(\xi, \eta, \zeta)x_i^j(t) \quad (2-201)$$

式中，ϕ_j ——关于坐标 (ξ, η, ζ) 的形函数；

    k ——定义单元的节点数；

x_i^j——j 节点在 i 方向的坐标。

对 n 个单元叠加，可近似得到

$$\delta\pi = \sum_{m=1}^{n} \delta\pi_m = 0 \tag{2-202}$$

即

$$\sum_{m=1}^{n} \left\{ \int_{v_m} \rho\, x\Phi_i^m \mathrm{d}v + \int_{v_m} \sigma_{ij}^m \Phi_{i,j}^m \mathrm{d}v - \int_{v_m} \rho f_i \Phi_i^m \mathrm{d}v - \int_{\partial b_1} t_i \Phi_i^m \mathrm{d}s \right\} = 0 \tag{2-203}$$

式中，

$$\Phi_i^m = (\phi_1,\ \phi_2,\ \cdots,\ \phi_k)_i^m \tag{2-204}$$

式(2-203)变为

$$\sum_{m=1}^{n} \left\{ \int_{v_m} \rho \boldsymbol{N}^t \boldsymbol{N}\boldsymbol{a}\,\mathrm{d}v + \int_{v_m} \boldsymbol{B}^t \boldsymbol{\sigma}\mathrm{d}v - \int_{v_m} \rho \boldsymbol{N}^t \boldsymbol{b}\,\mathrm{d}v - \int_{\partial b_1} \boldsymbol{N}^t t\mathrm{d}s \right\}^m = 0 \tag{2-205}$$

式中，$\boldsymbol{N}$——内插值矩阵；

$\boldsymbol{\sigma}$——应力向量；

$$\boldsymbol{\sigma}^t = (\sigma_{xx},\ \sigma_{yy},\ \sigma_{zz},\ \sigma_{xy},\ \sigma_{yz},\ \sigma_{zx}) \tag{2-206}$$

$\boldsymbol{B}$——应力位移矩阵；

$\boldsymbol{a}$——节点的加速度向量；

$$\begin{bmatrix} \ddot{x}_1 \\ \ddot{x}_2 \\ \ddot{x}_3 \end{bmatrix} = \boldsymbol{N} \begin{bmatrix} a_{x_1} \\ a_{y_1} \\ \vdots \\ a_{y_k} \\ a_{z_k} \end{bmatrix} = \boldsymbol{N}\boldsymbol{a} \tag{2-207}$$

$\boldsymbol{b}$——体力向量；

t——外力荷载。

$$b = \begin{bmatrix} f_x \\ f_y \\ f_z \end{bmatrix}, \qquad t = \begin{bmatrix} t_x \\ t_y \\ t_z \end{bmatrix} \qquad\qquad (2-208)$$

2.4.2　数值仿真算法

在 LS-DYNA 中有 3 种基本的算法：Lagrange 算法、Euler 算法和 ALE 算法(任意拉格朗日欧拉算法)。

Lagrange 算法是节点和单元随着材料变形一起移动，即网格与材料变形运动相一致的，质量自动守恒，可以清楚地表示出计算域内各种物质界面及自由界面的变形，通过跟踪材料质点，能够很容易处理复杂的边界条件。在固体力学问题中，应力场一般依赖于材料当前变形和历史变形，需要指定初始构形，因此，对于求解固体材料小变形问题，Lagrange 算法具有很大的优势，但当材料发生大变形和断裂时，由于网格扭曲产生重叠和纠缠现象，导致计算精度下降，甚至产生负质量使得计算终止，对于某些问题，Lagrange 法根本不适用，如计算机翼周围高速流体力学状态、爆炸穿甲和射流等特定空间区域问题。

由于 Lagrange 算法的缺陷，对于材料冲击大变形、断裂和动态裂纹扩展等问题 Lagrange 算法很难计算，这样就需要 Euler 算法来求解此类问题，Euler 算法特点是单元节点在空间中是固定的，并不随材料变形而发生改变，材料通过各网格单元流进流出，不存在网格相交问题，即使材料发生大变形，不需要重分网格和改变计算时间步长，不存在 Lagrange 算法计算过程中的误差和计算无法进行的缺陷，因此，Euler 算法被广泛使用在流体动力学、爆炸冲击和大变形问题的计算中。但 Euler 算法也有一些无法避免的缺陷，由于网格采用固定空间坐标系，在计算弹塑性大变形问题时，处理边界移动和相互耦合作用十分困难，不能清晰地表达材料边界构形，对于多维计算问题更为明显，尤其是涉及多相混合介质问题，当流场中出现多种物质时，不能清晰地描述各物质间的分界面，这使得 Euler 算法的应用受到很多限制。

鉴于 Lagrange 算法和 Euler 算法各自的缺陷，如果将两者有机地耦合，充分利用各自的优势，克服各自的缺点，可以解决单纯拉格朗日法和欧拉法所不能解决的问题。为此，任意拉格朗日-欧拉(ALE)方法被提出，ALE 算法是一种杂交技术，集合了 Lagrange 算法和 Euler 算法的优点，将计算中的缺陷和数值误差降低到最小。ALE 算法的特征是在计算过程中网格点可以随材料同时运动，也可以在空间中固定不动，甚至网格点可以在一个方向上固定，而在另一个方向上随物体一起运动。

ALE 算法先执行一个或几个 Lagrange 时步计算，此时单元网格随材料流动而产生变形，然后执行 ALE 时步计算：① 保持变形后的物体边界条件，对内部单元进行重分网格，网格的拓扑关系保持不变，称为 Smooth Step；② 将变形网格中的单元变量（密度、能量、应力张量等）和节点速度矢量输运到重分后的新网格中，称为 Advection Step。用户可以选择 ALE 时步的开始和终止时间以及其频率。LS-DYNA 可将 Euler 网格与全 Lagrange 有限元网格方便地耦合，以处理流体与结构在各种复杂载荷条件下的相互作用问题。

2.4.3　有限元计算

1）有限元计算方程

在水下爆炸冲击环境中，通常把结构用有限元离散化，其有限元方程为

$$\boldsymbol{M}\ddot{\boldsymbol{x}}(t) + \boldsymbol{C}\dot{\boldsymbol{x}}(t) + \boldsymbol{F}(x, \dot{x}) = \boldsymbol{P}(x, t) + H \qquad (2-209)$$

式中，$\boldsymbol{M}$——总质量矩阵；

$\boldsymbol{P}$——总体载荷矢量；

$\boldsymbol{F}$——单元应力场等效节点力矢量组；

H——总体结构沙漏黏性阻尼力；

C——结构阻尼系数；

$\ddot{\boldsymbol{x}}(t)$——总体节点加速度矢量；

$\dot{\boldsymbol{x}}(t)$——总体节点速度矢量。

2）材料及状态方程的描述

（1）炸药的材料定义和状态方程。

炸药的材料由材料模型和状态方程共同描述，用关键词 * MAT_HIGH_EXPLOSIVE_BURN 来定义材料模型。爆轰压力、单位体积内能 E 和相对体积 V 的关系采用 Jones-Wilkins-Lee(JWL)状态方程表示[11]：

$$P = A\left(1 - \frac{\omega}{R_1 V}\right)e^{-R_1 V} + B\left(1 - \frac{\omega}{R_2 V}\right)e^{-R_2 V} + \frac{\omega E}{V} \qquad (2-210)$$

式中，P——压力；

V——相对体积；

E——单位体积内能；

ω，A，B，R_1，R_2——参数。

（2）水和空气的材料定义和状态方程。

LS-DYNA 中提供了空材料模型，用关键词 * MAT_NULL 来描述具有流体行为的材料（空气和水）。

水的状态方程采用 Gruneisen 方程：

$$P = \frac{\rho_0 C^2 \mu \left[1 + \left(1 - \frac{\gamma_0}{2}\right)\mu - \frac{\alpha}{2}\mu^2\right]}{\left[1 - (S_1 - 1)\mu - S_2 \frac{\mu^2}{\mu + 1} - S_3 \frac{\mu^3}{(\mu + 1)^2}\right]^2} + (\gamma_0 + \alpha\mu)E$$

$$(2-211)$$

式中，$\mu = 1/V - 1$；

C，S_1，S_2，S_3，γ_0——材料常数。

空气的状态方程采用 Linear-polynomial 方程：

$$P = C_0 + C_1\mu + C_2\mu^2 + C_3\mu^3 + (C_4 + C_5\mu + C_6\mu^2)E \qquad (2-212)$$

式中，C_0，C_1，C_2，C_3，C_4，C_5，C_6 等为状态方程参数，设定 μ^2 的系数为 0，即 $C_2 = C_6 = 0$。

（3）钢板材料和本构关系。

模型材料为低碳钢，钢材本构关系用关键词 * MAT_PLASTIC_KINEMATIC 来描述，即双线性强化模型。

2.4.4　蒙特卡洛(Monte Carlo)模拟法

蒙特卡洛模拟法通常用于有关已知或假设概率分布的随机变量问题。应用模拟产生的(0, 1)区间上均匀分布的随机数，产生一批符合对应概率分布的随机变量值。类似试验观察的样本，处理这些值，用以得到"样本"解。重复这一过程产生若干批样本数据，应用样本统计技术，得出随机变量的分布以及分布参数，进而对问题求解。蒙特卡洛法由 3 个基本步骤组成：

（1）应用随机数产生技术，产生随机变量的若干样本数据。

（2）用采样数据求解。

(3) 结果统计分析。

由于采用蒙特卡洛模拟时,要求样本数据量很大,通常要几百万次,有限元仿真计算耗费机时较多,而且在这些数据中丢掉了大量有用信息。而本节采用对较小的样本数量进行拟合的方法,充分利用了各随机变量的具体信息,大大简化了计算。

2.4.5　生成样本数据

钢板在水下爆炸荷载作用下的变形和破损过程与很多因素有关,如炸药的种类、钢材的物理力学特性、装药量的大小、装药的形状、水的深度等,而每一个因素都不能简单地由一个量化的数据来表示。由于计算时间和计算精度的限制,为简化计算,本节取炸药的密度 ρ,钢板的弹性模量 E 和极限强度 R 作为影响钢板中应力和应变分布的主要因素。通过这 3 个变量的变化情况,观察钢板在水下爆炸作用下的应力、应变变化情况。

1) 确定随机变量的均值和变异系数

选用 TNT 炸药,假设其密度 ρ 服从正态分布。钢板材料选用 09MnV 钢,假设极限强度、弹性模量 E 均服从正态分布。各随机变量的均值和变异系数如表 2-2 所示。

表 2-2　各随机变量的均值 μ 和变异系数 V

	炸药密度	钢板弹性模量	钢板极限强度
μ	1 630 kg/m^3	2.07×10^{11} Pa	4.3×10^8 Pa
V	0.03	0.031	0.031

2) 随机数的生成

利用乘同余法产生均匀分布的随机数:

$$y_{i+1} = \alpha y_i (\mathrm{mod}\, M) \quad (i = 1, 2, 3, \cdots) \tag{2-213}$$

$$r_i = \frac{y_i}{M} \tag{2-214}$$

式中,α,M——预先选定的常数;

r_i——[0,1]之间均匀分布的随机数。

根据 μ_ρ,σ_ρ^2,μ_E,σ_E^2 值,本章采用随机数产生程序得到 100 个均匀分布随机数。

2.4.6 单层钢板的数值仿真

1) 计算模型

有限元模型如图 2-12 所示,钢板的尺寸为 $1 \times 1\ m^2$,厚度为 $0.02\ m$,网格大小为 $0.01\ m$。密度为 $7\,830\ kg/m^3$,泊松比为 0.28。利用侵蚀(Erosion)算法消去破坏的单元,并重新定义耦合接触面。即单元达到破坏后,即从模型中消去,从而得到钢板的破裂图像。

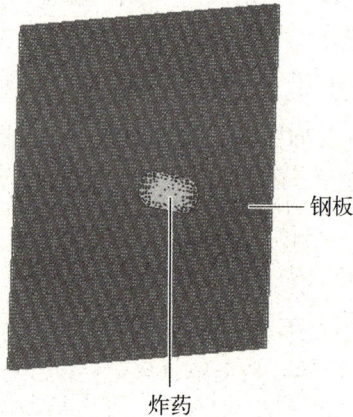

图 2-12 有限元模型

水是 $1.1 \times 1.1 \times 0.4\ m^3$ 的立方体,网格大小为 $0.05\ m$,水将钢板与炸药包含其中。炸药是圆柱型装药,半径 $0.05\ m$,高 $0.15\ m$。炸药布置在板的中心,爆炸点是炸药钢板一侧的中心点。

钢板的边界条件设置为固支边界,水的边界设置为无反射边界条件。

材料单元都是三维实体单元,钢板单元选择使用 Lagrange 实体单元,水、炸药选用 ALE 单元。这样可以使用 ALE 算法将 Euler 网格与全 Lagrange 有限元网格耦合,以处理流体与钢板结构在水下爆炸载荷条件下的相互作用问题。

2) 材料失效准则

材料的破坏采用最大等效塑性应力和最大塑性应变破坏准则。最大等效塑性应力准则可表示为

$$\sqrt{\frac{3}{2} s_{ij} s_{ij}} \geqslant \bar{\sigma}_{\max} \tag{2-215}$$

最大塑性应变破坏准则可表示为

$$\varepsilon_1 \geqslant \varepsilon_{max} \qquad\qquad (2-216)$$

式中, s_{ij} ——偏应力张量;

$\bar{\sigma}_{max}$ ——等效破坏应力;

ε_1 ——最大主应变;

ε_{max} ——破坏时的主应变。

当材料满足上述任一准则时即视为材料破坏。

3) 计算结果分析

利用有限元软件 LS-DYNA 进行计算,钢板中心处的单元为取值点,因为中心处的单元距离炸药最近,所受的爆炸冲击作用最大。我们假设中心处单元破坏就代表整块钢板的失效破坏。从 100 组数据中取其中的一种情况为例进行分析。为了观测钢板的塑性动力响应,从板的中心起垂直向上等距离取 $A,B,$ C,D 4 个观察点。观察点的布置方式如图 2-13 所示。

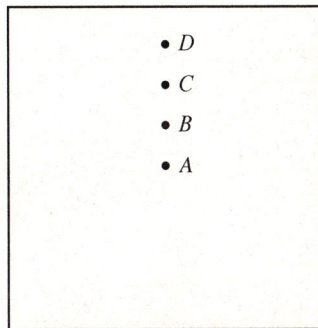

图 2-13　观测单元布置

平板在 0.1 ms 时压力达到峰值,所受压力最大的单元在板的中心处。当压力达到峰值以后,板中心与炸药接触处出现细小裂纹,裂纹迅速扩大,形成与炸药大小相似的破口。这一过程的时间非常短,从出现裂纹到破口只用了 0.05 ms。而后破口逐渐变大,钢板被撕裂,形成了花瓣形破口(见图 2-14)。

钢板的压力如图 2-15 所示,随着与爆心距离的加大压力峰值减小,峰值出现的时间依次向后延续。板中心 A 点处的压力最大,峰值明显大于 B,C,D 点。A 点的波峰最为陡峭,B,C,D 点的波峰依次变换,D 的波峰最平缓,峰值不突出。

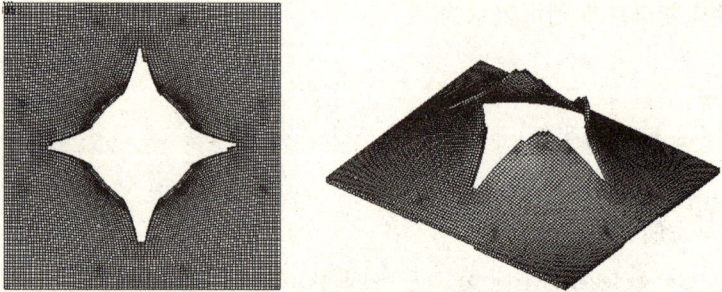

图 2-14 平板爆炸后的破损情况

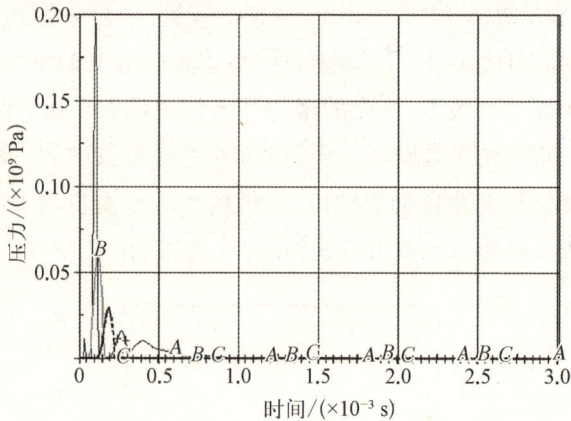

图 2-15 钢板压力

钢板有效应力如图 2-16 所示，A,B,C 3 点依次达到极限破坏应力，D 点在计算时间内有效应力没有达到极限破坏应力。A,B,C,D 4 点上应力作用的时间依次增加。图中当单元达到极限破坏应力后，应力突变为零，这是因为单元被破坏不再受力。

钢板位移如图 2-17 所示，A 点位移是线性的，而 B,C,D 的位移依次趋于非线性。A 点的位移最大，B,C,D 点的位移依次减小。这是因为 A 点受到的冲击荷载最大。

平板加速度如图 2-18 所示，A 点加速度的波动最大，B,C,D 依次减小，D 点波动已经非常小了，与 A 相比不在一个数量级上。

通过对压力、有效应力、位移、加速度的分析可知，A 点由于受到的冲击荷载最大，压力、有效应力、位移、加速度的响应最强烈，压力、有效应力最早达到最大值。由于与爆心的距离依次加大 B,C,D 的动力响应依次减弱，而且产生响应的时间也会依次推后。

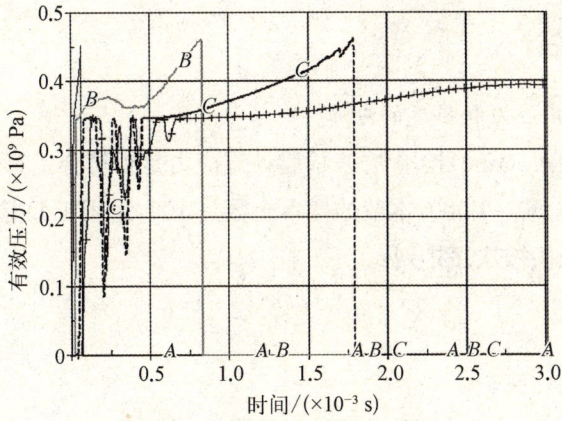

图 2－16　钢板有效应力

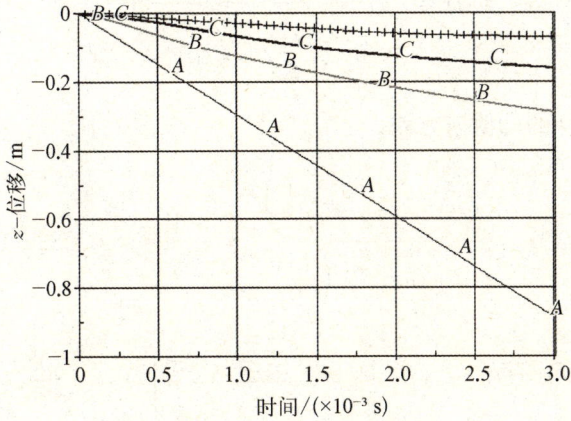

图 2－17　平板位移

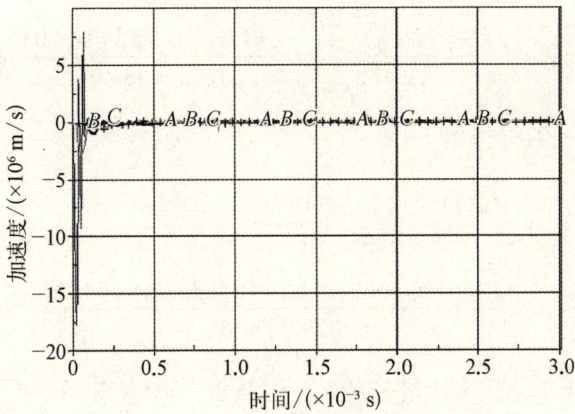

图 2－18　平板加速度

2.4.7 结果统计分析

1）确定计算应力和强度的分布

利用 D(D'Agostino)检验[12]来检验计算应力是否符合正态分布。D 检验要求的样本个数为 50～1 000，本节的样本个数是 100，适用于 D 检验。

（1）将观测值按次序排列：

$$X_{(1)} \leqslant X_{(2)} \leqslant \cdots \leqslant X_{(n)}$$

（2）定义统计量：

$$D = \frac{\sum_{k=1}^{n}\left(k - \frac{n+1}{2}\right)X_{(k)}}{(\sqrt{n})^3 \sqrt{\sum_{k=1}^{n}(X_{(k)} - \bar{X})^2}} \tag{2-217}$$

（3）确定 D 的均值与方差：

$$E(D) = \frac{(n-1)\Gamma\left(\frac{n-1}{2}\right)}{2(2n\pi)^{\frac{1}{2}}\Gamma\left(\frac{n}{2}\right)} \approx \frac{1}{2\sqrt{\pi}} = 0.282\,094\,79$$

$$\sqrt{Var(D)} \approx \Delta = \left(\frac{12\sqrt{3} - 27 + 2\pi}{24\pi n}\right)^{\frac{1}{2}} = \frac{0.029\,985\,98}{\sqrt{n}}$$

（4）D 的近似标准化变量：

$$Y = \frac{D - (2\sqrt{\pi})^{-1}}{\Delta} = \frac{\sqrt{n}(D - 0.282\,094\,79)}{0.029\,985\,98} \tag{2-218}$$

将 D 代入式（2-218）得出

$$Y = \frac{\sqrt{n}(D - 0.282\,094\,79)}{0.029\,985\,98}$$

$$= \frac{10 \times (0.106\,553\,82 - 0.282\,094\,79)}{0.029\,985\,98} = -1.725$$

取置信度 $\alpha = 0.05$，从统计量 Y 的 α 分位数表[12]中查得 $Z_{\alpha/2} = Z_{0.25} = -2.54$，$Z_{1-\alpha/2} = Z_{0.975} = 1.31$。$-1.725 \leqslant Y \leqslant 1.31$，可以认为计算应力的总体服从正

态分布。

利用数据分析软件画出计算应力的直方统计图(见图 2－19),并给出应符合的曲线。从图 2－19 中也可以看出计算强度基本符合正态分布。

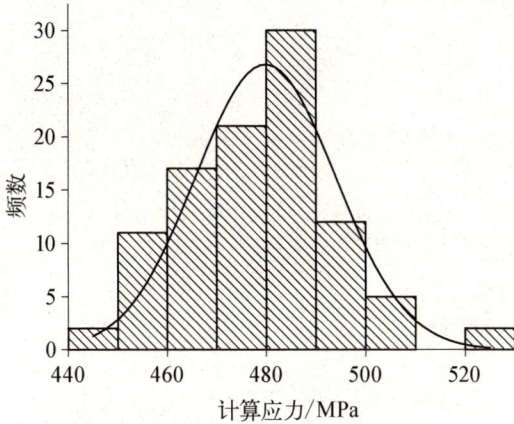

图 2－19　计算应力的直方统计图

利用统计公式:

$$\overline{X} = \frac{1}{n}\sum_{i=1}^{n}X_i S^2 = \frac{1}{n}\sum_{i=1}^{n-1}(X_i - \overline{X})^2$$

算出 $\mu_\sigma = 478.259\,1 \times 10^6$, $\sigma_\sigma^2 = 230.733\,9 \times 10^{10}$。

2) 破坏概率计算

计算应力和强度均为正态分布,他们的概率密度函数 $f(S)$ 和 $f(R)$ 分别为

$$f(S) = \frac{1}{\sigma_\sigma \cdot \sqrt{2\pi}} \cdot \exp\left[-\frac{1}{2}\left(\frac{S-\mu_\sigma}{\sigma_\sigma}\right)^2\right]$$

$$f(R) = \frac{1}{\sigma_R \cdot \sqrt{2\pi}} \cdot \exp\left[-\frac{1}{2}\left(\frac{S-\mu_R}{\sigma_R}\right)^2\right]$$

引进变量 $Y = R - S$,由于 R 和 S 是随机变量,Y 也属于随机变量,而且服从正态分布,它的均值和方差为

$$\mu_Y = \mu_\sigma - \mu_R$$

$$\sigma_Y^2 = \sigma_R^2 + \sigma_\sigma^2$$

其概率密度函数为

$$f(Y) = \frac{1}{\sigma_Y \cdot \sqrt{2\pi}} \cdot \exp\left[-\frac{1}{2}\left(\frac{S-\mu_Y}{\sigma_Y}\right)^2\right] \qquad (2-219)$$

由破坏概率的定义可知，正态分布的失效为

$$P_f = P(Y>0) = \int_0^\infty \frac{1}{\sqrt{2\pi} \cdot \sigma_Y} \exp\left[-\frac{1}{2}\left(\frac{Y-\mu_Y}{\sigma_Y}\right)^2\right] dY \quad (2-220)$$

为了利用正态积分表，进行标准化处理，令 $\beta = \dfrac{Y-\mu_Y}{\sigma_Y}$，且当 $Y=0$ 时有

$$\beta = \frac{-\mu_Y}{\sigma_Y} = -\frac{\mu_\sigma - \mu_R}{\sqrt{\sigma_\sigma^2 + \sigma_R^2}} \qquad (2-221)$$

则标准正态分布失效概率为

$$P_f = \frac{1}{\sqrt{2\pi}} \int_\beta^\infty e^{-\frac{\beta^2}{2}} d\beta = 1 - \phi(\beta) \qquad (2-222)$$

代入 $\mu_\sigma = 478.2591\times10^6$，$\sigma_\sigma^2 = 230.7339\times10^{12}$，$\mu_R = 430\times10^6$ Pa，$\sigma_\sigma^2 = 387\times10^9$ 得出 $\beta = 0.0007364$，查正态分布表得出失效概率为

$$P_f = 1 - \phi(\beta) = 1 - 0.0007364 = 0.9992636$$

2.5　两发武器命中板壳结构

　　舰船在服役期间，易遭受鱼雷、水雷等水下武器的攻击。由于水下爆炸问题的复杂性，理论进展缓慢，主要以实验研究为主。近年来随着计算机技术和计算理论的快速发展，使得人们可以通过数值模拟的方法对水下爆炸的各种现象进行预报。迄今为止，大多数的研究都局限在单发武器命中舰船结构的情况，而在实际的海战中，两发武器可能同时或延时命中舰船舷侧结构，这方面的成果较少。借助于大型有限元分析软件 LS－DYNA 对舰船舷侧板壳结构在两发武器攻击下的动态响应进行模拟，分析了炸药之间距离不同的 3 种模型在同时命中和延时命中下的破坏情况，并对其结果进行比较，得出一些有工程应用价值的结论。

2.5.1　计算模型

　　为了研究炸药间距不同时，同时命中和延时命中钢板的破损情况，建立 3 组

模型。3 组模型的钢板尺寸均为 2 m×2 m、厚度为 0.02 m、网格大小为 0.01 m，板定义为四边固支边界条件。炸药是圆柱型装药，半径为 0.05 m、高为 0.15 m。两发武器采用相同类型 TNT 炸药，密度为 1 630 kg/m³，均为接触爆炸。对称布置两个炸药：模型一，炸药间距为 0.2 m；模型二，炸药间距为 0.5 m；模型三，炸药间距为 1 m。有限元模型网格划分如图 2-20 所示。一般来说，网格的大小不大于结构构件的最小尺寸。

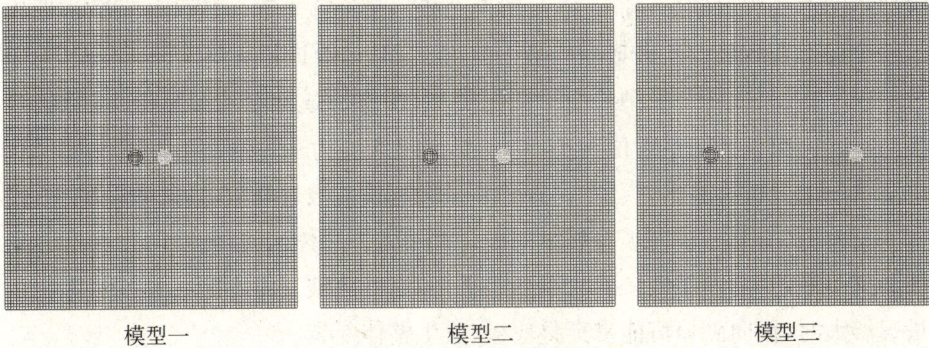

模型一　　　　　　　模型二　　　　　　　模型三

图 2-20　有限元模型

水是 2.1×2.1×0.4 m³ 的立方体，定义为无反射边界条件。板采用 Lagrange 单元，水和炸药采用 ALE 单元。

2.5.2　结果及分析

1）两发武器同时命中的结果分析

图 2-21 为 3 个模型的破口图。模型一引爆后，在爆炸产生的冲击波及随后的爆轰产物、水等共同作用下，首先在两个起爆点处出现塑性变形，并迅速向

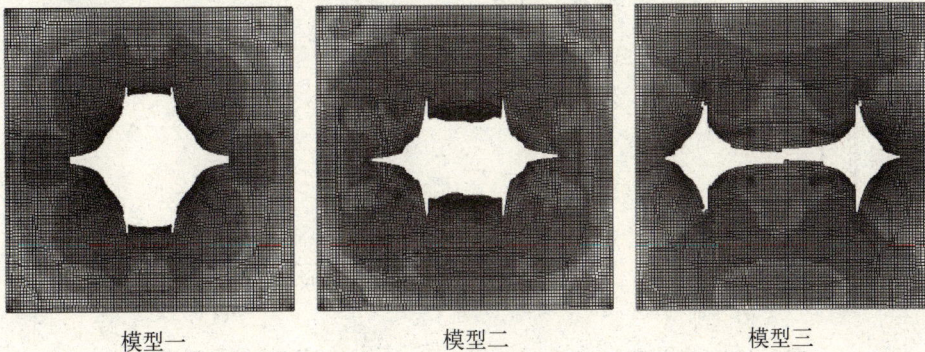

模型一　　　　　　　模型二　　　　　　　模型三

图 2-21　模型破口

四周扩展。随着冲击波向前传播,板的变形不断增大,在两个接触点出现明显破口,在 0.30 ms 时两破口相连通形成了一个扁形的破口,破口继续发展,破口两侧的钢板被撕裂。随着时间的增长,裂口变大,变宽,最终形成花瓣型破口。破口横向最大值为 1.08 m。纵向最大值为 0.92 m。

模型二引爆后,在两爆心处同时出现破口,破口迅速扩大。两爆心处的钢板被撕裂,裂缝不断扩大,裂缝在水平方向扩大的速度大于垂直方向扩大的速度。破口由圆形变成扁圆形,在 1.1 ms 时两个破口连通在一起,继续横向发展,形成了一个扁形花瓣破口。破口横向最大值为 1.24 m,纵向最大值为 0.72 m。

模型三引爆后,与模型二变形情况类似,最终形成两个花瓣形破口,且破口横向连通。破口横向最大值为 1.60 m,纵向最大值为 0.74 m。

从以上分析可看出,模型二与模型一相比,横向破口增大,纵向破口减小,模型三与模型二相比,横向破口和纵向破口都增大。总体来说,随着两发武器之间的距离不断增大,纵向破口的大小趋于平稳,而横向破口将不断增大。如果装药量足够大时,横向破口可能贯穿整块板,发生整体断裂。

A,B,C 分别为模型一、二、三中心处的单元。从观测单元的有效应力图 2 - 22 可看出,3 个模型的有效应力值基本相同,由于 3 个模型的爆心距离板中心处愈来愈大,有效应力达到峰值的时间也逐渐增大。图 2 - 23 为观测单元的压力图,由于观测单元距离爆心愈来愈远,3 个压力峰值依次减小,分别为 1.931×10^8,8.200×10^7,2.646×10^7 Pa。图 2 - 24 为观测单元的位移图,比较三者的位移值,依次减小,这是因为爆炸作用在该单元的能量逐渐减小。从观测单元动态参数随时间的变化可看出,模型一、二、三中心点的动态响应逐渐减小。

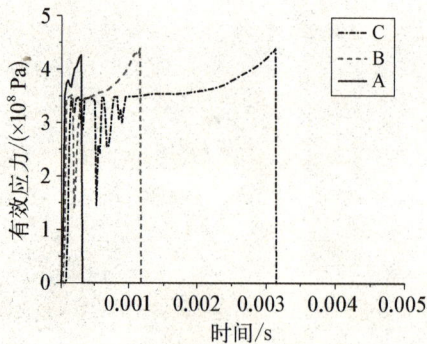

图 2-22 有效应力

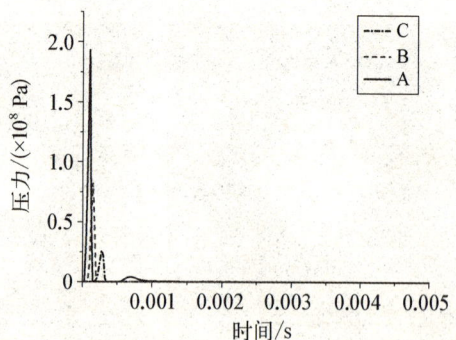

图 2-23 压力

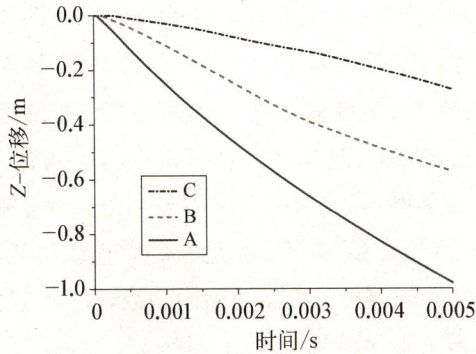

图 2 - 24　位移

2) 两发武器延时命中的结果分析

由图 2 - 25 可知,模型一在第一发武器战斗部引爆后,产生破口并不断扩大,出现花瓣变形。在 3 ms 时第二发武器战斗部引爆,但这时该爆心处已破坏,故第二发武器对钢板无太大的影响,剩余能量直接作用于内部结构。最终横向破口最大值为 0.84 m,纵向最大值为 0.76 m。模型二与模型一的破坏情况类似,模型二破口比模型一稍小,最终横向破口最大值为 0.78 m,纵向最大值为 0.68 m。模型三与前两个模型破损情况有所不同,在第一发武器战斗部引爆后,产生破口并不断扩大,随着第二发武器战斗部的引爆,爆心处立刻产生了裂缝,裂缝不断扩展,在 6 ms 时,裂缝与第一发武器产生的破口连通,随后不断扩大。最终横向破口最大值为 1.48 m,纵向破口最大值为 0.74 m。

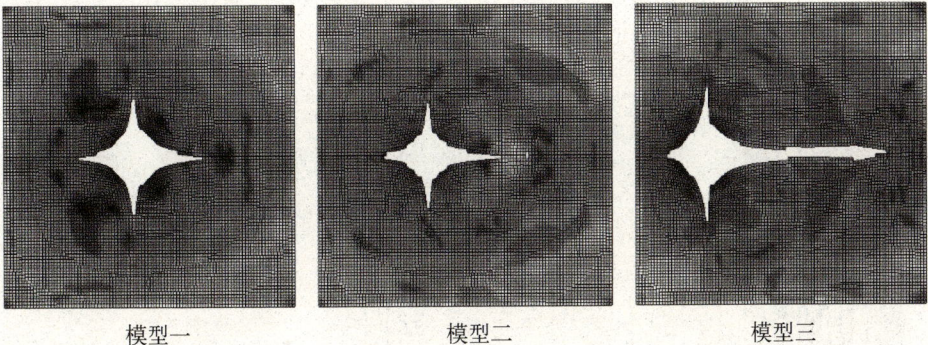

模型一　　　　　　　　模型二　　　　　　　　模型三

图 2 - 25　破口

从以上分析可看出,对于延时命中来说,随着两个炸药之间的距离增大,横向破口不断增大,纵向破口变化不大。所以在装药量相同的情况下,两炸药之间距离愈大,破坏愈严重。

图 2 - 26 为 3 个模型第一发武器爆心处的有效应力图和位移图,A,B,C 分别为模型一、二、三第一发武器爆心处单元,3 种情况下动力响应基本相同。图 2 - 27 为 3 个模型第二发武器爆心处的有效应力图和位移图,A,B,C 分别为模型一、二、三第二发武器爆心处单元。从有效应力图来看,由于模型一两发武器距离较近,第一发武器爆炸后,第二发武器爆心处产生了破坏,所以模型一在很短时间内达到峰值压力 4.38×10^8 Pa,后迅速减小为 0。模型二在第一发武器攻击下,第二发武器爆心处有效应力短时间内增大,在第二发武器攻击下有效应力不断增大,最大值为 4.22×10^8 Pa,后减小发生平稳振荡。模型三在第一发武器攻击下产生一个峰值,由于该单元没被破坏,在第二发武器攻击下,增大到 4.29×10^8 Pa,比第一个峰值更大,超过极限应力,单元发生破坏,有效应力迅速减小为 0。从位移图可看出,模型三在第二发爆心处的动力响应最大。

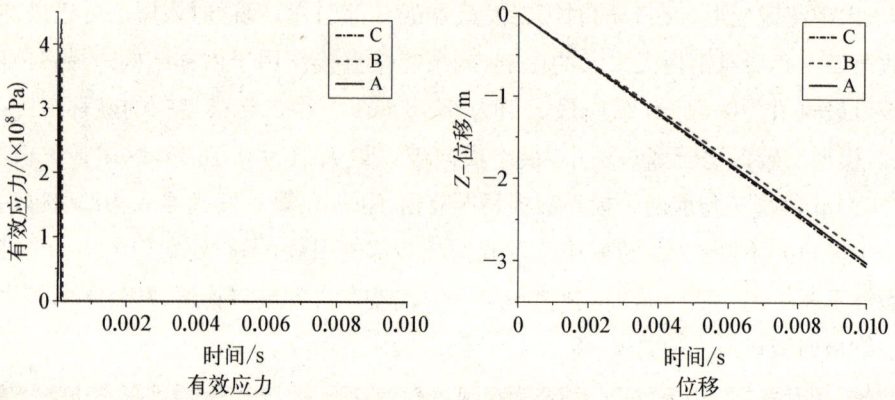

图 2 - 26　第一发武器爆心处

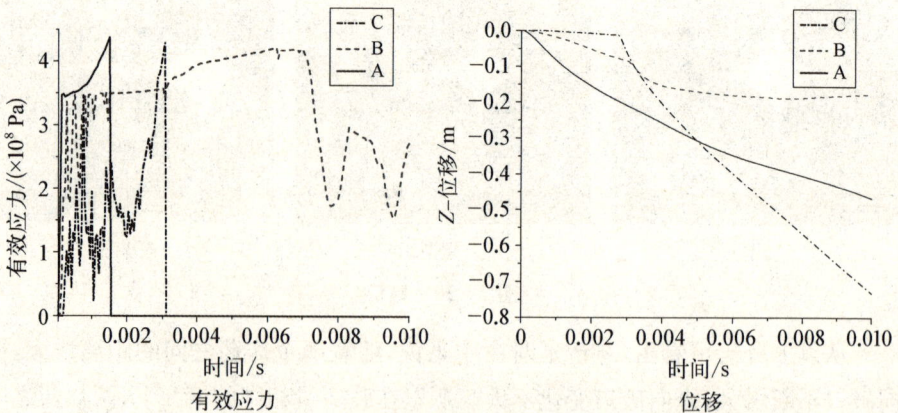

图 2 - 27　第二发武器爆心处

从两发武器爆心处的动态参数可看出,由于两发武器之间距离不同,在第一发武器攻击下,第二发武器爆心处模型一、二产生破坏,而模型三没有被破坏。所以在第二发武器攻击下,3 个模型在此处的动态响应有所不同。

3) 两发武器同时命中和延时命中的比较分析

表 2-3 中是以钢板中心处为观测单元,测得有效应力最大值、压力峰值和最大位移。从表中可以看出,两种攻击方式下,同时命中时各个模型的横向破口和纵向破口都比延时命中时要大,所以,对于一定量的装药来说,同时命中能对该层钢板产生较大的破坏。

表 2-3　同时命中和延时命中的结果比较

	同时命中			延时命中		
	模型一	模型二	模型三	模型一	模型二	模型三
横向最大破口/m	1.08	1.24	1.60	0.84	0.78	1.48
纵向最大破口/m	0.92	0.72	0.74	0.76	0.68	0.74
有效应力最大值/MPa	426	439	439	435	435	439
压力峰值/MPa	193.0	82.0	27.4	91.1	43.0	27.5
最大位移/m	0.98	0.57	0.27	0.80	0.23	0.26

比较两种情况下的动态参数最大值,对于不同的起爆方式,模型一、二中心处的动态参数相差较大,而模型三基本一致。所以,随着两炸药之间距离增大,两种攻击方式下,中心处的动态参数基本一致。

2.5.3　小结

(1) 对于两发武器同时命中和延时命中来说,随着两发武器之间的距离不断增大,纵向破口的大小趋于平稳,而横向破口将不断增大。如果装药量足够大时,横向破口可能贯穿整块板,发生整体断裂。所以两种攻击方式在装药量和板尺寸一定的情况下,距离越大,爆炸载荷对板的破坏越严重。

(2) 比较两种命中方式,同时攻击能使钢板产生较大的破口,但对于模型一延时命中的第一发武器使第二发爆心处破坏,则是第二发武器爆炸后只有一小部分能量作用于钢板,可直接对舰船内部造成破坏,故对于两发武器距离较近时,延时爆炸更为理想,否则采用同时攻击。

(3) 两种攻击方式下,对于各种模型来说,炸药量相同。由于起爆方式不同,钢板上相同单元的塑性动力响应不相同,说明爆轰波的叠加作用并不是简单的数量的叠加,而是一个非常复杂的过程。

(4) ALE算法能够很好地模拟两发武器接触爆炸作用下对钢板的破坏,模拟和预测材料在爆炸冲击波作用下的非线性动态响应。

参考文献

[1] 北京工业学院八系《爆炸及其作用》编写组. 爆炸及其作用[M]. 北京:国防工业出版社,1979: 100 - 104.

[2] Wierzbicki T, FATT MSH. Deformation and perforation of a circular membrane due to rigid projectile impact. Dynamic response of structures to high-energy excitation[M]. T. L. GEERS and Y. S. SHIN, ASME BOOK. 1991.

[3] Suliciu M M, Suliciu I, Wierzbicki T, et al. Transient response of an impulsively loaded plastic string on a plastic foundation[J]. Quarterly of Applied Mathematics. 1996, 2: 327 - 343.

[4] Jones N. Recent studies on the dynamic plastic behavior of structure. Applied Mechanics Review[M]. ASME BOOK. 1989.

[5] Lee Y W, Wierzbicki T. Fracture prediction of thin plates under localized impulsive loading [J]. Part Ⅱ: discing and petalling. International Journal of Impact Engineering. 2005, 31: 1277 - 1308.

[6] Hopperstad O S, Borvik T, Langseth M, et al. On the influence of strain rate on the behavior of a structural steel[J]. Part Ⅱ: Numerical study. Eur J Mech A/Solids. 2001, 20: 685 - 712.

[7] 杨贵通. 塑性动力学[M]. 北京:高等教育出版社,2000.

[8] Nurick G N, Radford A M. Deformation and tearing of clamped circular plates subjected to localised central blastloads. Recent developments in computational and applied mechanics[M]. A volume in honour of John B. Martin,1997: 276 - 301.

[9] Wierzbicki T. Petaling of plates under explosive and impact loading[J]. International Journal of Impact Engineering. 1999, 22: 935 - 954.

[10] 张振华,朱锡. 刚塑性板在柱状炸药接触爆炸作用下的花瓣开裂研究[J]. 船舶力学,2004,8(5): 113 - 119.

[11] Atkins A G, Mai Y W. Elastic and plastic fracture [M]. Chichester: Ellis Horwood, 1988.

[12] 吴翊,李永乐,胡庆军. 应用数理统计[M]. 长沙:国防科技大学出版社,1995.

第 3 章　船用加筋板结构的
爆炸冲击破坏

半穿甲导弹战斗部攻击水面舰船时,是使引信接触舰船后延迟十几毫秒引爆,在此瞬间,战斗部依靠本身的动能,穿透舰船外层装甲,钻到舰体内一定的深度后再爆炸。对半穿甲型战斗部而言,战斗部的装药量一般占战斗部总重的30%～35%,而且这类战斗部多填装高能炸药,如黑索金、梯黑铝等。这样大的装药量送入舰船内部爆炸,具有比在舰外爆炸更大的毁伤效果。本章将对加筋板结构在接触爆炸荷载作用下的冲击破坏情况进行分析。

战斗部对舰船舷侧加筋板结构的接触爆炸破坏作用主要有以下几个方面[1]:

(1) 接触爆炸初始穿孔作用。接触爆炸时在炸药作用附近,因高温高压使板壳的材料进入流动状态,必然产生穿孔。由于爆炸穿孔效应与炸药爆轰的历时相当,可以认为是早期效应。

(2) 爆炸冲击波的作用。产生穿孔以后,孔径以外的板壳在爆炸冲击波的作用下将继续产生塑性变形,该塑性动力响应为爆炸作用的后期效应。

接触爆炸作用下加筋板的塑性动力响应可近似为如下两个过程:加筋板中部(爆炸点)有半径为 r_0 的初始破孔(假设 r_0 已知);有初始破孔的加筋板受到爆轰产物的作用产生的塑性变形。

3.1　接触爆炸下加筋板的破口

3.1.1　加筋板的模型等效

对于加筋板结构的分析,一种通常的方法是将加强筋按一定的等效关系折算到板中,从而求得近似解,本章采用以下等效关系[1]:

(1) 将加筋板中的加强筋均匀布到板上,得到加筋板的相当板厚:

$$\bar{\delta} = (LB\delta + \sum_{i=1}^{n} F_i L + \sum_{j=1}^{m} F_j B)/(LB) \qquad (3-1)$$

式中,L——矩形加筋板的长;

$\quad B$——矩形加筋板的宽;

$\quad \delta$——板厚;

$\quad n$——纵向加强筋的数目;

$\quad m$——横向加强筋的数目;

$\quad F_i$——纵向加强筋的截面面积;

$\quad F_j$——横向加强筋的截面面积。

(2) 为方便积分,假设塑性变形区域为圆形,塑性变形外缘塑性铰线直径为 D,$D = \min(L, B)$,塑性铰线半径为 R,$R = D/2$。

3.1.2　加筋板单位宽度相当极限抗弯弯矩

M_0 为整个加筋板断面在纯弯曲状态下正应力达到材料的屈服极限弯矩,单位宽度上的弯矩定义式为

$$\bar{M}_0 = \frac{M_0}{b} \qquad (3-2)$$

$$M_0 = \sigma_0 (S_1 + S_2) \qquad (3-3)$$

式中,M_0——加强筋的极限弯矩;

$\quad b$——加强筋的间距;

$\quad \sigma_0$——材料的屈服极限;

$\quad S_1, S_2$——分别为加强筋间距内受压和受拉部分面积形心对中和轴的间距。

根据纵向和横向加强筋的截面形式和加强筋的间距,按照式(3-2)、式(3-3)分别计算出相应的 $\bar{M}_0$,然后对纵横两个方向加强筋的 $\bar{M}_0$ 进行平均得出整个加筋板单位宽度相当极限抗弯弯矩 $\bar{M}_0$。

3.1.3　加筋板的初始动能

假设加筋板的最后变形模式为截顶的圆锥形,其母线图形如图 3-1 所示。

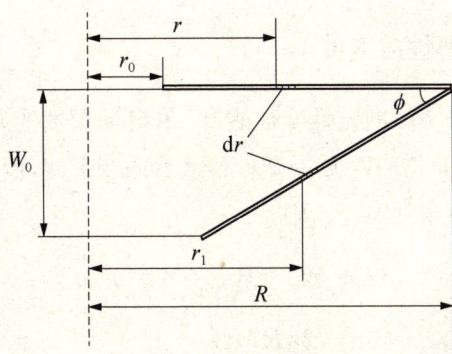

图 3 - 1　板的塑性变形

根据动量定理,爆炸冲击波以冲量的形式作用在穿孔后的剩余板结构上,使板有一个初始动能。

$$M\bar{v} = \int_0^{2\pi} \int_{r_0}^{R} I_r r\, \mathrm{d}r\, \mathrm{d}\theta \tag{3-4}$$

$$M = \rho\pi\bar{\delta}(R^2 - r_0^2) \tag{3-5}$$

式中,M——塑性变形区板的质量;

　　$\bar{v}$——塑性变形区的平均速度;

　　r_0——初始破口半径;

　　ρ——板的材料密度;

　　I_r——作用于板单位面积的分布爆炸反射冲量。

I_r 与爆炸作用的距离有关,可以用二次函数来表示

$$I_r = A_1 + \frac{B_1}{r} + \frac{C_1}{r^2} \tag{3-6}$$

由式(3-4)、式(3-5)和式(3-6)可得到

$$\bar{v} = \frac{2\pi}{M}\left[A_1(R^2 - r_0^2)/2 + B_1(R - r_0) + C_1(\ln R - \ln r_0)\right] \tag{3-7}$$

因此板的初始动能有

$$T = \frac{1}{2}M\bar{v}^2$$

$$= \frac{2\pi}{\rho\bar{\delta}(R^2 - r_0^2)}\left[A_1(R^2 - r_0^2)/2 + B_1(R - r_0) + C_1(\ln R - \ln r_0)\right]^2$$

$$\tag{3-8}$$

3.1.4 加筋板的塑性应变能

板塑性变形可分为径向塑性变形能 W_r 和环向塑性变形能 W_θ。由于中央有破口，可认为径向无伸长，W_r 就是塑性铰线弯曲变形能，而 W_θ 又分为环向拉伸变形能 $W_{\theta t}$ 和弯曲变形能 $W_{\theta b}$，因此

$$W = W_r + W_{\theta t} + W_{\theta b} \tag{3-9}$$

$$W_r = 2\pi R \overline{M}_0 \phi \tag{3-10}$$

$$\phi = \arcsin \frac{W_0}{R - r_0} \tag{3-11}$$

$$W_{\theta t} = \int_0^{2\pi} \int_0^{\bar{\delta}} \int_{r_0}^{R} \sigma_0 \varepsilon_{\theta t} r \mathrm{d}r \mathrm{d}h \mathrm{d}\theta \tag{3-12}$$

$$W_{\theta b} = \int_0^{2\pi} \int_{r_0}^{R} \overline{M}_0 \mathrm{d}r K_\theta r \mathrm{d}\theta \tag{3-13}$$

式中，ϕ——塑性铰线处径向转角；

$\qquad W_0$——破口边缘挠度值；

$\qquad \varepsilon_{\theta t}$——环向拉伸应变；

$\qquad K_\theta$——环向曲率。

由图 3-1 中的几何关系可以得到，当板上距离中央为 r 的板条变形后与中央的距离为

$$r_1 = (1 - \cos\phi)R + r\cos\phi \tag{3-14}$$

$$\varepsilon_{\theta t} = (2\pi r_1 - 2\pi r)/2\pi r = \left(\frac{R}{r} - 1\right)(1 - \cos\phi) \tag{3-15}$$

环向曲率 K_θ 当 ϕ 角较小时的表达式为

$$K_\theta = -\frac{1}{r} \frac{\partial W}{\partial r} = \frac{1}{r} \tan\phi \tag{3-16}$$

将式(3-15)、式(3-16)分别代入式(3-12)、式(3-13)，可以得到

$$W_{\theta t} = \pi \bar{\delta} \sigma_0 (R - r_0)^2 (1 - \cos\phi) \tag{3-17}$$

$$W_{\theta b} = 2\pi \overline{M}_0 (R - r_0) \tan\phi \tag{3-18}$$

3.1.5　运用能量守恒求解 W_0

根据能量守恒原理可以得到如下表达式：

$$T = W = W_r + W_{\theta t} + W_{\theta b} \tag{3-19}$$

将式(3-8)、式(3-10)、式(3-17)、式(3-18)代入式(3-19)中,考虑到三角函数关系：

$$\cos\phi = \sqrt{1 - \sin^2\phi} = \left[1 - \left(\frac{W_0}{R - r_0} \right)^2 \right]^{1/2} \tag{3-20}$$

当 ϕ 值较小时,有以下近似关系：

$$\phi \approx \tan\phi \approx \sin\phi = \frac{W_0}{R - r_0} \tag{3-21}$$

可以有如下一元二次方程：

$$a_1 W_0^2 + b_1 W_0 + c_1 = 0 \tag{3-22}$$

式中,

$$a_1 = \left(\frac{2\pi R \overline{M}_0}{R - r_0} + 2\pi \overline{M}_0 \right)^2 + \pi^2 \bar{\delta}^2 \sigma_0^2 (R - r_0)^2 \tag{3-23}$$

$$b_1 = 2\left[\pi \bar{\delta} \sigma_0 (R - r_0)^2 - \frac{1}{2} M \bar{v}^2 \right] \left(\frac{2\pi R \overline{M}_0}{R - r_0} + 2\pi \overline{M}_0 \right) \tag{3-24}$$

$$c_1 = \left[\pi \bar{\delta} \sigma_0 (R - r_0)^2 - \frac{1}{2} M \bar{v}^2 \right] - 2\pi^2 \bar{\delta}^2 \sigma_0^2 (R - r_0)^4 \tag{3-25}$$

经过计算,

$$b_1^2 - 4a_1 c_1 = \pi^2 \bar{\delta}^2 \sigma_0^2 (R - r_0)^2 [4\pi \bar{\delta} \sigma_0 M v^2 (R - r_0)^2 + 16\pi M_0 (2R - r_0)^2] > 0$$

所以式(3-22)的解为

$$W_0 = \frac{-b_1 \pm \sqrt{b_1^2 - 4a_1 c_1}}{2a_1} \tag{3-26}$$

当在初始破口半径 r_0 已知的情况下,可以由式(3-23)~式(3-25)分别求

出 a_1，b_1，c_1，再由式(3-26)得出破口边缘变形挠度 W_0，然后通过式(3-20)可以得到 ϕ 值。

3.1.6 破口半径的确定

由于最大应变是发生在环向的应变，式(3-15)给出了环向拉伸应变 $\varepsilon_{\theta t}$ 的表达式，环向最大弯曲应变 $\varepsilon_{\theta b}$ 可表示为

$$\varepsilon_{\theta bm} = K_\phi \bar{\delta}/2 = \frac{\bar{\delta} W_0}{2r(R-r_0)} \tag{3-27}$$

最大环向应变 $\varepsilon_{\theta m}$ 为环向最大拉伸应变和环向最大弯曲应变的叠加，即

$$\varepsilon_{\theta m} = \varepsilon_{\theta tm} + \varepsilon_{\theta bm} = \left(\frac{R}{r_0}-1\right)(1-\cos\phi) + \frac{\bar{\delta} W_0}{2r(R-r_0)} \tag{3-28}$$

假设加筋板材料的极限动应变为 ε_f，则当 $\varepsilon_{\theta m} \geqslant \varepsilon_f$ 时，板将在环向发生撕裂破坏，出现径向裂纹，在裂纹中止处满足表达式 $\varepsilon_{\theta m} = \varepsilon_f$，由此可以得到板的破口半径为

$$r = \frac{R(1-\cos\phi) + 0.5\,\bar{\delta} W_0/(R-r_0)}{\varepsilon_f + 1 - \cos\phi} \tag{3-29}$$

3.1.7 初始破口大小的估计

在上面的计算中是将初始破口半径 r_0 当作已知的量来处理的。破口的产生可能有两种情形：

(1) 导弹战斗部直接穿过钢板而引起的破口，此时 r_0 为穿甲破口半径，可近似等于战斗部直径，即

$$r_0 = \frac{D}{2} \tag{3-30}$$

式中，D——战斗部壳体直径。

(2) 导弹战斗部在钢板表面直接爆炸所引起的破口，此时 r_0 为冲塞破口半径。飞鱼导弹初始破口半径 $r_0 = 200$ mm。

3.1.8 算例

采用上述破口计算方法，对几种类型加筋板在不同装药量炸药接触爆炸时

的破口尺寸进行计算,加筋板材料屈服极限为 400 MPa,极限动应变为 $\varepsilon_f = 0.124$。飞鱼导弹的装药量为 43 kg,在单位面积爆炸反射冲量 I_r 表达式中,各个系数为:$A_1 = -0.415 \times 10^3$,$B_1 = 5.672 \times 10^3$,$C_1 = 4.217 \times 10^3$。初始破口半径 $r_0 = 200$ mm[1]。计算得到飞鱼导弹接触爆炸作用下加筋板的破口半径分别如表 3-1 所示。

表 3-1　飞鱼导弹接触爆炸作用下加筋板的变形和破口半径

	加筋板 1	加筋板 2
加筋板长度 L /m	9.0	14.5
加筋板宽度 B /m	16.2	16.0
相当板厚 $\bar{\delta}$ /m	5.90×10^{-3}	5.96×10^{-3}
相当极限弯矩 $\bar{M}_0$ /(N·m/m)	2.370×10^4	2.370×10^4
板中央挠度 W_0 /m	1.374	1.116
破口半径 r /m	1.342	0.673

3.2　加筋板在接触爆炸下响应数值方法

船用加筋板由于其复杂性,前面的理论只能解决破口问题,并且理论中模型的简化其实是将加筋板看作正交异性板来处理,有一定的近似性。本节将采用数值方法对爆炸作用下的加筋板进行讨论,得出一些有助于工程实践的结论。

采用流固耦合方法,对 6 种加筋板结构受水下接触爆炸作用下的动态响应进行了模拟,分析了板架的变形,加强筋在板架变形中所起的作用以及加强筋的布置方式对板架变形的影响,对舰船抗爆设计具有一定的参考价值。

3.2.1　有限元模型

利用有限元软件 LS-DYNA 的前处理文件 FEMB 建立结构的几何模型。炸药和水采用 Euler 单元,板采用 Lagrange 单元,通过 * CONSTRAINED_ LAGANGE_IN_SOLID 关键字来定义流固耦合。

1) 加筋板的模型及本构关系

在数值模拟过程中,建立各部分的有限元模型是整个分析最为关键的步骤,特别是对模型的单元划分直接影响着计算结果的可靠性和真实性。建立 6 个模型来研究在水下接触爆炸作用下加筋板的动态响应。模型一：平板；模型二：单加筋板；模型三：双加强筋；模型四：十字加筋板；模型五：双十字加筋板；模型六：井字加筋。有限元模型如图 3-2 所示。

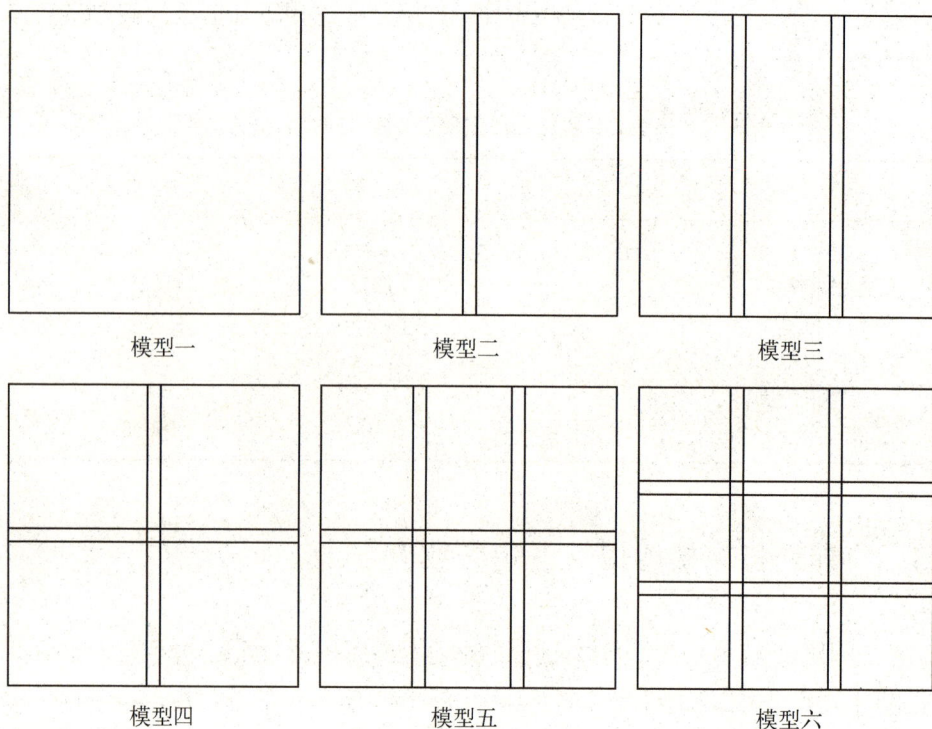

图 3-2 加筋板模型

钢板尺寸均为 1.2 m×1.2 m、厚度为 0.016 m。加强筋的肋高为 0.16 m、肋宽为 0.01 m。加筋肋单元长度为 0.01 m、高为 0.016 m；板单元长度为 0.015 m、高为 0.016 m。

模型材料为 Q235 钢，材料相关参数如表 3-2 所示。

表 3-2 加筋板材料参数

密度/(kg/m³)	泊松比	弹性模量/Pa	屈服极限/MPa	极限强度/MPa
7 830	0.28	$2.07×10^{11}$	235	335

2) 炸药模型及参数设置

炸药为 TNT 圆柱型装药，炸药布置在加筋板的中心处。炸药的材料参数如表 3-3 所示,加筋板和炸药有限元模型如图 3-3 所示。

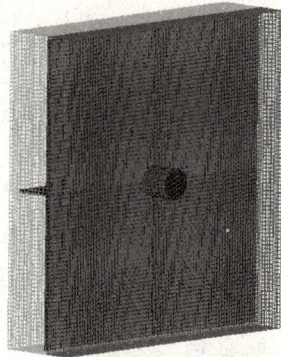

表 3-3　炸药的材料参数

密度/(kg/m³)	A/MPa	B/MPa	R_1	R_2	ω	E/(J/m³)
1 630	5.409×10^5	9.4×10^3	4.5	1.1	0.35	8.0×10^9

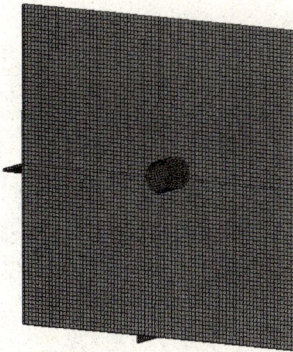

图 3-3　加筋板与炸药有限元模型　　图 3-4　整体有限元模型

3) 流体模型及参数设置

在建模过程中,要求流体完全覆盖加筋板和炸药,并应考虑到边界效应及冲击波传播区域问题。建立流体大小为 1.24 m×1.24 m×0.3 m 长方体。水的网格划分在中心处与炸药相同,四周比板的网格稍大,为 0.015 5 m。加筋板、炸药与水域的有限元模型如图 3-4 所示。参数取为:$C = 1484\,\text{m/s}$,$S_1 = 1.979$,$S_2 = S_3 = 0$,$\gamma_0 = 0.11$。

3.2.2　边界条件

由于爆炸载荷只对舰船舷侧局部产生影响,故加筋板定义为四边固支的边界条件。

当装药在有限水介质中爆炸时,必须考虑界面对冲击波的影响。但是,在假定水域无限的数值分析中,不可能建立无限水域的有限元模型。例如模拟爆炸在水介质中的爆炸作用问题时,由于计算模型规模的限制,实际计算中所取欧拉区域的大小是很有限的,因此物质的流动会受到固壁边界的限制,而且应力波在固壁的反射也会带来计算误差。于是先建立一个限定范围的水域有限元模型,然后在各个边界处采用无反射（BOUNDARY_NON_ REFLECTING）边界条件，这样就可以阻止冲击波从有限水域的边界反射，从而用有限的模型表示无限的水域。

3.2.3　加筋板的破坏准则

加筋板的破坏采用失效主应变破坏准则，可表示为

$$\varepsilon_1 \geqslant \varepsilon_{max} \tag{3-31}$$

式中，ε_1——破坏时的主应变；

$\quad\quad\varepsilon_{max}$——最大主应变。

用关键词 * MAT_ADD_EROSION 定义板的破坏强度，利用侵蚀（Erosion）算法消去破坏的单元，并重新定义耦合接触面。即单元破坏后，则从模型中消去，从而得到钢板的破裂图像。

3.2.4　计算结果及分析

为了研究不同爆炸冲量作用下加筋板的塑性动力响应，对每个加筋板的模型计算了 3 种工况。工况一：炸药半径为 0.03 m、高为 0.07 m、装药量为320 g；工况二：炸药半径为 0.05 m、高为 0.1 m、装药量为 1 280 g；工况三：炸药半径为 0.06 m、高为 0.12 m、装药量为 2 210 g。

1）结构的变形损伤

接触爆炸时结构的变形是瞬时的、高度非线性的动力学问题，对舰船造成的破坏主要是局部效应。爆炸冲击波是一种快速传播、衰减很快的球面波，在很短的时间内，波阵面到达加筋板，开始对结构产生冲击作用。由于加筋位置及装药量的不同，则 6 种模型的变形破损情况如下：

（1）平板在中心处首先受到冲击波的作用，产生塑性变形，向冲击波传播方向凹陷，塑性区呈圆形区域向板边界增大，当冲量增大时，塑性应变超过板的极限断裂应变，发生剪切破坏，形成花瓣开裂破坏，如图 3-5(a)所示。

（2）单加筋板首先在加筋两侧附近出现对称的两个变形峰值，如图 3-5(b)所示。随着装药量不断增大，变形增大，板出现剪切破坏，产生破口，沿着加筋方向的破口受到限制，整个板的变形向边界延伸，但沿着加筋方向的整体变形较小。加强筋靠近迎爆面一侧的中心处单元被破坏，但没有断裂，如图 3-5(c)所

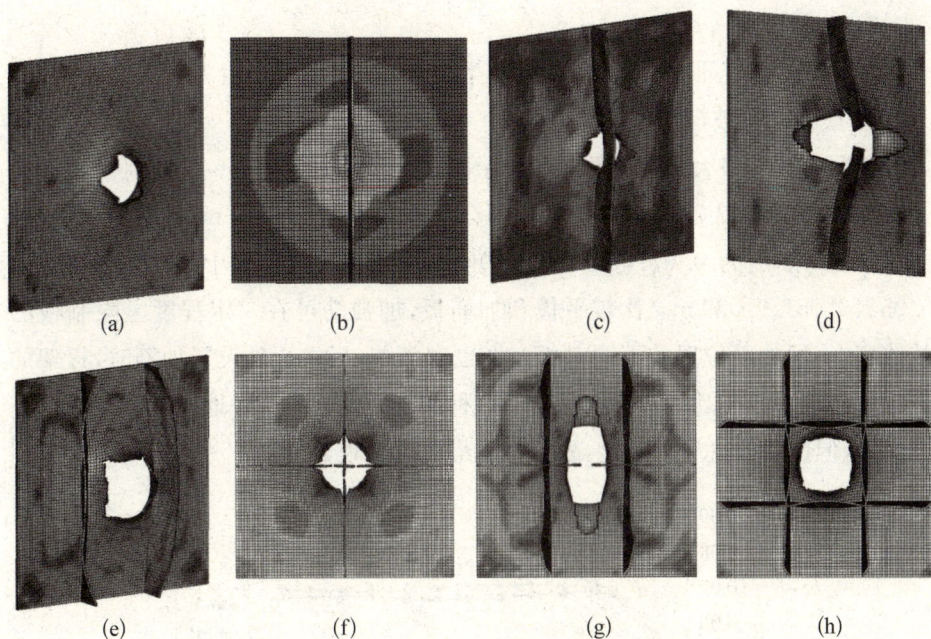

图 3 - 5　加筋板变形

示。在工况三的情况下,在冲击波和爆轰产物的直接作用下,破口不断增大,向加筋两侧剪切撕裂开,产生两个花瓣翻转变形,同时加强筋中心处产生剪切破坏,从中心处断裂。如图 3 - 5(d)所示。

(3) 双加筋板中心处首先产生塑性变形,整体变形不断增大。工况二情况下板中心处产生圆形的破口,加强筋基本没有变形;工况三情况下破口不断增大,产生 4 瓣花瓣开裂,两条加强筋向外侧产生变形,如图 3 - 5(e)所示。

(4) 十字加筋板在两个加筋交点附近出现 4 个变形峰值。工况二情况下,在板与加筋结合处产生剪切破坏,出现破口;工况三情况下,破口比工况二增大,同时加强筋变形变大,十字加强筋中心部分发生剪切破坏,如图 3 - 5(f)所示。

(5) 双十字加筋板结合了单加筋板和双加筋板的特点。首先是在中心横向加强筋两侧附近出现对称的两个变形峰值,并产生破口,向加筋两侧剪切撕裂开,产生两个花瓣翻转变形,爆炸冲量增大时,加强筋中心处产生剪切破坏,从中心处断裂,而竖向的两条加强筋整体向两侧变形,没有发生破坏,如图 3 - 5(g)所示。

(6) 井字加筋板中心处首先产生塑性变形,随后中心处产生花瓣开裂破口,爆炸冲量增大,破口的扩展受到四根加强筋在中心处围成的方格限制,增大缓慢,加筋变形不大,如图 3 - 5(h)所示。

2）破损比较

在工况一情况下，6 种模型均只产生变形，而无破口产生。工况二、三情况下，6 种模型均有破口产生。

工况一板的最大挠度时程曲线如图 3-6 所示，图中 A～F 分别代表模型一～模型六。比较 6 种模型的最大位移，平板最大，为 0.083 m；其次为双加筋、井字加筋，分别为 0.071,0.068 m；单加筋、双十字加筋、十字加筋，分别为 0.054,0.051,0.039 m。比较平板和加筋板，加强筋可在一定程度上限制板的整体变形；但加筋位置的不同对板变形也有影响，板中心处设置加筋时，板架的最大位移较小；双加筋、井字加筋由于这种加筋设置方式很好地限制了板架的整体变形，但使板的变形局部化，故板架的最大位移较大。

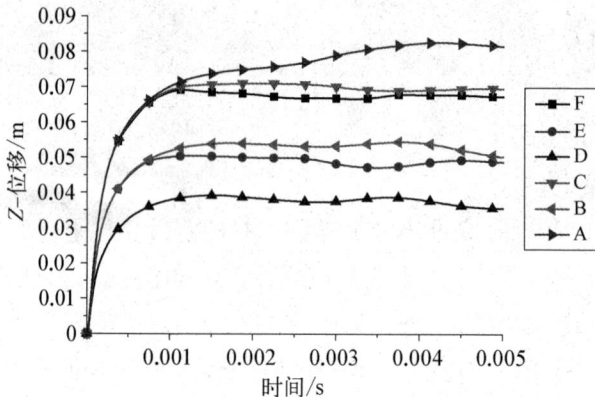

图 3-6　加筋板的最大挠度时程曲线

从表 3-4 中可看出，平板、十字加筋、井字加筋破口长短轴均相等。随着装药的增大，单加筋、双加筋、双十字加筋的破口长轴与破口短轴的大小相差也增大。比较两种工况下 6 种模型的破口，十字加筋的破口面积最小。

表 3-4　破口尺寸　　　　　　　　　（单位：m）

	工　况　二		工　况　三	
	破口长轴	破口短轴	破口长轴	破口短轴
模型一	0.236	0.236	0.315	0.315
模型二	0.221	0.163	0.407	0.255
模型三	0.230	0.221	0.315	0.305
模型四	0.164	0.164	0.288	0.288

（续表）

	工　况　二		工　况　三	
	破口长轴	破口短轴	破口长轴	破口短轴
模型五	0.223	0.164	0.419	0.220
模型六	0.217	0.217	0.296	0.296

3）塑性应变

单加筋和双十字加筋的塑性应变结果如图 3-7 所示，在加强筋附近出现明显的应变集中。由于加强筋刚度比板大得多，所以板的变形大于加强筋的变形，则加强筋处会首先达到最大塑性应变而产生破坏。因此，由于加筋的存在，板的整体变形较小，但可能首先在板和加强筋附近出现裂缝，冲量增大时，板将沿着加强筋撕裂开。

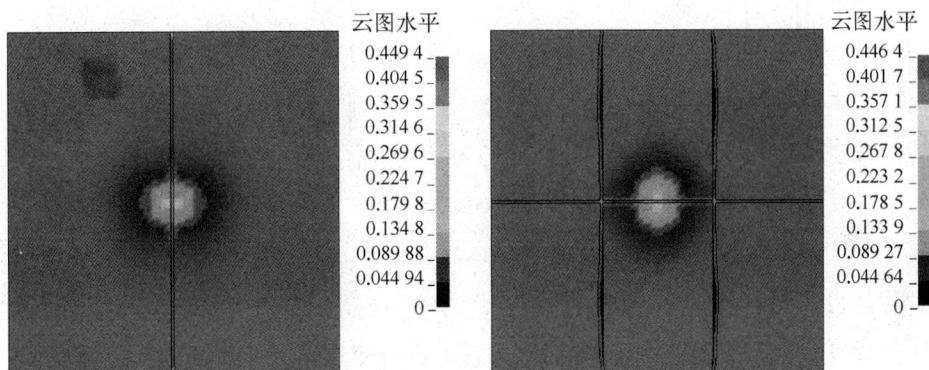

图 3-7　塑性应变云图

4）冲击环境

舰船上有较多的电子仪器、设备，它们抗冲击的能力直接影响到舰船的生命力。通过数值模拟能够得到有效应力、加速度随时间变化的曲线，这可以作为考核电子仪器、设备抗冲击能力的冲击输入条件。以工况二为例，取加筋板背面 1/4 处的单元。图 3-8、图 3-9 分别为分别为单加筋有效应力图、加速度图，图 3-10、图 3-11 分别为双十字加筋有效应力图、双十字加筋加速度图。

3.3　加筋板冲击破坏

大型舰船在海上航行，当舷侧受到导弹攻击时，舷侧结构将产生变形、破裂。

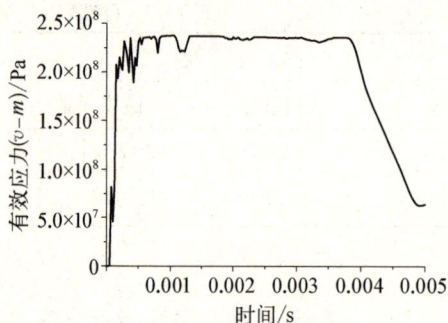

图 3-8　单加筋有效应力

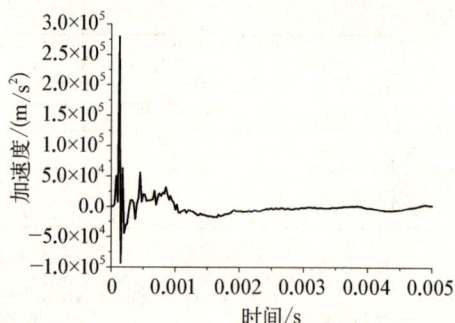

图 3-9　单加筋加速度

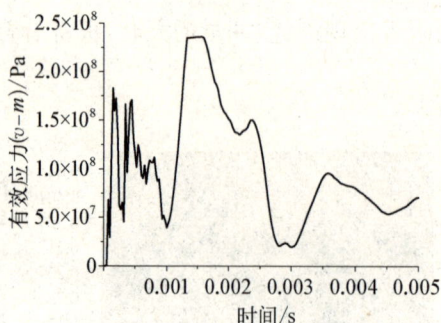

图 3-10　双十字加筋有效应力

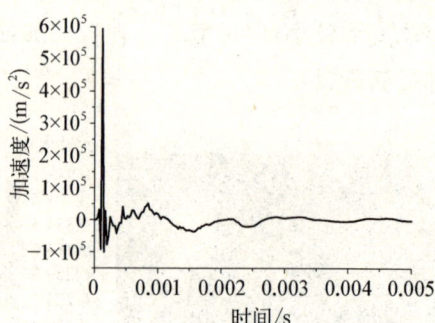

图 3-11　双十字加筋加速度

其破坏过程包括两个方面,首先,飞行的导弹与舰船结构发生冲击碰撞,导弹战斗部以其惯性形成对舷侧结构的冲击,在冲击碰撞过程中,其舷侧的板壳结构将发生一定程度的塑性变形或形成对外层的破口,吸收相当多的碰撞动能,随后武器的战斗部发生爆炸,其爆炸冲击载荷使舰船结构发生更大的变形,出现更大程度的破坏。因此,研究在冲击载荷作用下,舷侧结构的破坏形式和破坏程度是爆炸冲击载荷对舰船结构破坏的基础工作,本节的研究也是目前舰船碰撞冲击研究的一个重要内容。

对于大型舰船舷侧结构,由于其几何尺寸较战斗部的直径以及其塑性变形区域大得多,因此在分析中可以将其考虑为无限大的板壳结构。它在冲击载荷作用下的碰撞损伤过程是复杂的非线性动态响应过程,既有结构发生大位移时所产生的几何非线性,又有材料发生大变形时所表现出的物理非线性(材料非线性),还存在着严重的运动非线性,同时还包含了复杂的接触和摩擦问题。

对于冲击侵入和穿透现象有下列 3 类理论处理方法：

（1）经验法或半解析法。把大量实验数据用量纲分析法和相似理论联系起来，再寻找合理的代数方程来表达其关系。为了满足特定的设计目的，人们常常把在不同材料和弹体、靶体的不同构造尺寸下所得的大量实验数据，用这些无量纲量联系起来，建立经验代数式，以指导将来的实验和提供设计之用。一般来说，这种方法并不要求我们对本问题的物理本质有较深入的理解。但是反过来说，如果我们对侵入和穿透问题的物理本质有较深入的理解，则经验法常常会给我们很简单的设计根据。

（2）解析方法。研究冲击穿甲问题时，不可避免地要使用全部连续介质物理方程，其中最复杂的常常是材料的本构关系。这些方程往往是非线性的，用分析的方法进行积分求解几乎是不可能的。人们往往集中研究某一种现象（如挤凿、层裂、花瓣型破坏、弹坑形成等），针对这种现象的特点引入简化假定，从而把微分方程化为一维或二维的，以便求解。

（3）数值解法。为了求得撞击问题或穿甲问题的全部答案，人们一定要依靠数值解法求解本问题的全部连续介质物理方程。用有限差分法和有限元法，用计算机进行求解。如果用经验法和解析方法来进行解析研究，将需要大量的实验数据，那么，在实验条件尚不具备和经费不足的情况下，用数值方法进行仿真计算，将节省大量的经费和时间。目前，适用于冲击问题计算的计算机程序主要有 EPIC,MSC/DYTRAN,LS‑DYNA 等有限元软件。本节将采用 LS‑DYNA 程序对大型舰船的舷侧受到导弹攻击时的冲击破坏情况进行数值计算。

3.3.1　单层加筋板的冲击破坏分析

加筋板是由平板单元和在板侧沿着板的纵向和（或）横向的离散的梁单元部分所组成的结构。加筋板结构的最主要的优点是它的结构体系的有效性，它能在不影响强度的情况下，很大程度上减少自重，因此在舰船上得到了广泛应用。

当加强筋布置于平板中面一侧时，我们称为偏向（Eccentric）加筋；当对称于中面两侧布置时，称为同心（Concentric）加筋。

虽然加筋板的优点很明显，但由于结构的复杂性使得分析和预测它的力学特性变得困难。针对所研究的导弹战斗部对舰船侧部冲击的具体问题，下面对加筋相同、等距的偏向加筋板受到侧向荷载作用的情况进行分析。

沿着平板的中面建立如图 3-12 所示的坐标系[2]。

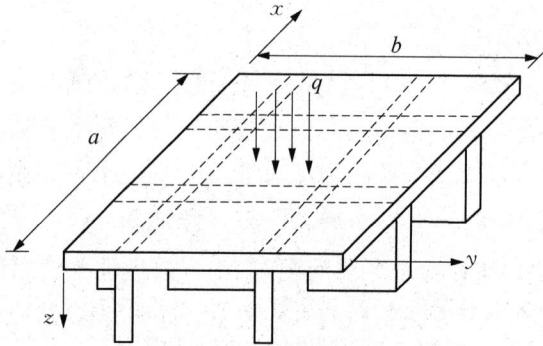

图 3-12 加筋板在侧向荷载作用下

在 $-t_p/2 < z < t_p/2$ 范围内，应变几何方程为

$$
\begin{Bmatrix} \varepsilon_{xx}^p \\ \varepsilon_{yy}^p \\ \varepsilon_{xy}^p \end{Bmatrix} = \begin{Bmatrix} \dfrac{\partial u}{\partial x} \\ \dfrac{\partial v}{\partial y} \\ \dfrac{\partial u}{\partial y} + \dfrac{\partial v}{\partial x} \end{Bmatrix} - z \begin{Bmatrix} \dfrac{\partial^2 w}{\partial x^2} \\ \dfrac{\partial^2 w}{\partial y^2} \\ 2\dfrac{\partial^2 w}{\partial x \partial y} \end{Bmatrix}
\tag{3-32}
$$

式中，ε_{xx}^p，ε_{yy}^p，ε_{xy}^p——平板的平面应变；

u，v，w——沿着坐标轴 x，y，z 方向的位移。

式（3-32）右边第一项矢量为膜应变的线性项，第二项矢量为弯曲应变项。

应力应变的关系示为

$$
\begin{Bmatrix} \sigma_{xx}^p \\ \sigma_{yy}^p \\ \sigma_{xy}^p \end{Bmatrix} = \frac{E_p}{1-\mu^2} \begin{bmatrix} 1 & \mu & 0 \\ \mu & 1 & 0 \\ 0 & 0 & \dfrac{1}{2}(1-\mu) \end{bmatrix} \begin{Bmatrix} \varepsilon_{xx}^p \\ \varepsilon_{yy}^p \\ \varepsilon_{xy}^p \end{Bmatrix}
\tag{3-33}
$$

式中，E_p——弹性模量；

μ——泊松比。

将式（3-32）带入式（3-33）可得应力公式为

$$
\begin{pmatrix} \sigma_{xx}^{p} \\ \sigma_{yy}^{p} \\ \sigma_{xy}^{p} \end{pmatrix} = \frac{E_{p}}{1-\mu^{2}} \left[\begin{pmatrix} \dfrac{\partial u}{\partial x} + \mu \dfrac{\partial v}{\partial y} \\[2mm] \dfrac{\partial v}{\partial y} + \mu \dfrac{\partial u}{\partial x} \\[2mm] \dfrac{1}{2}(1-\mu)\left(\dfrac{\partial u}{\partial y} + \dfrac{\partial v}{\partial x}\right) \end{pmatrix} - z \begin{pmatrix} \dfrac{\partial^{2}w}{\partial x^{2}} + \mu \dfrac{\partial^{2}w}{\partial y^{2}} \\[2mm] \dfrac{\partial^{2}w}{\partial y^{2}} + \mu \dfrac{\partial^{2}w}{\partial x^{2}} \\[2mm] \dfrac{1}{2}(1-\mu)\dfrac{\partial^{2}w}{\partial x\partial y} \end{pmatrix} \right]
$$

$$(3-34)$$

结构在 $-t_{p}/2 < z < t_{p}/2$ 上的合力和合弯矩由以下关系得到

$$
\begin{pmatrix} N_{xx}^{p} \\ N_{yy}^{p} \\ N_{xy}^{p} \end{pmatrix}_{-t_{p}/2 < z < t_{p}/2} = \int_{-t_{p}/2}^{t_{p}/2} \begin{pmatrix} \sigma_{xx}^{p} \\ \sigma_{yy}^{p} \\ \sigma_{xy}^{p} \end{pmatrix} \mathrm{d}z
$$

$$(3-35)$$

$$
\begin{pmatrix} M_{xx}^{p} \\ M_{yy}^{p} \\ M_{xy}^{p} \end{pmatrix}_{-t_{p}/2 < z < t_{p}/2} = \int_{-t_{p}/2}^{t_{p}/2} \begin{pmatrix} \sigma_{xx}^{p} \\ \sigma_{yy}^{p} \\ \sigma_{xy}^{p} \end{pmatrix} z \, \mathrm{d}z
$$

$$(3-36)$$

式中，N_{xx}^{p}，N_{yy}^{p}，N_{xy}^{p} ——面内的合力；

$\quad\quad M_{xx}^{p}$，M_{yy}^{p}，M_{xy}^{p} ——面内的合力矩。

将式(3-34)分别代入式(3-35)和式(3-36)可得

$$
\begin{pmatrix} N_{xx}^{p} \\ N_{yy}^{p} \\ N_{xy}^{p} \end{pmatrix}_{-t_{p}/2 < z < t_{p}/2} = E_{p}A_{p} \begin{pmatrix} \dfrac{\partial u}{\partial x} + \mu \dfrac{\partial v}{\partial y} \\[2mm] \dfrac{\partial v}{\partial y} + \mu \dfrac{\partial u}{\partial x} \\[2mm] \dfrac{1}{2}(1-\mu)\left(\dfrac{\partial u}{\partial y} + \dfrac{\partial v}{\partial x}\right) \end{pmatrix}
$$

$$(3-37)$$

$$
\begin{pmatrix} M_{xx}^{p} \\ M_{yy}^{p} \\ M_{xy}^{p} \end{pmatrix}_{-t_{p}/2 < z < t_{p}/2} = E_{p}I_{p} \begin{pmatrix} \dfrac{\partial^{2}w}{\partial x^{2}} + \mu \dfrac{\partial^{2}w}{\partial y^{2}} \\[2mm] \dfrac{\partial^{2}w}{\partial y^{2}} + \mu \dfrac{\partial^{2}w}{\partial x^{2}} \\[2mm] \dfrac{1}{2}(1-\mu)\dfrac{\partial^{2}w}{\partial x\partial y} \end{pmatrix}
$$

$$(3-38)$$

式中，I_p——每单位宽度板的弯曲刚度，$I_p = t_p^3/12(1-\mu^2)$；

A_p——截面每单位宽度的面积，$A_p = t_p/(1-\mu^2)$。

对于 $z > t_p/2$，我们想象应变沿着铰线呈线性分布，将二维平板单元结构转变为一维的梁或加筋板单元，加筋截面的应力分布如图 3-13 所示。则有

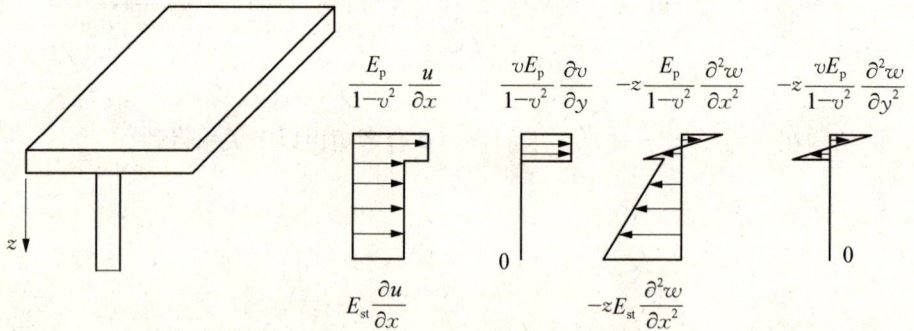

图 3-13　加筋截面的应力分布

$$
\begin{Bmatrix} \varepsilon_{xx}^{xi} \\ \varepsilon_{yy}^{yi} \end{Bmatrix} = \begin{Bmatrix} \varepsilon_{xx}^{p} \\ \varepsilon_{yy}^{p} \end{Bmatrix} - \left(z - \frac{t}{2} \right) \begin{Bmatrix} \dfrac{\partial^2 w}{\partial x^2} \\ \dfrac{\partial^2 w}{\partial y^2} \end{Bmatrix} \tag{3-39}
$$

当 $z = t_p/2$ 时，加筋的轴向应变为

$$
\begin{Bmatrix} \varepsilon_{xx}^{xi} \\ \varepsilon_{yy}^{yi} \end{Bmatrix} = \begin{Bmatrix} \dfrac{\partial u}{\partial x} \\ \dfrac{\partial v}{\partial y} \end{Bmatrix} - z \begin{Bmatrix} \dfrac{\partial^2 w}{\partial x^2} \\ \dfrac{\partial^2 w}{\partial y^2} \end{Bmatrix} \tag{3-40}
$$

因此，相应的轴向应力为

$$
\begin{Bmatrix} \sigma_{xx}^{xi} \\ \sigma_{yy}^{yi} \end{Bmatrix} = E_{st} \left[\begin{Bmatrix} \dfrac{\partial u}{\partial x} \\ \dfrac{\partial v}{\partial y} \end{Bmatrix} - z \begin{Bmatrix} \dfrac{\partial^2 w}{\partial x^2} \\ \dfrac{\partial^2 w}{\partial y^2} \end{Bmatrix} \right] \tag{3-41}
$$

式中，E_{st}——常数。

将式(3-40)、式(3-41)代入式(3-35)、式(3-36)一维形式，则有

$$\begin{Bmatrix} N_{xx}^{xi} \\ N_{yy}^{yi} \end{Bmatrix} = E_{st} \int_{t_p/2}^{z} \begin{pmatrix} 1 & -z \\ 1 & -z \end{pmatrix} \begin{pmatrix} \dfrac{\partial u}{\partial x} & \dfrac{\partial v}{\partial y} \\ \dfrac{\partial^2 w}{\partial x^2} & \dfrac{\partial^2 w}{\partial y^2} \end{pmatrix} \mathrm{d}z \qquad (3-42)$$

$$\begin{Bmatrix} M_{xx}^{xi} \\ M_{yy}^{yi} \end{Bmatrix} = E_{st} \int_{t_p/2}^{z} \begin{pmatrix} z & -z^2 \\ z & -z^2 \end{pmatrix} \begin{pmatrix} \dfrac{\partial u}{\partial x} & \dfrac{\partial v}{\partial y} \\ \dfrac{\partial^2 w}{\partial x^2} & \dfrac{\partial^2 w}{\partial y^2} \end{pmatrix} \mathrm{d}z \qquad (3-43)$$

式(3-42)和式(3-43)可以改写为

$$\begin{Bmatrix} N_{xx}^{xi} \\ N_{yy}^{yi} \end{Bmatrix} = E_{st} \begin{pmatrix} A^{xi} & -Q^{xi} \\ A^{yi} & -Q^{yi} \end{pmatrix} \begin{pmatrix} \dfrac{\partial u}{\partial x} & \dfrac{\partial v}{\partial y} \\ \dfrac{\partial^2 w}{\partial x^2} & \dfrac{\partial^2 w}{\partial y^2} \end{pmatrix} \qquad (3-44)$$

$$\begin{Bmatrix} M_{xx}^{xi} \\ M_{yy}^{yi} \end{Bmatrix} = E_{st} \begin{pmatrix} Q^{xi} & -I^{xi} \\ Q^{yi} & -I^{yi} \end{pmatrix} \begin{pmatrix} \dfrac{\partial u}{\partial x} & \dfrac{\partial v}{\partial y} \\ \dfrac{\partial^2 w}{\partial x^2} & \dfrac{\partial^2 w}{\partial y^2} \end{pmatrix} \qquad (3-45)$$

式中,

$$A^{xi} = \int_{t_p/2}^{t_p/2+h} \mathrm{d}z = h \qquad (3-46)$$

$$Q^{xi} = \int_{t_p/2}^{t_p/2+h} z\,\mathrm{d}z = \frac{h}{2}(t_p + h) = A^{xi} e_x \qquad (3-47)$$

$$I^{xi} = \int_{t_p/2}^{t_p/2+h} z^2\,\mathrm{d}z = \frac{h^3}{12} + \frac{h}{4}(t_p^2 + 2ht_p + h^2) = \frac{h^3}{12} + h e_x^2 \qquad (3-48)$$

式中,h——加筋高度;

e_x——偏心距。

采用相同的步骤可以得到 A^{yi},Q^{yi},I^{yi}。

由以上结果可以得结构的合力和合弯矩分别为

$$\begin{Bmatrix} N_{xx} \\ N_{yy} \\ N_{xy} \end{Bmatrix}_{total} = \begin{Bmatrix} N_{xx} \\ N_{yy} \\ N_{xy} \end{Bmatrix}_{-t_p/2<z<t_p/2} + \begin{Bmatrix} N_{xx} \\ N_{yy} \\ N_{xy} \end{Bmatrix}_{t_p/2<z<h} \qquad (3-49)$$

$$
\begin{Bmatrix} M_{xx} \\ M_{yy} \\ M_{xy} \end{Bmatrix}_{total} = \begin{Bmatrix} M_{xx} \\ M_{yy} \\ M_{xy} \end{Bmatrix}_{-t_{p}/2<z<t_{p}/2} + \begin{Bmatrix} M_{xx} \\ M_{yy} \\ M_{xy} \end{Bmatrix}_{t_{p}/2<z<h} \tag{3-50}
$$

结构的合力和合弯矩可用矩阵形式表示为

$$
\begin{Bmatrix} N_{xx} \\ N_{yy} \\ N_{xy} \end{Bmatrix} =
$$

$$
E_{p} \begin{bmatrix} \left(A_{p}+\dfrac{E_{st}}{E_{p}}\right) & \mu A_{p} & -\dfrac{E_{st}}{E_{p}}Q^{xi} & 0 & 0 \\[3ex] \mu A_{p} & \left(A_{p}+\dfrac{E_{st}}{E_{p}}\right) & 0 & -\dfrac{E_{st}}{E_{p}}Q^{yi} & 0 \\[3ex] 0 & 0 & 0 & 0 & \dfrac{1}{2}(1-\mu)A_{p} \end{bmatrix} \begin{Bmatrix} \dfrac{\partial u}{\partial x} \\[2ex] \dfrac{\partial v}{\partial y} \\[2ex] \dfrac{\partial^{2} w}{\partial x^{2}} \\[2ex] \dfrac{\partial^{2} w}{\partial y^{2}} \\[2ex] \dfrac{\partial u}{\partial y}+\dfrac{\partial v}{\partial x} \end{Bmatrix}
$$

$$
\tag{3-51}
$$

$$
\begin{Bmatrix} M_{xx} \\ M_{yy} \\ M_{xy} \end{Bmatrix} =
$$

$$
E_{p} \begin{bmatrix} -\dfrac{E_{st}}{E_{p}}Q^{xi} & 0 & \left(I_{p}+\dfrac{E_{st}}{E_{p}}I_{y}^{xi}\right) & \mu I_{p} & 0 \\[3ex] 0 & -\dfrac{E_{st}}{E_{p}}Q^{yi} & \mu I_{p} & \left(I_{p}+\dfrac{E_{st}}{E_{p}}I_{x}^{yi}\right) & 0 \\[3ex] 0 & 0 & 0 & 0 & \begin{array}{c} 2(1-\mu)I_{p}+ \\ \dfrac{G_{st}}{2E_{p}}(J^{xi}+J^{yi}) \end{array} \end{bmatrix} \begin{Bmatrix} \dfrac{\partial u}{\partial x} \\[2ex] \dfrac{\partial v}{\partial y} \\[2ex] \dfrac{\partial^{2} w}{\partial x^{2}} \\[2ex] \dfrac{\partial^{2} w}{\partial y^{2}} \\[2ex] \dfrac{\partial^{2} w}{\partial x \partial y} \end{Bmatrix}
$$

$$
\tag{3-52}
$$

力和弯矩的平衡方程为

$$\left(\frac{\partial}{\partial x}\quad\frac{\partial}{\partial y}\right)\begin{Bmatrix}N_{xx} & N_{xy}\\N_{yx} & N_{yy}\end{Bmatrix}=\{0\}\tag{3-53}$$

$$\left(\frac{\partial^2}{\partial x^2}\quad\frac{\partial^2}{\partial x\partial y}\quad\frac{\partial^2}{\partial y^2}\right)\begin{Bmatrix}M_{xx}\\M_{xy}\\M_{yy}\end{Bmatrix}=-p\tag{3-54}$$

将式(3-51)代入式(3-53)中,可以得到

$$\beta^{-1}\left(A_{p}+\frac{E_{st}}{E_{p}}A^{xi}\right)\frac{\partial^2 u}{\partial\xi^2}+\frac{1}{2}(1-\mu)A_{p}\frac{\partial^2 v}{\partial\xi\partial\eta}+$$
$$\frac{\beta}{2}(1-\mu)A_{p}\frac{\partial^2 u}{\partial\eta^2}-\frac{\beta^{-1}}{a}\frac{E_{st}}{E_{p}}Q^{xi}\frac{\partial^2 w}{\partial\xi^3}=0\tag{3-55}$$

$$\beta\left(A_{p}+\frac{E_{st}}{E_{p}}A^{yi}\right)\frac{\partial^2 v}{\partial\eta^2}+\frac{1}{2}(1+\mu)A_{p}\frac{\partial^2 u}{\partial\xi\partial\eta}+$$
$$\frac{\beta^{-1}}{2}(1-\mu)A_{p}\frac{\partial^2 v}{\partial\xi^2}-\frac{\beta}{a}\frac{E_{st}}{E_{p}}Q^{yi}\frac{\partial^2 w}{\partial\eta^3}=0\tag{3-56}$$

式中,

$$\xi=x/a,\ \eta=y/b,\ \beta=a^2/E_{p}$$

然后,将式(3-53)代入式(3-54)中,可以得到

$$\left(I_{p}+\frac{E_{st}}{E_{p}}I^{xi}_{y}\right)\frac{\partial^4 w}{\partial\xi^4}+2\beta^2\left[I_{p}+\frac{G_{st}}{2E_{p}}(J^{xi}+J^{yi})\right]\frac{\partial^4 w}{\partial\xi^2\partial\eta^2}+$$
$$\beta^4\left(I_{p}+\frac{E_{st}}{E_{p}}I^{yi}_{x}\right)\frac{\partial^4 w}{\partial\eta^4}-a\frac{E_{st}}{E_{p}}\left(Q^{xi}\frac{\partial^3 u}{\partial\xi^3}+\beta^3 Q^{yi}\frac{\partial^3 v}{\partial\eta^3}\right)=\frac{qa^4}{E_{p}}$$

$$\tag{3-57}$$

对于给定的面板和加筋特性的加筋板,求解式(3-55)~式(3-57)可以得出在侧向荷载 q 作用下的位移 u, v, w。

针对战斗部对加筋板的冲击破坏问题,侧向荷载函数可以采用 S. P. Virostek[3]给出的冲击力公式

$$F(t) = A(t)\left[\sigma_y + \frac{1}{2}C_D\rho V^2(t)\right] \tag{3-58}$$

式中，$A(t)$——战斗部对板冲击形成的破口面积；

$\qquad C_D$——拉伸系数；

$\qquad \rho$——板的材料密度；

$\qquad V(t)$——战斗部的速度。

那么，将 $A(t)$ 近似作为载荷作用面积，可以得到侧向载荷的表达式为

$$q \approx \left(\sigma_y + \frac{1}{2}C_D\rho V^2\right)\delta(x - x_0, y - y_0) \tag{3-59}$$

式中，V——穿透过程中的平均速度；

$\qquad x_0, y_0$——撞击中心点的坐标。

$$\delta(x - x_0, y - y_0) = \begin{cases} 1 & \pi\left[(x-x_0)^2 + (y-y_0)^2\right] \leqslant A(t) \\ 0 & \pi\left[(x-x_0)^2 + (y-y_0)^2\right] > A(t) \end{cases} \tag{3-60}$$

将式(3-59)代入式(3-57)中，可得到

$$\left(I_p + \frac{E_{st}}{E_p}I_y^{xi}\right)\frac{\partial^4 w}{\partial \xi^4} + 2\beta^2\left[I_p + \frac{G_{st}}{2E_p}(J^{xi} + J^{yi})\right]\frac{\partial^4 w}{\partial \xi^2 \partial \eta^2} + \beta^4\left(I_p + \frac{E_{st}}{E_p}I_x^{yi}\right)\frac{\partial^4 w}{\partial \eta^4}$$

$$- a\frac{E_{st}}{E_p}\left(Q^{xi}\frac{\partial^3 u}{\partial \xi^3} + \beta^3 Q^{yi}\frac{\partial^3 v}{\partial \eta^3}\right) = \frac{a^4}{E_p}\left(\sigma_y + \frac{1}{2}C_D\rho V^2\right)\delta(x - x_0, y - y_0)$$

$$\tag{3-61}$$

式中，J^{xi}——绕 x 轴的转动惯量；

$\qquad J^{yi}$——绕 y 轴的转动惯量。

求解式(3-52)、(3-56)和式(3-59)可以得出加筋板在战斗部的冲击作用下的位移 u, v, w。

3.3.2　加筋板的冲击破坏概率

在导弹战斗部对舰船侧舷的冲击破坏问题中，许多参数通常不是确定量，它们受到多种因素的影响，而且这些影响一般不能忽略，因此需要在分析过程中考虑到这些因素影响所引起的不确定性。例如：导弹战斗部对舰船撞击的初始速度，就受到发射的地理环境、气候条件、制导精度、发动机推力等情况的影响，碰撞冲击的初始速度就是一个随机变量；导弹战斗部装药密度的不均匀性，穿甲部

分材料的不均匀性等会影响导弹战斗部的质量。舰船结构材料的不均匀性、内部缺陷、同一标号钢材材料参数也可能存在差异,这些都会对材料的力学性能产生影响,而材料的弹性模量和极限强度的不确定性就体现了这些影响。

当然,还有很多参数存在不确定性,考虑的不确定性参数越多,问题的求解将更符合实际情况,但是所需要解决的问题就越复杂。

这里,将考虑导弹战斗部的初始冲击速度、战斗部的平均密度以及舰船材料的弹性模量和极限强度为随机变量的情况,不考虑各随机变量之间的相关性,认为其相互独立。本节采用蒙特卡罗模拟方法进行计算,由于采用蒙特卡罗模拟时,要求样本数量很大,仿真计算耗费机时较多,故先用蒙特卡罗模拟得到一定数量的样本,再对这些较少的样本进行拟合,来得到变量的分布,进而求得破坏概率。

3.3.2.1　确定随机变量均值和标准差

考虑取导弹战斗部初始速度为 $v \sim N(\mu_v,\ \sigma_v^2)$,战斗部的质量为 $m \sim N(\mu_m,\ \sigma_m^2)$,舰船侧舷板材料的弹性模量为 $E \sim N(\mu_E,\ \sigma_E^2)$,极限强度为 $R \sim N(\mu_R,\ \sigma_R^2)$。

拟采用一种超音速导弹,导弹的弹速参照 C-803(YJ-83)反舰导弹,其弹速通常在 $1.3 \sim 1.5\,\mathrm{Ma}(442 \sim 510\,\mathrm{m/s})$ 内变化。

根据“ 3σ 规则”,当随机变量通常在 $v_1 \sim v_2$ 内变化时,有以下关系存在:

$$\mu_v - 3\sigma_v = v_1,\ \mu_v + 3\sigma_v = v_2 \tag{3-62}$$

$$\mu_v = \frac{v_1 + v_2}{2},\ \sigma_v = \frac{v_2 - v_1}{6} \tag{3-63}$$

因此,可取战斗部的初始速度的均值和标准差为

$$\mu_v = 476\,\mathrm{m/s},\ \sigma_v = 11.33\,\mathrm{m/s}$$

取战斗部的直径为 $0.360\,\mathrm{m}$,战斗部的总质量为 $165\,\mathrm{kg}$,其中装药部分的质量为 $42\,\mathrm{kg}$,炸药为黑索金,密度为 $1\,530\,\mathrm{kg/m^3}$;穿甲部分的质量为 $123\,\mathrm{kg}$,材料为贫铀,其密度为 $18.7 \times 10^3\,\mathrm{kg/m^3}$。则可得到炸药的体积为 $0.027\,45\,\mathrm{m^3}$,穿甲部分的体积为 $0.006\,578\,\mathrm{m^3}$,战斗部的总体积为 $0.034\,028\,\mathrm{m^3}$,战斗部的平均密度为 $4\,848.95\,\mathrm{kg/m^3}$。

战斗部质量的变异系数 V_m 取为 0.03,则可以得到其均值和标准差为

$$\mu_m = 165\,\mathrm{kg},\ \sigma_m = 4.95\,\mathrm{kg}$$

设战斗部的体积为 V，取常数，由 $m = \rho V$，则平均密度也服从正态分布，其均值和标准差分别为

$$\mu_\rho = 4\,848.95\ \text{kg/m}^3,\ \sigma_\rho = 145.47\ \text{kg/m}^3$$

对于被撞击的侧舷板，材料选用 09MnV 钢，其弹性模量 E 的均值取为 $2.07 \times 10^{11}\ \text{N/m}^2$，变异系数为 0.031。极限强度 R 的均值取为 $430\ \text{MPa}$，变异系数为 0.068。因此，可以得到

$$\mu_E = 2.07 \times 10^{11}\ \text{N/m}^2,\ \sigma_E = 0.062\,1 \times 10^{11}\ \text{N/m}^2;$$

$$\mu_R = 430\ \text{MPa},\ \sigma_R = 29.24\ \text{MPa}$$

3.3.2.2　随机数的生成

随机数的生成采用 2.4.5 节中生成样本数据的方法：

(1) 产生均匀分布的随机数。

(2) 将均匀分布的随机数转化为标准正态分布的随机数。

标准正态分布的密度函数为

$$f(x) = \frac{1}{\sqrt{2\pi}} e^{-\frac{x^2}{2}} \tag{3-64}$$

标准正态分布的分布函数为

$$\Phi(x) = \frac{1}{\sqrt{2\pi}} \int_{-\infty}^{x} e^{-\frac{t^2}{2}} dt \tag{3-65}$$

令

$$\Phi(x_i) = r_i,\ x_i = \Phi^{-1}(r_i) \tag{3-66}$$

查标准正态分布函数表可以依次得到 $x_i(i = 1, 2, \cdots, 200)$。

(3) 将标准正态分布的随机数转化为正态分布的随机数。

依次取 50 组标准正态分布随机数，对 v, ρ, E, R 4 个随机变量进行如下变换：

$$y = \mu + \sigma x_i(i = 1, 2, \cdots, 50) \tag{3-67}$$

可以得到 50 组 (v, ρ, E, R) 值。

3.3.2.3　穿透单层加筋板的破坏概率

1) 破坏准则

导弹战斗部对单层加筋板冲击破坏概率的计算，采用速度准则。即当导弹

战斗部完全穿透侧舷板,其末速度 $v_t > 0$ 时,认定为侧舷板破坏。

2) 本构关系和状态方程

在中低速薄板穿甲过程中,设战斗部对薄板的冲击过程中,战斗部不受侵蚀作用,基本是以刚体形式穿过薄板,因此可以将战斗部看成刚体。侧舷板材料本构关系采用 Johnson-Cook 模型,状态方程采用 Eos-Gruneisen 方程。

Johnson-Cook 本构关系为

$$\sigma_y = (A + B \bar{\varepsilon}_p^n)(1 + C \ln \dot{\varepsilon}^*)(1 - T^{*^m})$$

$$\dot{\varepsilon}^* = \frac{\dot{\bar{\varepsilon}}_p}{\dot{\varepsilon}_0}, \quad \dot{\varepsilon}_0 = 1 s^{-1}, \quad T^* = \frac{T - T_{room}}{T_{melt} - T_{room}}$$

(3 - 68)

式中,A, B, C, m, n ——常数;

$\bar{\varepsilon}_p$ ——等效塑性应变;

$\dot{\varepsilon}^*$ ——有效塑性应变率;

$\dot{\varepsilon}_0$ ——参考应变率;

T ——温度;

T_{room} ——室温;

T_{melt} ——材料的融化温度。

Eos-Gruneisen 状态方程为

$$p = \frac{\rho_0 C^2 \mu' \left[1 + \left(1 - \frac{\gamma_0}{2} \right) \mu' - \frac{\alpha'}{2} \mu'^2 \right]}{\left[1 - (S_1 - 1)\mu' - S_2 \frac{\mu'^2}{\mu' + 1} - S_3 \frac{\mu'^3}{(\mu' + 1)^2} \right]} + (\gamma_0 + \alpha' \mu') E_v$$

(3 - 69)

式中,$\mu' = 1/V - 1$, V ——当前相对体积;

C ——$v_s \sim v_p$(冲击波速度-质点速度)曲线的截距;

S_1, S_2, S_3 ——$v_s \sim v_p$ 曲线斜率的系数;

γ_0 ——Gruneisen 绝热指数;

α' ——对 γ_0 的一阶体积修正;

E_v ——材料的内能。

舷侧板面板的厚度为 0.02 m,板的加强筋采用纵横向都有加筋的形式,加强筋与平板采用同种材料,加强筋的厚度为 0.02 m、高度为 0.04 m,加强筋的间距为 1 m。

3）撞击点与侧舷板加强筋相对位置的关系

导弹战斗部与舰船侧舷撞击点的可能位置,根据在撞击过程中战斗部与加强筋接触的情况,将其分成 3 种类型区域,如图 3 - 14 所示。

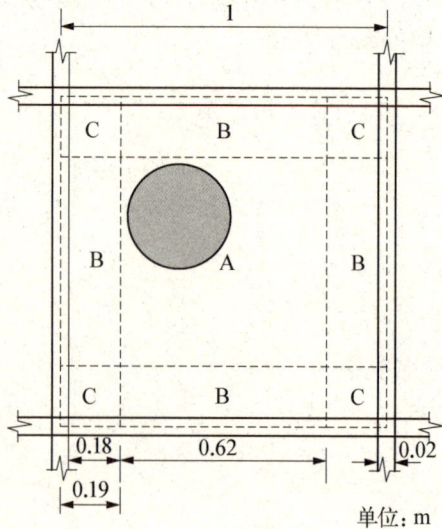

图3 - 14　战斗部与侧舷板正面撞击的撞击点分布

撞击点在 A 区域:在撞击的过程中,战斗部与加强筋不接触。

撞击点在 B 区域:在撞击的过程中,战斗部与一个方向加强筋相接触。

撞击点在 C 区域:在撞击的过程中,战斗部同时与两个方向加强筋相接触。

设撞击点的可能位置均匀分布于侧舷板上,撞击点处于不同区域的概率仅与区域的面积有关,撞击点处于不同区域的概率如下

$$S_A = 0.62 \times 0.62 = 0.384\,4 \text{ m}^2, \quad P_A = \frac{S_A}{S_A + S_B + S_C} = 0.384\,4$$

$$S_B = 4 \times 0.62 \times 0.19 = 0.471\,2 \text{ m}^2, \quad P_B = \frac{S_B}{S_A + S_B + S_C} = 0.471\,2$$

$$S_C = 4 \times 0.19 \times 0.19 = 0.144\,4 \text{ m}^2, \quad P_C = \frac{S_C}{S_A + S_B + S_C} = 0.144\,4$$

由于舰船侧舷尺寸比战斗部的直径大很多,而撞击过程中侧舷板塑性作用区域通常在 2~3 倍弹径范围内,在仿真计算中,舷侧面板的平面尺寸取为 3 m ×

3 m,边界条件为固支边界。为了减少边界条件和非对称情况所造成的影响,针对撞击点在 A,B,C 3 种不同的撞击区域的情况进行仿真计算时,分别对应选择Ⅰ,Ⅱ,Ⅲ 3 种侧舷板模型,分别如图 3-15、图 3-16、图 3-17 所示。在针对每种侧舷板模型进行仿真计算时,撞击点的位置取在该侧舷板的中心。

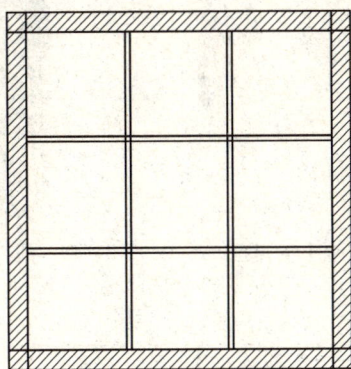

图 3-15　侧舷板模型Ⅰ

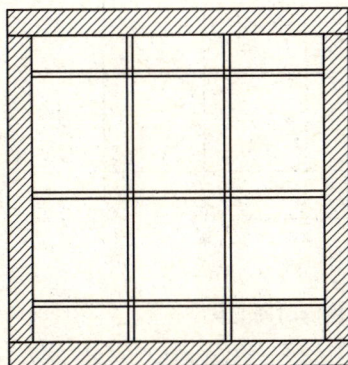

图 3-16　侧舷板模型Ⅱ

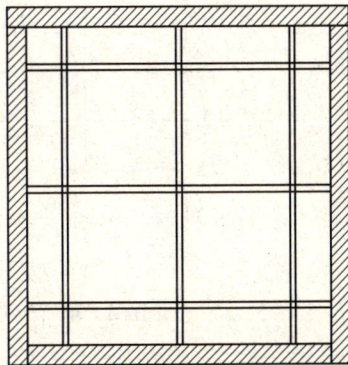

图 3-17　侧舷板模型Ⅲ

4) 破坏概率的计算

战斗部与侧舷板撞击的 LS-DYNA 计算的模型如图 3-18 所示,图中侧舷板为Ⅰ型,H2145 为战斗部上所取的一单元编号。初始速度 $v_1 = 453.401\,9\,\text{m/s}$, $\rho_1 = 4\,729.87\,\text{kg/m}^3$, $E_1 = 1.975\,299 \times 10^{11}\,\text{kg}$, $R_1 = 395.638\,6\,\text{MPa}$,计算结果如图 3-19 和图 3-20 所示。

由计算结果可得穿透末速度 $v_{t1} = 420.7\,\text{m/s}$。图 3-21 和图 3-22 给出了加筋板被战斗部穿透后的破口情况。

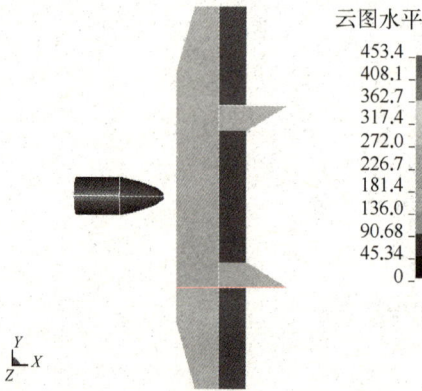

图 3-18　战斗部与侧舷板Ⅰ的模型

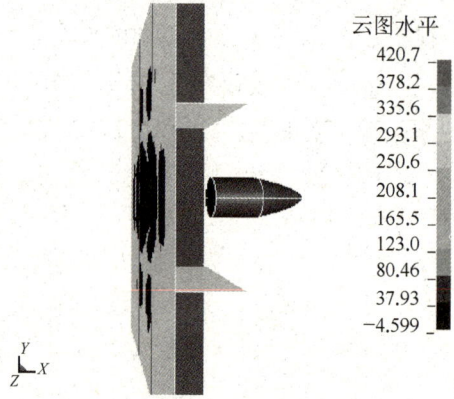

图 3-19　战斗部穿透侧舷板时的形状

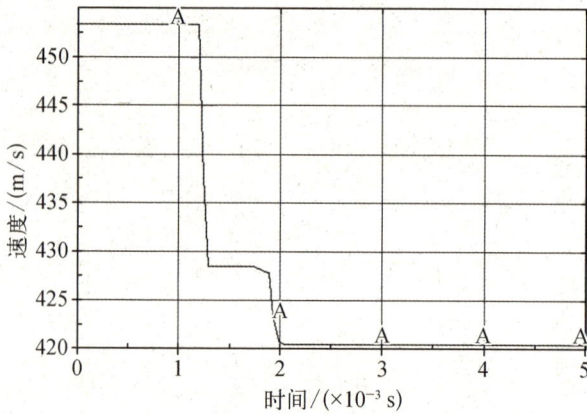

图 3-20　战斗部的速度随时间变化

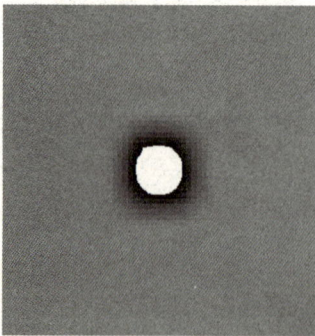

图 3-21　侧舷板的正面破口形状图

图 3-22　侧舷板的背面破口形状图

　　分别对 Ⅰ，Ⅱ，Ⅲ 3 种类型的侧舷板进行 50 组仿真计算，得到其末速度 v_t 的结果。

　　(1) 侧舷板类型为 Ⅰ 型时的破坏概率计算。

　　当撞击侧舷板类型为 Ⅰ 型时，末速度的最小值、最大值分别为 390.0，456.8，即所有的数据落在区间[390.0，456.8]上，现取区间[390.0，460.0]，它能覆盖区间[390.0，456.8]。将区间[390.0，460.0]等分为 7 个小区间，小区间的长度为 10。小区间的断点为组限。数出落在每个小区间内的数据的频数 f_i，算出频率 $f_i/n(n=50，i=1，2，\cdots，7)$，得到直方图如图 3-23 所示。

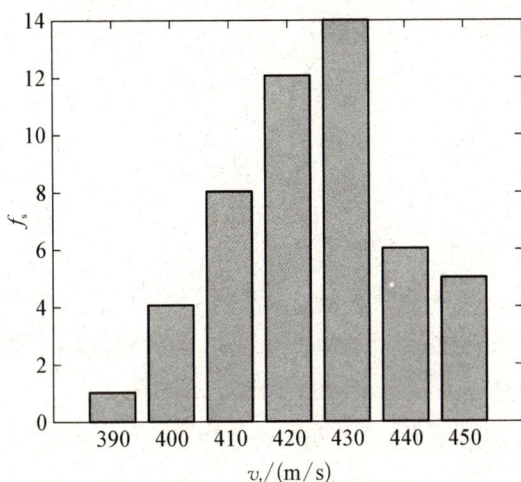

图 3-23　直方图

　　由于以上所得的直方图形状类似正态分布，假设 v_t 服从正态分布，其均值和方差的估计值为

$$\hat{\mu}=\bar{x}=\sum_{i=1}^{n}x_i，\quad \hat{\sigma}^2=\frac{1}{n-1}\sum_{i=1}^{n}(x_i-\bar{x})^2\quad(n=50)$$

$$\hat{\mu}=429.14，\quad \hat{\sigma}^2=246.654$$

拟合概率密度函数为

$$\hat{f}=\frac{1}{\sqrt{2\pi}\times15.705}e^{-\frac{(x-429.14)^2}{2\times15.705^2}}\quad(-\infty<x<\infty)$$

　　采用 Shapiro-Wilk W 检验法来检验 v_t 是否服从正态分布。W 检验是 Shapiro 与 Wilk 于 1965 年提出来的，现已被定为国家标准，该方法要求样本容

量在 3～50 之间,其突出优点是对较小的样本数也能判断总体是否服从正态分布。

实施步骤:

(i) 将所得的样本值进行非降次序排列成

$$X_{(1)} \leqslant X_{(2)} \leqslant \cdots \leqslant X_{(n)}$$

(ii) 计算统计量 W 的值:

$$W = \frac{\left\{ \sum_{k=1}^{\left[\frac{n}{2}\right]} a_k(W) \left[X_{(n+1-k)} - X_{(k)} \right] \right\}^2}{\sum_{k=1}^{n} (X_{(k)} - \overline{X})^2} \tag{3-70}$$

式中,$a_k(W)$ 可以查表得到[3]。

(iii) 对给定的显著性水平 α 和样本容量 n,由表可查得 W_α,$n = 50$ 对于显著性水平 $\alpha = 0.05$,$W_\alpha = 0.947$。

(iv) 作出判断:若 $W > W_\alpha$,总体服从正态分布;反之,总体不服从正态分布。

利用 Origin7.5 程序直接进行 Shapiro-Wilk W 检验计算可知,$W = 0.979\,48 > 0.947$,对于显著性水平 $\alpha = 0.05$ 时,v_t 服从正态分布。

根据检验正态分布结果,可得破坏概率为

$$P_1(v_t > 0) = 1 - \Phi\left(\frac{0 - 429.14}{15.705}\right) = \Phi(27.325)$$

根据下面的近似公式计算 $\Phi(x)$ [4]

$$1 - \Phi(x) = \left(\frac{Ax}{1+2y} + \frac{1}{1+Bx+Cy+Dyx+Z+EZx} \right) / 2e^y$$

式中,$A = \left(\frac{2}{\pi}\right)^{1/2}$,$B = 1.604$,$C = 3.91$,$D = 4.45$,$E = 0.73$,$y = \frac{x^2}{2}$,$Z = 2.93y^2$。可以得到 $P_1(v_t > 0) = 1 - 6.297 \times 10^{-156} \approx 1$,故可近似认为穿透概率为 1。

(2) 侧舷板类型为 II 型时的破坏概率计算。

图 3-24 和图 3-25 给出了加筋板被战斗部穿透后的破口情况。侧舷板为 II 型时,根据战斗部的末速度 v_t 的值,得到均值和方差的估计值为

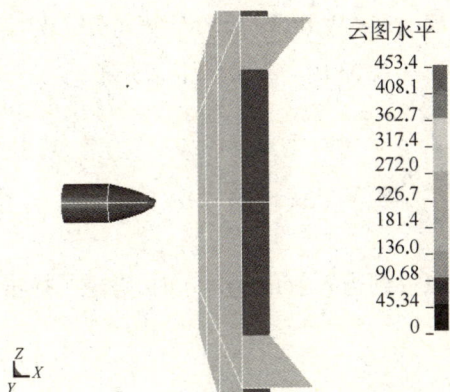

图 3‒24　战斗部与侧舷板 Ⅱ 的模型

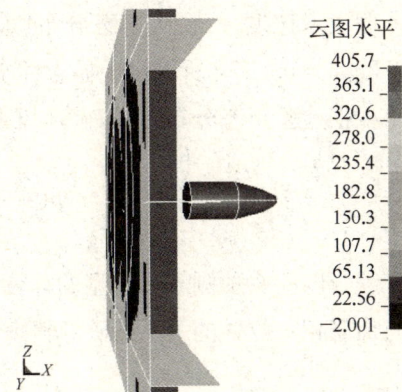

图 3‒25　战斗部穿透侧舷板 Ⅱ 破坏情况

$$\hat{\mu} = 413.652, \quad \hat{\sigma}^2 = 268.468$$

假设末速度 v_t 服从正态分布,进行 Shapiro-Wilk W 检验计算可知,$W = 0.985\,42 > 0.947$,所以对于显著性水平 $\alpha = 0.05$ 时,v_t 服从正态分布。

根据检验正态分布结果,破坏概率为

$$P_2(v_t > 0) = 1 - \Phi\left(\frac{0 - 413.652}{16.385}\right) = \Phi(25.246) \approx 1$$

(3) 侧舷板类型为 Ⅲ 型时的破坏概率计算。

图 3‒26 和图 3‒27 给出了加筋板被战斗部穿透后的破口情况。根据侧舷板为 Ⅲ 型时战斗部的末速度 v_t 的值,可得到其均值和方差的估计值为

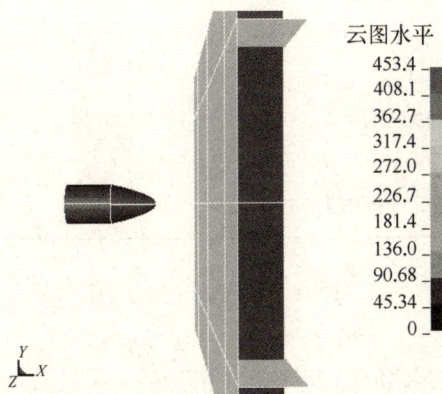

图 3‒26　战斗部与侧舷板 Ⅲ 的模型

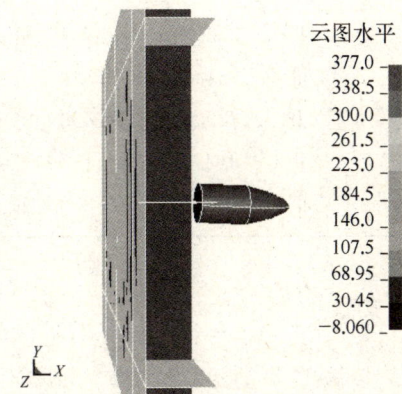

图 3‒27　战斗部穿透侧舷板 Ⅲ 破坏情况

$$\hat{\mu} = 375.344, \quad \hat{\sigma}^2 = 356.945$$

假设末速度 v_t 服从正态分布,进行 Shapiro-Wilk W 检验计算可知,$W = 0.972\,45 > 0.947$,所以对于显著性水平 $\alpha = 0.05$ 时,v_t 服从正态分布。

根据检验正态分布结果,破坏概率为

$$P_3(v_t > 0) = 1 - \Phi\left(\frac{0 - 375.344}{18.893}\right) = \Phi(19.87) \approx 1$$

综合以上 3 种侧舷板类型的计算,可以得到当入射角度为 0° 时,考虑了撞击点与加筋相对位置的关系的破坏概率为

$$P' = P_A P_1 + P_B P_2 + P_C P_3 = 1$$

对于本节所选取的参数的导弹战斗部对大型舰船舷单层加筋板的冲击问题,当入射角度为 0° 时,得到穿透概率近似为 1。

当入射角度为 30° 和 45° 时,采用与入射角度为 0° 相同的步骤,得到破坏概率,各种角度计算结果如表 3-5 所示。

表 3-5 穿透单层加筋板的破坏概率

入射角	侧舷板类型	$\hat{\mu}/(m/s)$	$\hat{\sigma}/(m/s)$	服从分布类型	β	破坏概率	综合破坏概率 P'
0°	I	429.140	15.705	正态分布	27.325	1	1
	II	413.652	16.385	正态分布	25.246	1	
	III	375.344	18.893	正态分布	19.867	1	
30°	I	381.980	14.303	正态分布	26.706	1	1
	II	372.810	17.864	正态分布	20.869	1	
	III	351.958	26.843	正态分布	13.112	1	
45°	I	329.768	15.420	正态分布	21.386	1	1
	II	312.392	17.053	正态分布	18.319	1	
	III	253.208	25.858	正态分布	9.972	$1 - 6.098 \times 10^{-23}$	

参考文献

[1] 朱锡,白雪飞,张振华. 空中接触爆炸作用下船体板架塑性动力响应及破口研究[J]. 中国造船,2004,45(2):43-50.

[2] Bedair O K. Stability, free vibration and bending behavior of multi-stiffened plates[J]. J. Eng. Mech. 1997, 123(4):328-337.

［3］　Virostek S P, Dual J, Goldsmith W. Direct force measurements in normal and oblique impact of plates by projectiles[J]. Int. J. Impact Engng. 1987，6：247－269.

［4］　周复恭,倪加勋,朱汉江,等.应用数理统计学[M].北京：中国人民大学出版社,1989.

［5］　何水清,王善.结构可靠性分析与设计[M].北京：国防工业出版社,1993.

第 4 章 舰船防护结构在
爆炸下的破坏机理

船在服役期间可能遭受鱼雷、水雷等水下爆炸武器的攻击,其危害程度比空中爆炸要大得多,对舰船生命力有着致命的威胁。因此,研究水下爆炸载荷作用下舰船防护结构的破坏具有重要的现实意义和工程应用价值。

舰船在空间允许的条件下舷侧都设有多层防护结构,由于涉及军事,国内外关于这方面公开发表的文献较少。在理论方面,比较成熟的是对于单层板架的研究。而对于多层板架在爆炸载荷作用下的破坏研究较少,这主要是因为炸药对第一层结构作用后涉及爆轰产物及破片等的传播及衰减问题,理论上进行分析很困难。因此本章从理论、实验和数值模拟 3 方面对水下接触爆炸作用下舰船多层防护结构的破坏进行研究,为工程实际提供参考。

4.1 单向应变平面波的传播

当固体介质中某点受载荷作用时,在作用点附近产生的应力或应变将以一定的速度由近及远地向介质的其他点传播,介质中受扰动部分与未受扰动部分之间的界面称为应力波。当载荷引起的应力在弹性极限以内时,介质中只形成弹性波。当载荷引起的应力超过弹性极限以后,则介质中除了形成弹性波以外还要形成塑性波。

爆炸载荷在半无限板中引起的应力波一般可看作单向平面应变波。

设平面波以速度 C 沿 x 方向传播。根据动量守恒和能量守恒得

$$\text{右行波} \quad \begin{cases} \mathrm{d}\sigma_x = -\rho C \mathrm{d}v_x \\ \mathrm{d}v_x = -C\mathrm{d}\varepsilon_x \end{cases} \quad (4-1)$$

$$\text{左行波}\quad \begin{cases} \mathrm{d}\sigma_x = \rho C \,\mathrm{d}v_x \\ \mathrm{d}v_x = C\mathrm{d}\varepsilon_x \end{cases} \tag{4-2}$$

由式(4-1)、式(4-2),可得

$$C = \sqrt{\frac{1}{\rho}\frac{\mathrm{d}\sigma_x}{\mathrm{d}\varepsilon_x}} \tag{4-3}$$

当固体处于弹性状态时有

$$\varepsilon_x = \frac{1}{E}\left[\sigma_x - \mu(\sigma_y + \sigma_z)\right] \tag{4-4}$$

$$\varepsilon_y = \varepsilon_z = \frac{1}{E}\left[\sigma_y - \mu(\sigma_z + \sigma_x)\right] \tag{4-5}$$

对于单向应变平面波,$\sigma_y = \sigma_z \neq 0$,代入以上两式得

$$\sigma_y = \frac{\mu\sigma_x}{1-\mu} \tag{4-6}$$

$$\sigma_x = \frac{(1-\mu)E\varepsilon_x}{(1+\mu)(1-2\mu)} \tag{4-7}$$

将式(4-7)对 ε_x 求导,并代入式(4-3)得

$$C = \sqrt{\frac{1}{\rho}\frac{\mathrm{d}\sigma_x}{\mathrm{d}\varepsilon_x}} = \sqrt{\frac{(1-\mu)E}{\rho(1+\mu)(1-2\mu)}} \tag{4-8}$$

这就是平面弹性波沿半无限体的传播速度。

当进入塑性阶段之后,根据屈服准则

$$\sqrt{\frac{1}{2}\left[(\sigma_1-\sigma_2)^2+(\sigma_2-\sigma_3)^2+(\sigma_3-\sigma_1)^2\right]} = \sigma_f \tag{4-9}$$

令 $\sigma_1 = \sigma_x$, $\sigma_2 = \sigma_3 = \sigma_y$,塑性条件转化为

$$\sigma_x - \sigma_y = \pm\sigma_f \tag{4-10}$$

式中, σ_f ——单向拉伸时的屈服应力。

根据塑性理论,塑性变形引起的体积变化可以忽略,故材料的体积变形仍服从弹性变化规律。因此可得

$$-p = K\Delta \qquad (4-11)$$

式中，p——平均压力；

Δ——体积变形；

K——体积压缩模量。

由

$$-p = \frac{1}{3}(\sigma_x + \sigma_y + \sigma_z) = \frac{1}{3}(\sigma_x + 2\sigma_y) \qquad (4-12)$$

$$\Delta = \varepsilon_1 + \varepsilon_2 + \varepsilon_3 = \varepsilon_x \qquad (4-13)$$

$$K = \frac{E}{3(1-2\mu)} \qquad (4-14)$$

对式(4-10)～式(4-14)联立求解，得

$$\sigma_x = K\Delta \pm \frac{2}{3}\sigma_f \qquad (4-15)$$

或

$$\sigma_x = K\varepsilon_x \pm \frac{2}{3}\sigma_f \qquad (4-16)$$

式中，$K\varepsilon_x$——表示静水压力的影响；

$2/3\sigma_f$——表示材料抗剪强度的影响。

对 ε_x 求导，并代入式(4-3)得

$$C = \sqrt{\frac{E}{3(1-2\mu)\rho}} \qquad (4-17)$$

但是在高压状态下，特别是爆炸载荷作用下，p 与 Δ 之间的关系不再是线性关系。p 与 Δ 之间的关系为[1]

$$p = A\left[\left(\frac{\rho}{\rho_0}\right)^n - 1\right] = A\left[\left(\frac{1}{1+\Delta}\right)^n - 1\right] \qquad (4-18)$$

$$\Delta = \frac{V-V_0}{V_0} \qquad (4-19)$$

式中，A，n——常系数；

ρ_0——材料的初始密度；

ρ——与 p 相对应时的密度。

式(4-18)又可变为

$$p = K(\Delta)\Delta \qquad (4-20)$$

式中，

$$K(\Delta) = \frac{A\left[\left(\frac{1}{1+\Delta}\right)^n - 1\right]}{\Delta} \qquad (4-21)$$

K 不是常数，而是 Δ 的函数。

利用式(4-13)，式(4-20)又可变为

$$p = K(\varepsilon)\varepsilon \qquad (4-22)$$

由此可知，在爆炸冲击等高压作用下，材料在塑性阶段的应力应变关系为

$$\sigma = K(\varepsilon)\varepsilon \pm \frac{2}{3}\sigma_f \qquad (4-23)$$

高压状态下材料的 σ-ε 曲线如图4-1所示。

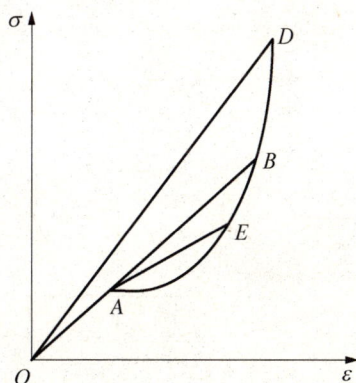

图 4-1　高压状态下材料的 σ-ε 曲线

由图4-1可以看出，弹性段直线 OA 的延长线和曲线段 AD 的交点 B 是一个临界状态。当冲击加载的压力小于 σ_B 时，在材料中将形成弹性冲击波 OA 和塑性冲击波 AE；当冲击加载的压力等于 σ_B 时，在材料中将形成复合冲击波 OAB；当冲击加载的压力大于 σ_B 时，在材料中只传播单一的冲击波 OD；当冲击

波压力达到固体的弹性模量的数量级时,固体的强度可以忽略,而将固体当作流体处理。

4.2 爆炸冲击波对多层结构的破坏

由于大型舰船在现代战争中的核心作用,必然成为对方的主要攻击目标。现代对舰攻击武器不仅威力大大提高,而且命中精度和突防能力都有很大的改进。因此,大型非对称舰船十分强调自身的装甲防护和结构防护,这对于提高大型非对称舰船的生存能力有十分重要的作用。

大型舰船防护系统主要由甲板防护、舷侧防护、底部防护和专门防护组成,其中又以舷侧防护的面积最大,防护的要求最高。舷侧防护系统如图 4-2 所示。在舷侧防护结构中,必须至少设有 3 个内部纵向隔壁,并且至少要由这些纵壁和舷侧构成 3 个舱室。第一层舱为空舱,起膨胀减压的作用,吸收部分爆炸能量;第二层舱为液舱,它可以使壁中集中载荷变成分布载荷(液体的黏性,将对冲击波和弹片起减速过滤作用,也称为过滤舱);第三层板较厚,为装甲板,其上没有架构加强,可假设为平面应力板,允许其变形,但不能碰到最后一道隔壁,这层板可以产生裂纹并渗水。

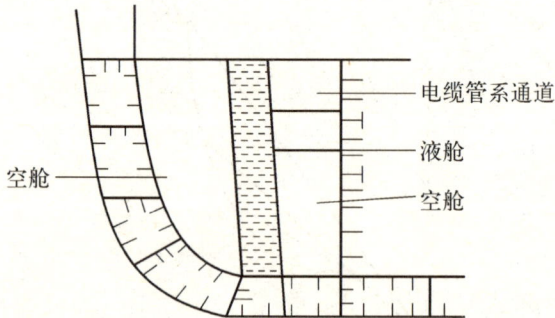

图 4-2 舷侧防护结构

4.2.1 弱冲击波对多层结构的破坏

爆炸冲击波在多层结构中的传播以及对结构的损伤由于结构、结构中的介质、冲击波的相互作用而变得相当复杂。然而,在非接触爆炸情况下或接触爆炸的冲击波峰值压力 $p \leqslant 100$ MPa 时[1],用弹性波理论分析物体在冲击载荷作用下所形成的应力波的反射和透射问题,方法简单而且非常有效[2,3]。

1) 冲击波在双层结构中的传播

双层结构系统如图 4-3 所示。

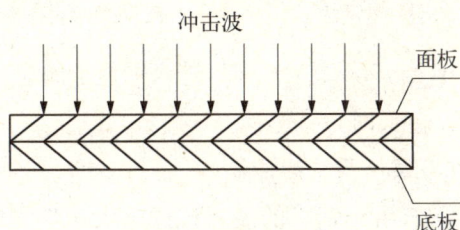

图 4-3　双层结构系统

冲击波到达面板时,由分界面传入的压缩波首先进入面板中,之后,压缩波的一部分在面板与底板之间的分界面上反射,另一部分传到底板中。以 σ_i,v_i 表示入射压缩波的应力和质点运动速度,σ_r,v_r 表示反射波的应力和质点速度,σ_t,v_t 表示传入底板中的应力和质点运动速度[4~7]。

根据能量守恒和动量守恒,得入射波阵面上的应力为

$$\sigma_i = -\rho_1 C_1 v_i \qquad (4-24)$$

入射波在两种介质的分界面上发生反射和透射,反射波阵面上的应力(经过反射进入面板)为

$$\sigma_r = \rho_1 C_1 v_r \qquad (4-25)$$

透射入底板中的应力波阵面上的应力为

$$\sigma_t = -\rho_2 C_2 v_t \qquad (4-26)$$

式中,ρ_1,ρ_2 ——面板与底板的密度;

C_1,C_2 ——面板与底板中应力波的传播速度。

在分界面上,应力和质点运动速度应保持连续,因此

$$\sigma_i + \sigma_r = \sigma_t \qquad (4-27)$$

$$v_i + v_r = v_t \qquad (4-28)$$

由式(4-27)和式(4-28)可以求出 σ_r 和 σ_t。

$$\sigma_r = \frac{\rho_2 C_2 - \rho_1 C_1}{\rho_1 C_1 + \rho_2 C_2} \sigma_i \tag{4-29}$$

$$\sigma_t = \frac{2\rho_2 C_2}{\rho_2 C_2 + \rho_1 C_1} \sigma_i = \left(1 + \frac{\rho_2 C_2 - \rho_1 C_1}{\rho_2 C_2 + \rho_1 C_1}\right) \sigma_i \tag{4-30}$$

由式(4-30)可以看出,当$\rho_1 C_1 > \rho_2 C_2$时,进入钢板中的应力波只是入射波应力σ_i的一部分,且当$\rho_1 C_1$愈大时,σ_t愈小。

2) 爆炸冲击波在多层结构中的传播

根据式(4-30)可知,由于钢板的波阻抗远远大于空气的波阻抗,当爆炸冲击波进入防护系统的空舱时,爆炸冲击波的强度已经大大减弱。但当波通过空舱进入第二层防护结构时,钢板的波阻抗大于空气的波阻抗,使波的强度有所增强。进入第二层防护结构的波的强度为

$$\sigma'_t = \frac{4\rho_1 C_1 \rho_2 C_2}{(\rho_2 C_2 + \rho_1 C_1)^2} \sigma_i \tag{4-31}$$

当冲击波由空舱的第二层防护壁传入液舱时,同样由于防护壁的波阻抗大于液体的波阻抗,使爆炸冲击波的强度大大减弱。液舱中的冲击波的强度为

$$\sigma''_t = \frac{8\rho_1 C_1 \rho_2 C_2 \rho_3 C_3}{(\rho_3 C_3 + \rho_2 C_2)(\rho_1 C_1 + \rho_2 C_2)^2} \sigma_i \tag{4-32}$$

式中,ρ_1,ρ_2,ρ_3——钢板、空气和水的密度;

C_1,C_2,C_3——冲击波在钢板、空气和水中的传播速度。

冲击波超压在$0.7\sim0.85\,\mathrm{MPa}$时,非装甲舰船将受到严重破坏[8]。根据式(4-32),50 kg炸药在距舷侧20 m处爆炸时,经过防护体系到达第三层防护壁的冲击波峰值压力为$0.69\,\mathrm{MPa}$,该峰值压力虽然不至于使大型装甲舰船受到严重破坏,但仍可以使舰船的设备、人员受到严重伤害。

4.2.2　接触爆炸对舰船舷侧防护的破坏分析

现代对舰攻击武器不仅破坏威力大大提高,而且命中精度和突防能力都有很大改进。在现代海战中,特别是与军事强国的战争中,大型非对称舰船被常规武器(如反舰导弹、航空炸弹、鱼雷、水雷等)击中是不可避免的。

当反舰武器直接命中舰船舷侧时,爆炸作用在舷侧钢板内形成冲击波,冲击

波的冲量足够强时使防护结构破裂产生破口，并经过空舱和液舱传递到舰船内部继续对舰船产生破坏。当空气冲击波的冲量衰减到某一临界值不足以对结构产生破坏时，可对武器装备及人员形成一定损伤作用。

1) 爆炸冲击波在多层防护结构中的传播

(1) 空舱中空气冲击波的初始参数。

第一层钢板中的冲击波传到钢板的内表面时，由于空气的冲击阻抗小于装甲钢板的冲击阻抗，所以在钢板中形成反射稀疏波，同时在空气中形成冲击波。为了简化空气冲击波初始参数的计算，将冲击波传到内表面的瞬间视为平面正冲击波。

在第一层钢板中传播的冲击波 D_1 到达与空气的分界面后在空气中形成冲击波 D_2，同时在钢板中形成反射稀疏波 D_1'。

由钢板中冲击波的冲击绝热方程，即式(2-42)，可得

$$P_1 = \rho_{01}(a + bu_1)u_1 \tag{4-33}$$

大多数固体物质的初始密度比较大，入射冲击波传过后，由于受到压缩，结构变得更加密实，因此，反射稀疏波传播时所引起的熵值增加很小，可以忽略不计，所以反射稀疏波 D_1' 的冲击绝热线与入射冲击波的冲击绝热线近似地成镜像对称关系，因此反射稀疏波的冲击绝热线可写为

$$P = \rho_{01}[a + b(-u + u_1)](-u + u_1) \tag{4-34}$$

当冲击波到达空气分界面后，在空气中产生的冲击波 D_2 波阵面上的动力学参量必定位于空气的右传冲击绝热线上。空气冲击波的冲击绝热方程为

$$\frac{2k}{k+1}\rho_{a0}\frac{(P-P_{a0})^2}{P+P_{a0}} = (u - u_{a0})^2 \tag{4-35}$$

式中，P_{a0}——空气的初始压力；

ρ_{a0}——空气的初始密度；

u_{a0}——空气质点速度；

k——空气的冲击绝热指数。

根据冲击波的动量方程

$$u_2 = \sqrt{(p_2 - p_{a0})\left(\frac{1}{\rho_{a0}} - \frac{1}{\rho_2}\right)} \tag{4-36}$$

即可求得冲击波过后空气的密度 ρ_2。

由冲击波速度关系式

$$D = v_{a0} \sqrt{\frac{p_2 - p_{a0}}{v_0 - v_2}} \qquad (4-37)$$

即可求得冲击波在空气中的传播速度 D_2。

入射冲击波在钢板和空气的分界面处发生反射之后,分界面两侧的压力和质点速度是连续的,因此分界面处的状态即应在反射波的冲击绝热线上,又应处在空气冲击波的冲击绝热线上。因此,由式(4-34)和(4-35)联立即可求得空气冲击波的初始参数 p_2、u_2。

(2) 空舱中空气冲击波的衰减。

空舱中的空气冲击波以球形向外传播,并逐渐衰减。装甲内表面的超压值 $\Delta p_m = p_2 - p_0$,相当于质量为 W 的 TNT 装药在弹着点处爆炸后在空气中形成的超压,当量装药量 W 可用下式[9]求得

$$\Delta p_m = 0.84 \frac{\sqrt[3]{W}}{r} + 2.7 \left[\frac{\sqrt[3]{W}}{r} \right]^2 + 7 \left[\frac{\sqrt[3]{W}}{r} \right]^3 \qquad (4-38)$$

式中,Δp_m——空舱中装甲内表面的冲击波的峰值超压(N/cm^2);

r——空舱中装甲内表面到爆心的距离。

经过空舱中空气的膨胀减压和衰减过程,空舱末端冲击波的峰值压力可由式(4-38)求出,但式中 r 变为空舱末端到爆心的距离。因此,爆炸冲击波经过空舱后空气冲击波的参数为 $p_2' = \Delta p_m + p_0$ 和 u_2。

(3) 第二层防护板中冲击波的初始参数。

第二层防护板中冲击波初始参数的求法与空舱中空气冲击波的初始参数的求法基本一致,主要的不同点在于冲击波由空气中向钢板中传播时,由于空气的冲击阻抗小于钢板的冲击阻抗,因此在钢板中形成冲击波的同时在空气中形成的是反射冲击波。

对于第二层防护板中形成的右传冲击波,其连续方程和动量方程分别为

$$\rho_{03} D_3 = \rho_3 (D_3 - u_3) \qquad (4-39)$$

$$p_3 = \rho_{03} D_3 u_3 \qquad (4-40)$$

对于空气中形成的左传冲击波,可写出

$$\rho_{02}(D' + u_{02}) = \rho_2(D + u_2) \tag{4-41}$$

$$p_2 = \rho_{02}(D' + u_{02})(u_{02} - u_2) \tag{4-42}$$

由式(4-39)得

$$D_3 = \frac{u_3}{1 - \zeta_3} \tag{4-43}$$

式中，$\zeta_3 = \rho_{03}/\rho_3$。

将式(4-43)代入式(4-40)得

$$p_3 = \frac{\rho_{03}u_3^2}{1 - \zeta_3} \tag{4-44}$$

由式(4-41)得

$$D' = \frac{\zeta_2 u_{02} - u_2}{1 - \zeta_2} \tag{4-45}$$

将式(4-45)代入式(4-42)得

$$p_2 = \frac{(u_{02} - u_2)^2}{1 - \zeta_2} \tag{4-46}$$

由于在分界面处压力和速度连续，即

$$\begin{cases} p_2 = p_3 \\ u_2 = u_3 \end{cases} \tag{4-47}$$

从式(4-44)和式(4-46)整理可得

$$u_3 = \frac{u_{02}}{1 + \sqrt{\dfrac{\rho_{03}(1 - \zeta_2)}{\rho_{02}(1 - \zeta_3)}}} \tag{4-48}$$

将式(4-48)代入式(4-44)得

$$p_3 = \frac{\dfrac{\rho_{03}u_{02}^2}{1 - \zeta_3}}{\left\{ 1 + \left[\dfrac{\rho_{03}}{\rho_{01}} \dfrac{(1 - \zeta_2)}{(1 - \zeta_3)} \right]^{1/2} \right\}^2} \tag{4-49}$$

由式(4-46)和式(4-47),再加上第二层防护板和空气的压缩方程:

$$p_3 - p_{03} = \rho_{m0}(a_3 + b_3 u_3)(u_3 - u_{m0}) \qquad (4-50)$$

$$\frac{2k}{k+1}\rho_{02}\frac{(p-p_{02})^2}{p+p_{02}} = (u-u_{02})^2 \qquad (4-51)$$

即可求得第二层防护板中形成的冲击波的 4 个初始参量 p_3, u_3, ρ_3, D_3。

(4) 液舱中冲击波的初始参量。

第二层钢板中的冲击波传到钢板的内表面时,由于液舱中水的冲击阻抗小于装甲钢板的冲击阻抗,所以在钢板中形成反射稀疏波,同时在水中形成冲击波。液舱中冲击波的初始参量的求解方法与空舱中空气冲击波的方法类似,只需要用水的冲击绝热方程代替空气的冲击绝热方程,即可求得水中冲击波的初始参量 p_4, u_4, ρ_4, D_4。

水的冲击压缩规律可写为

$$D = 1.483 + 25.306\lg\left(1 + \frac{u}{5.19}\right) \qquad (4-52)$$

根据动量方程,水的冲击绝热方程可写为

$$p_w = \rho_w\left[1.483 + 25.306\lg\left(1 + \frac{u_w}{5.19}\right)\right]u_w \qquad (4-53)$$

式中,ρ_w——水的密度,$\rho_w = 1.0 \text{ g/cm}^3$;

D——水中冲击波的波阵面速度,m/s;

u_w——水质点的位移速度,m/s;

p_w——水中冲击波的压力,kPa。

(5) 水中冲击波的衰减。

冲击波在水中的传播和衰减规律是水中爆炸理论要解决的核心问题之一。

在第二层防护钢板的内表面,水中冲击波的超压为 $\Delta P_m = P_4 - P_0$。根据爆炸相似律,相当于质量为 W 的 TNT 装药在弹着点处爆炸后在液舱中形成的超压:

$$\Delta P_m = k\left(\frac{W^{\frac{1}{3}}}{r}\right)^a \qquad (4-54)$$

式中, r ——液舱末端到爆炸中心的距离;

k, α ——试验系数, $k = 533$, $\alpha = 1.13$。

经过液舱中液体的膨胀减压和衰减,水中冲击波的超压仍可由式(4-54)求出。

因此,爆炸冲击波经过液舱后,水中冲击波的冲击参数为 P_4' 和 D_4。

(6) 第三层防护板中冲击波的初始参数。

第三层防护板中的冲击波初始参数的确定与第二层防护板中冲击波初始参数的确定方法完全一致,只需要将空气的冲击绝热方程用液体的冲击绝热方程替换即可。由此可以确定第三层防护板中冲击波的初始参数 P_5 和 D_5。

2) 防护结构的破坏研究

目标破坏作用的计算与结构本身的振动周期 T、冲击波正压作用时间 t_+ 有关。当 $t_+/T \leqslant 0.25$ 时,目标的破坏作用取决于冲击波的冲量。通常只有在极大装药或核爆炸时冲击波的峰值压力才起决定作用。在接触或近距离爆炸时,由于 t_+ 很小,目标的破坏也应该按冲量进行计算。

在爆炸冲击波作用下,当防护板的物质速度满足下列条件时,该防护结构发生破裂[1]:

$$u \geqslant \sqrt{2A_{\mathrm{rmax}}/\rho} \tag{4-55}$$

式中, A_{rmax} ——结构破裂时的应变功密度函数, $A_{\mathrm{rmax}} = \int_0^{\varepsilon_{\max}} \sigma(\varepsilon)\mathrm{d}\varepsilon$;

ρ ——防护结构的密度。

反舰武器直接命中舷侧防护结构时,一般认为第三层防护板破裂时即认为该防护结构失效。爆炸冲击波经过防护结构进入第三层防护结构的透射系数可表示为

$$\eta = \frac{P_5}{P_1} \tag{4-56}$$

因此第三层防护板中冲击波压力随时间的变化可表示为

$$P = \eta P_1(t) \tag{4-57}$$

由此可以得到直接命中时舰船防护系统第三层防护板单位面积上的比冲量 i 为

$$i = \int_{t_1}^{t} \eta P_1(t) \mathrm{d}t$$

$$= \int_{t_1}^{t} \eta \frac{64}{27} P_{\mathrm{H}} \left(\frac{l}{Dt} \right)^3 \left[1 + \frac{\beta u_{\mathrm{b0}}}{(1-\beta)D} \left(\frac{l}{Dt} \right)^{\beta-1} - \frac{u_{\mathrm{b0}}}{(1-\beta)D} \right]^3 \mathrm{d}t \quad (4-58)$$

$$= \frac{16}{27} \rho_0 \frac{l^3}{D} \left(\frac{a^3}{1-3\beta} t^{1-3\beta} + \frac{3a^2 b}{-2\beta} t^{-2\beta} + \frac{3ab^2}{-1-\beta} t^{-1-\beta} + \frac{b^3}{-2} t^{-2} \right) \Big|_{t_1}^{t}$$

式中，
$$a = \frac{\beta u_{\mathrm{b0}}}{(1-\beta)D} \left(\frac{l}{D} \right)^3$$

$$b = 1 - \frac{u_{\mathrm{b0}}}{(1-\beta)D}$$

$$t_1 = \frac{l}{D} + \frac{l_1}{D_1} + \frac{l_2}{D_3}$$

式中，l ——柱状装药的长度；

l_1，l_2 ——分别为空舱和液舱的宽度；

D，D_1，D_2 ——分别为装药的爆轰速度、冲击波在空气和水中的传播速度。

考虑到炸药爆轰时间非常短，仅仅在几微秒内就可反应完毕，即 $l/D \ll 1$，近似的认为 $a = 0$，则式(4-58)变为

$$i = \frac{\rho_0}{27} \frac{l^3}{D} \left[1 - \frac{u_{\mathrm{b0}}}{(1-\beta)D} \right]^3 \left(\frac{1}{t_1^2} - \frac{1}{t^2} \right) \quad (4-59)$$

当 $t \to \infty$ 时

$$i = \frac{\rho_0}{27} \frac{l^3}{D} \left[1 - \frac{u_{\mathrm{b0}}}{(1-\beta)D} \right]^3 \frac{1}{t_1^2} \quad (4-60)$$

其实，目标受载荷作用时，只有大于材料的极限强度的载荷才会对目标的破坏有影响；如果载荷小于材料的极限强度，无论作用多长时间都不会产生破坏。当 $t \to \infty$ 时，冲击波的强度已经非常弱，不会对舰船形成损伤。

在式(4-57)中，若取

$$P = \eta P_1(t) \geqslant \sigma_y \quad (4-61)$$

即可确定有效的时间 t，代入式(4-58)即可求得爆炸比冲量 i。

4.2.3　算例

根据接触爆炸对舰船舷侧防护的破坏分析模型,假定如图 4-2 所示的防护结构受到 50 kg 密度为 1 620 kg/m³ 的 TNT 装药直接爆炸,爆炸冲击波的初始参数为

$$D = 6\,800 \text{ m/s}, \; P_{\text{H}} = 17.27 \text{ GPa}$$

1) 第一层防护结构的冲击波初始参数

首先假设一个分界面压力 P_1,代入式(2-42),求得相应的 u_1。

将 u_1 代入式(2-37),又可算出分界面的压力 P_1',取 P_1 与 P_1' 的均值重复计算,直到 $P_1 = P_1'$ 为止。

将 P_1 和 u_1 代入式(2-38)即可算出冲击波面钢板的密度 ρ_1。

将 u_1 代入式(2-41),即可得到钢板中冲击波的初始速度 D。

应用上述方法求得第一层防护结构中冲击波的初始参数为

$$P_1 = 32.5 \text{ GPa}, \; u_1 = 825 \text{ m/s}$$

$$D = 5\,060 \text{ m/s}, \; \rho_1 = 1.195\rho_0$$

第一层防护结构的壁面压力关系如图 4-4 所示。

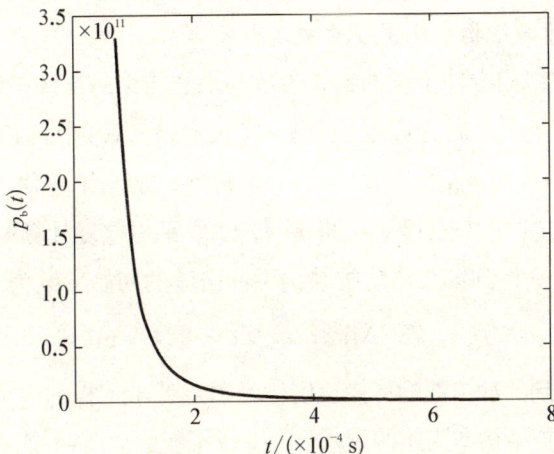

图 4-4　压力-时间关系

2) 空舱中冲击波的初始参数

在钢板和空舱的分界面处,分界面两侧的压力和质点速度是连续的,因此分界面处的状态应在反射波的冲击绝热线和空气冲击波的冲击绝热线的交点上,如图 4-5 所示。

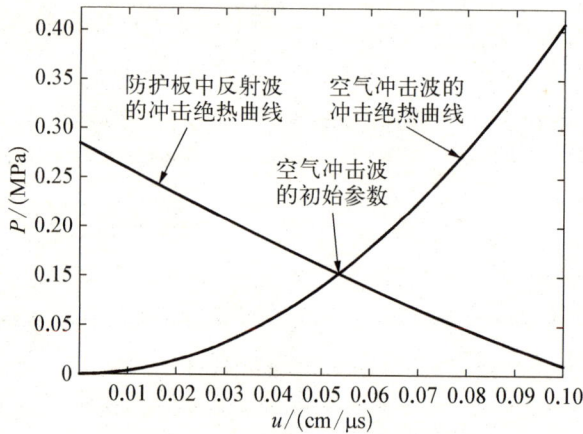

图 4-5 空气冲击波的初始参数

由式(4-34)和式(4-35)联立即可求得空气冲击波的初始参数为

$$P_2 = 16\,\text{GPa}, \qquad u_2 = 510\,\text{m/s}$$

由式(4-36)可得 $\rho_2 = 21.72\,\text{kg/m}^3$。

由式(4-37)可得 $D = 1\,658\,\text{m/s}$。

经过空舱衰减后空气冲击波的压力变为 $0.843\,7\,\text{GPa}$。

3) 第二层防护结构中冲击波的初始参数

第二层防护结构中冲击波的初始参数的求法与第一层防护结构中冲击波的初始参数的求法类似。首先假定一个 p_3 代入式(4-50)中得到 u_3;将 p_3 和 u_3 代入式(4-44)中求得 ρ_3,代入式(4-46)求得 ρ_2;将 ρ_3 和 ρ_2 代入式(4-48)求得 u_3;将 u_3 代入式(4-50)求得 p_3';将 p_3' 和 p_3 取平均重复计算即可。

应用上述方法得到第二层防护结构中冲击波的初始参数为

$$p_3 = 780\,\text{MPa}, \qquad D = 624.9\,\text{m/s}$$

经过计算得到的冲击波的传播速度已经远远低于钢板的当地音速。因此,爆炸冲击波经过防护结构和隔舱的衰减已经变成了弱扰动波,不能对结构造成破坏。

4.3 水下接触爆炸载荷作用下舰船防护结构的试验研究

4.3.1 试验背景及目的

水下接触爆炸荷载作用下,舰体水下部分会产生破口,正确计算破口的形状和尺寸是计算舰船遭受鱼雷、水雷攻击后的破损强度、不沉性、剩余稳定性的基础,而鱼雷、水雷命中舰船后,舰船是否会断裂、沉没、倾覆对于舰船是否具有生命力有决定意义。

目前各国大型水面舰船舷侧防护结构多采用多层板架结构,如图4-6所示。其主要由舷侧外板、第一层空舱、液舱外板、液舱、液舱内板、第二层空舱、防御纵壁构成。舰船舷侧防护结构遭受水下武器攻击时,接触爆炸载荷对舷侧结构整体而言所造成的破坏是局部的,因此舷侧防护结构可简化为多层固支板架结构。

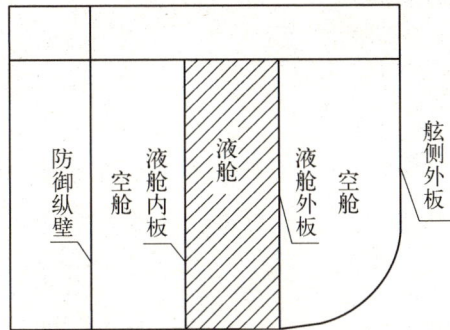

图4-6 舰船舷侧防护结构

通过舰船防护结构模型的水下接触爆炸试验,研究模型结构典型部位的冲击响应情况。具体包括两部分:接触爆炸冲击波分别击穿模型外侧第一层、第二层后的破口形状、尺寸;获得在预定装药量接触爆炸典型部位的冲击响应情况。

4.3.2 试验装置及其模型

试验装置如图4-7所示。试验件在水中按图4-8模型的方式竖直放置,炸药安装在第一层靶板的中心位置进行接触爆炸,试验件的上表面距离水面的距离不小于2 m,以确保炸药爆炸后在水中产生的超压不泄漏。试验件的靶板材料均为4 mm厚的Q235钢。板与板之间采用焊接方式连接,形成3个舱室,其中两个空舱,一个液舱,液舱中的液体为水。

试验件3个舱室的上下表面边界要求完全固支,但根据实际情况,上、下表面只能改为由上部悬吊,板四周用角钢焊接的方式固定。实验模型液舱外侧分别焊接30 mm×30 mm的角钢,角钢上下靠近模型上部和下部各开一孔,上孔

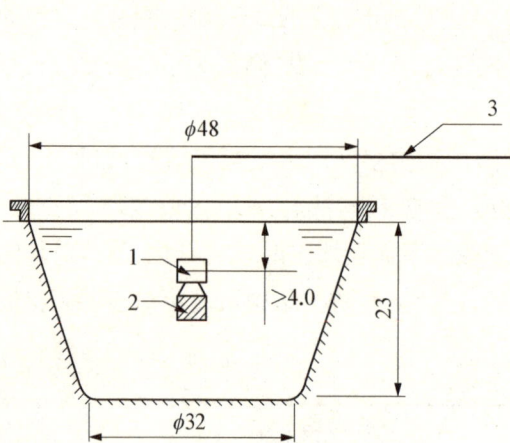

1-试验件;2-配重块;3-吊装设备(单位:m)

图4-7 爆炸水池和实验场布局

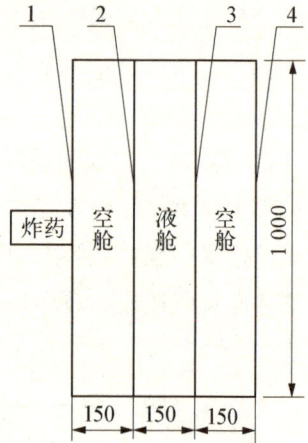

图4-8 模型

用于拴钢丝绳悬吊试验模型,下孔用于拴钢丝绳悬挂 300 kg 钢板配重,以保证模型沉于所要求试验深度的水中。

4.3.3 试验准备

1) 试验模型

3个试验模型由工厂根据图纸完成了初步加工,材料用 4 mm 厚的 Q235 钢板,由电焊焊接,可能实现双面焊的焊缝均采用了双面焊。顶部开有一圆孔,备灌水用,两个空舱的顶部开有直径约 5 mm 的 4 个小圆孔,用于液舱两侧内板壁压力计导线的引出,前后两侧板加工完成未进行焊接,随初步加工模型一起运抵试验场。待压力计安装完后,由单面焊将前后板焊牢。试验模型液舱外侧分别焊接 30 mm×30 mm 的角钢,角钢上下靠近模型上面部和下面部处各开一孔,上孔用于拴钢丝绳对试验模型悬吊用,下孔用于拴钢丝绳悬挂 300 kg 钢板配重,以保证试验模型沉于所要求试验深度的水中。液舱中灌满水后,用一小圆形钢片将注水孔焊接封堵,以保证液舱的密封。模型Ⅰ和模型Ⅱ在前后面与侧壁的焊缝处,其中央 4 处各焊 24 cm 长的 30 mm×30 mm 厚的角钢,使板与侧壁加固。对于模型Ⅲ,则前后板与底部均焊接与试件同高同宽的 4 根与前同型号的角钢,以使前、后面板与侧壁加固。3 个模型试件的实物照片如图 4-9 所示。

2) 压力测点布置及压力计安装

3 个模型试件的测点布置如图 4-10 所示。

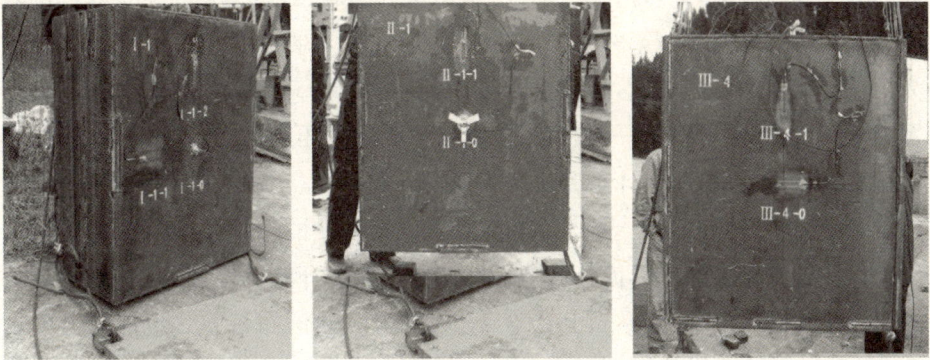

(1) I 号试件   (2) II 号试件   (3) III 号试件

图 4-9 3 个实验模型试件照片

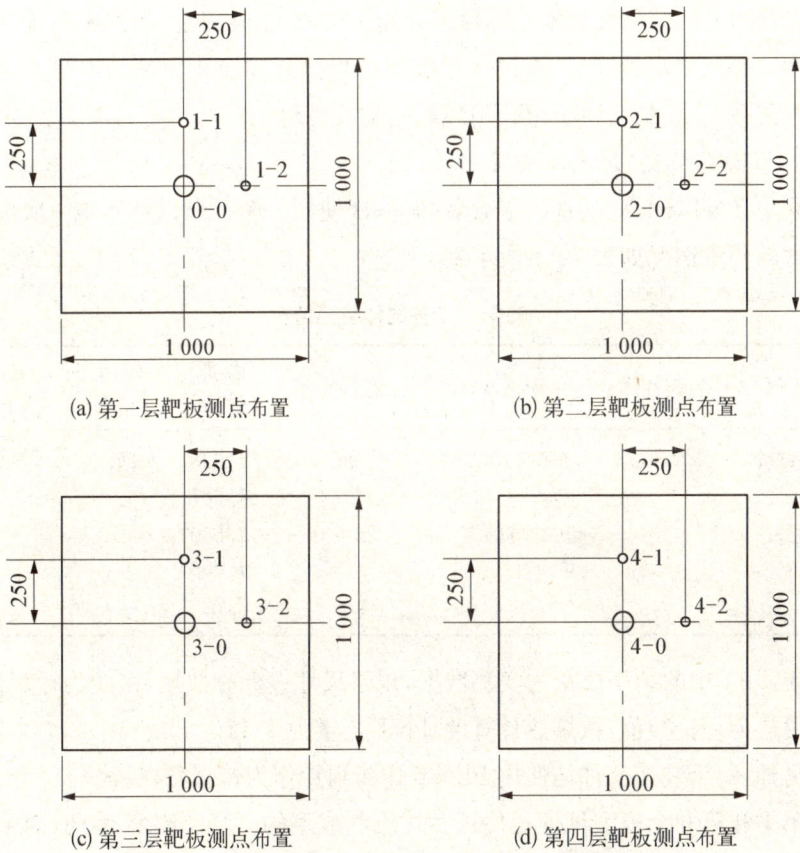

(a) 第一层靶板测点布置

(b) 第二层靶板测点布置

(c) 第三层靶板测点布置

(d) 第四层靶板测点布置

图 4-10 试验测点布置图(单位: mm)

第一发试验时,1-1,1-2 为第一层靶板的测压位置,测点布于试验件的表面,即与水接触的一侧;第一层靶板的中心 0-0 位为爆心位置,2-0,2-1,2-2 为第二层靶板的测压位置,压力计布于空舱一侧;3-0 为第三层靶板的测压位置,压力计也布置于空舱一侧;第四层靶板不布置测压点;共有 6 个 PVDF 压力计。第二发试验时,压力计布置位置为:1-1,2-0,2-1,3-0,3-1,4-0,4-1,共计 7 个 PVDF 压力计,前 5 个布置方式同第一发试验,第四层钢板上的两个压力计位置于钢板与水界面处;第三发试验时,压力计布置位置为:1-1,2-0,2-1,3-0,3-1,4-0,4-1,共计 7 个 PVDF 压力计,布置方式也同第二发试验。3 发正式试验共用 PVDF 压力计 20 个。

试验前,将测点处的钢板表面的锈蚀清除干净,并用丙酮擦拭,待丙酮挥发后,根据应力波的传播方向,将 PVDF 压力计用 S203A 胶黏在测点处的钢板上,PVDF 计的另一端用聚四氟乙烯覆盖并用 FS203AJ 胶固定,起到密封绝缘和防水作用。等胶完全凝固后,再进行靶板间的焊接。连接压力计的电缆由舱室的上端预留孔引出,最后将预留孔用环氧树脂胶密封。

3) 试件用炸药、爆点及安装

采用 TNT/RDX(40/60)混合装药,一次使用一个模型试件实施一次爆炸,3 个试件的药量情况如表 4-1 所示。

表 4-1　各试件装药情况

试验号	装药种类	规格/mm	装药量/g	密度/(g/cm^3)	爆压/GPa	爆热/(MJ/kg)
预备试验	$T/R=4/6$	$\Phi60\times10$(2 块)	96.0	1.698	27.0	5.30
第一发		$\Phi36\times3$(4 块)	20.0	1.637		
第二发		$\Phi60\times8$(4 块)+	200.0	1.680		
		$\Phi60\times10$(1 块)		1.698		
第三发		$\Phi67\times67$(1 块)	406.8	1.722		

表 4-1 中的装药质量为实测数据,规格尺寸按标称数据,密度为计算值,爆压和爆热为理论数值,按爆热计算的 TNT 当量为 1.18。

另外,每个装药药柱均使用 PENT 炸药圆片作为传爆药柱。

第Ⅰ和第Ⅱ个模型试件是使用多片压制成型的 TNT/RDX 装药,而第Ⅲ个模型试件使用的是整体铸装成型的 TNT/RDX 装药,炸药安装在每个模型试件第一层靶板的中心位置,位置编号分别为 1-1-0,2-1-0,3-1-0。安装前,将安装处钢板的锈蚀打磨清除干净,然后用 502,302,905 胶将炸药药柱粘贴在已打磨的第一层靶板的中心位置,在炸药的外周涂 704 胶作密封、防水保护。对于第 2 和第 3 个模型试样,由于装药量较大,在药柱四周靶板上采用固定支架将炸药与靶板胶黏在一起。

4）压力测试系统

压力测试系统如图 4-11 所示。系统由一台同步机控制,它输出的一路信号用来触发高压起爆台,由起爆台输出的脉冲高压起爆装药中的雷管;同步机的另 3 路信号分别触发 3 台 TEK5040 示波器,用来记录压力计所产生的经电荷积分器转换的电压信号。试验使用 24-1-3D 雷管,采取接触式爆炸方式,起爆方向为正向起爆,即垂直起爆。

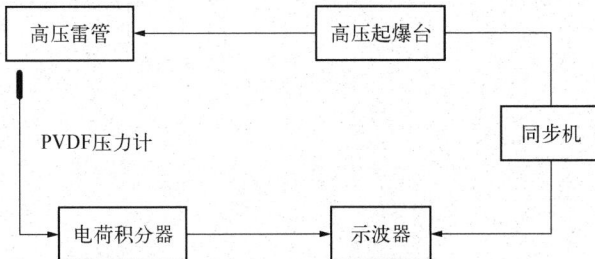

图 4-11　测试系统

5）编号系列

为了不引起混乱,同时也为了叙述清楚,将各模型试件的各特征点,包括爆点和压测点进行了统一编号,编号系列如表 4-2 所示。

表 4-2　靶板及特征点标记

验　编　号		第　一　发　试　验		第二发试验	第三发试验
靶板编号	第一层		1-1	2-1	3-1
	第二层		1-2	2-2	3-2
	第三层		1-3	2-3	3-3
	第四层		1-4	2-4	3-4
特征点编号	第一层	爆心	1-1-0	2-1-0	3-1-0
		第一测压点	1-1-1	2-1-1	3-1-1
		第二测压点	1-1-2	/	/
	第二层	中心	1-2-0	2-2-0	3-2-0
		第一测压点	1-2-1	2-2-1	3-2-1
		第二测压点	1-2-2	/	/

(续表)

验 编 号		第 一 发 试 验		第二发试验	第三发试验
特征点编号	第三层	中心	1－3－0	2－3－0	3－3－0
		第一测压点	/	2－3－1	3－3－1
	第四层	中心	/	2－4－0	3－4－0
		第一测压点	/	2－4－1	3－4－1

在各模型试件中,对每层靶板及靶板上的每个特征点均按该编号系列喷漆作了标记。

4.3.4 预备试验

1) 试验介绍

试件为 1 m×1 m 的 45 号钢板,厚度为 10 mm,板的中心经过打磨光洁后粘贴 60 mm×20 mm 的压制成型 TNT/RDX(40/60)炸药两块,质量为 96 g,同时使用 2.0 g PETN 炸药圆片作为传爆药柱,药柱垂直于钢板表面,使用 24－1－3D 雷管直向起爆。板的一侧距两边各 15 cm 处开两长方形孔,用于拴钢丝绳悬吊之用。距中心垂直上部(向开孔边的方向)250 mm 处经打磨后安装一个 PVDF 压力计。用钢丝绳拴在试验场的起吊装置上,吊放于爆点(板中心)距水面 4 m 的水中。水温实测为 14℃。

试验结果如图 4－12 所示。在板的中心处形成直径 57 mm 的圆形孔洞,炸药起爆的一面形成一个以起爆点为中心的向下凹坑,塑性区直径约 600 mm,而起爆后的反向形成相应的鼓包。该范围为塑性变形区。起爆面的反向中间圆孔周边形成片状撕裂。径向约 3 mm。试验后试件只剩下拴钢丝绳的两块,每块约为试件的 1/4,下部的两块已落入水中(未打捞出)。裂缝通过钢板的中心。压力计测得的曲线如图 4－13 所示。

2) 预备试验情况分析

当板中冲击波达到板的边界后,由于水的密度小于钢板的密度,故向钢板中传播拉伸稀疏波,若为规则的正方形钢板,则该稀疏波应在对角线处交汇,理论上断裂应发生在通过钢板中心的对角线上,但由于两个拴钢丝绳开洞的存在,产生了反射稀疏波,故出现了裂缝稍偏离对角线的情况。

板试件中间形成的圆孔是由炸药爆轰后产生的强冲击波直接对钢板作用产

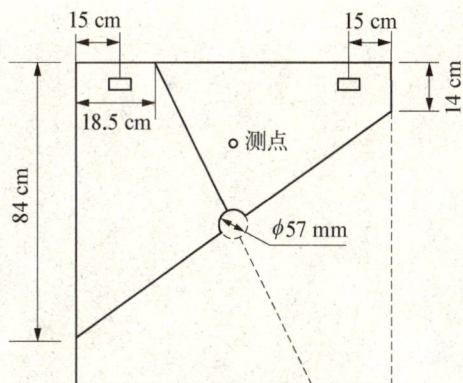

图 4‑12 预试钢板试验后破坏情况

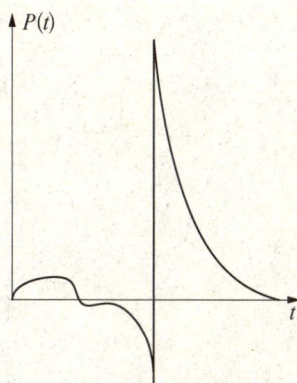

图 4‑13 压力计测点曲线

生的结果,使之与炸药接触部分的圆形片直接飞离了钢板,从而可知,该圆孔直径应与炸药圆柱的直径相一致,而实际上圆孔直径略小于炸药圆柱直径,这是因为炸药与钢板接触边界条件的影响,但由于冲击波仍然很强,则该冲击波穿过板后产生的拉伸稀疏波使圆孔周边的钢板背面部分有一圈产生层裂飞出。

压力计测点处的波形实际上是由两个波构成的。当炸药爆轰结束后,在垂直钢板方向产生一强冲击波作用于钢板,由于该冲击波的作用,在钢板内沿装药的径向传播一冲击波,即压力计首先测到的向下的波形。再者,炸药爆炸过程及爆炸后,由于炸药产物的膨胀,使周围水产生冲击波,该冲击波传播到测点处,便形成了向上的波形。该冲击波与爆炸气体对钢板的共同作用,才使钢板产生了严重的塑性变形,形成正面较大的凹陷。

预备实验表明,试验计划和试验方案可行,炸药及压力计的粘贴可靠,测试系统正常,能够提供所需数据,并通过预备实验进一步核准应选择压力计的测试范围。

4.3.5 模型试件试验及试验结果描述

1) 第一个试件的试验及试验结果描述

试验前和试验后第一层靶板的情况如图 4‑14 所示。

从图 4‑14 可以看出,试验后第一层板中心形成一个不规则的"菱形",横向(水平方向)宽度为 210 mm,纵向(垂直方向)的宽度为 140 mm,靶板向背面凸起后撕裂,最大凸起高度为 135 mm。

从图 4‑15 中可以看到,第二层靶板的中心处形成了一个直径 34 mm 的圆

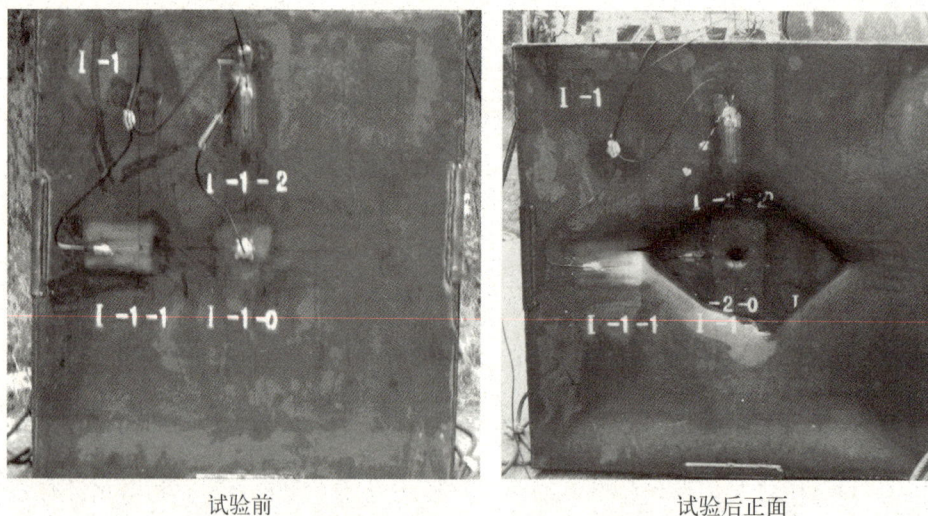

试验前   试验后正面

图 4-14　第一次试验第一层靶板的情况

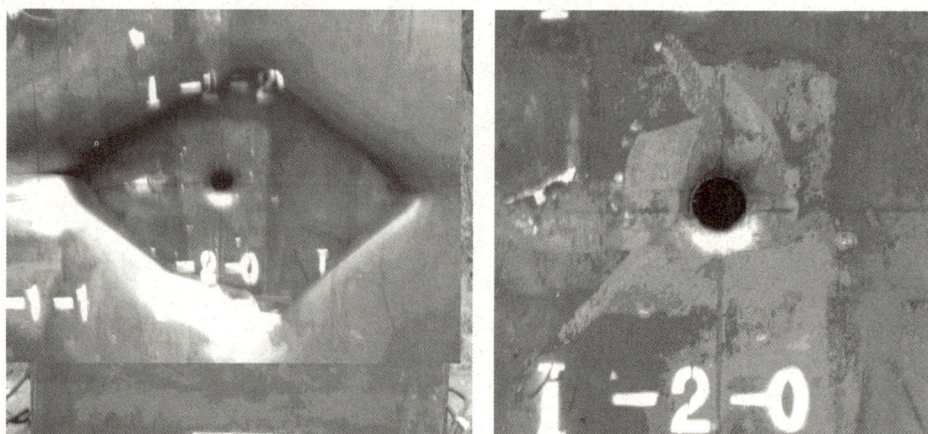

图 4-15　第一次试验第二层靶板的情况

形穿孔,孔径略小于炸药柱直径(36 mm),其余部分无明显的变化。试件解剖后从液舱中找到了第二层靶板被冲下来的完整的圆形破片,破片直径与所冲圆孔直径相当。第三层靶板仅中心处靠液舱面形成一个很小的凹坑。第四层靶板略显向箱体方向凹陷,这是由于炸药爆炸首先产生冲击波对箱体产生较大的作用,随着冲击波的传播,其后必然有压缩波产生,故第四层板与前三层板的变形方向不同。

　　试验所获得的各测点经处理后的压力波形图如图 4-16 所示。

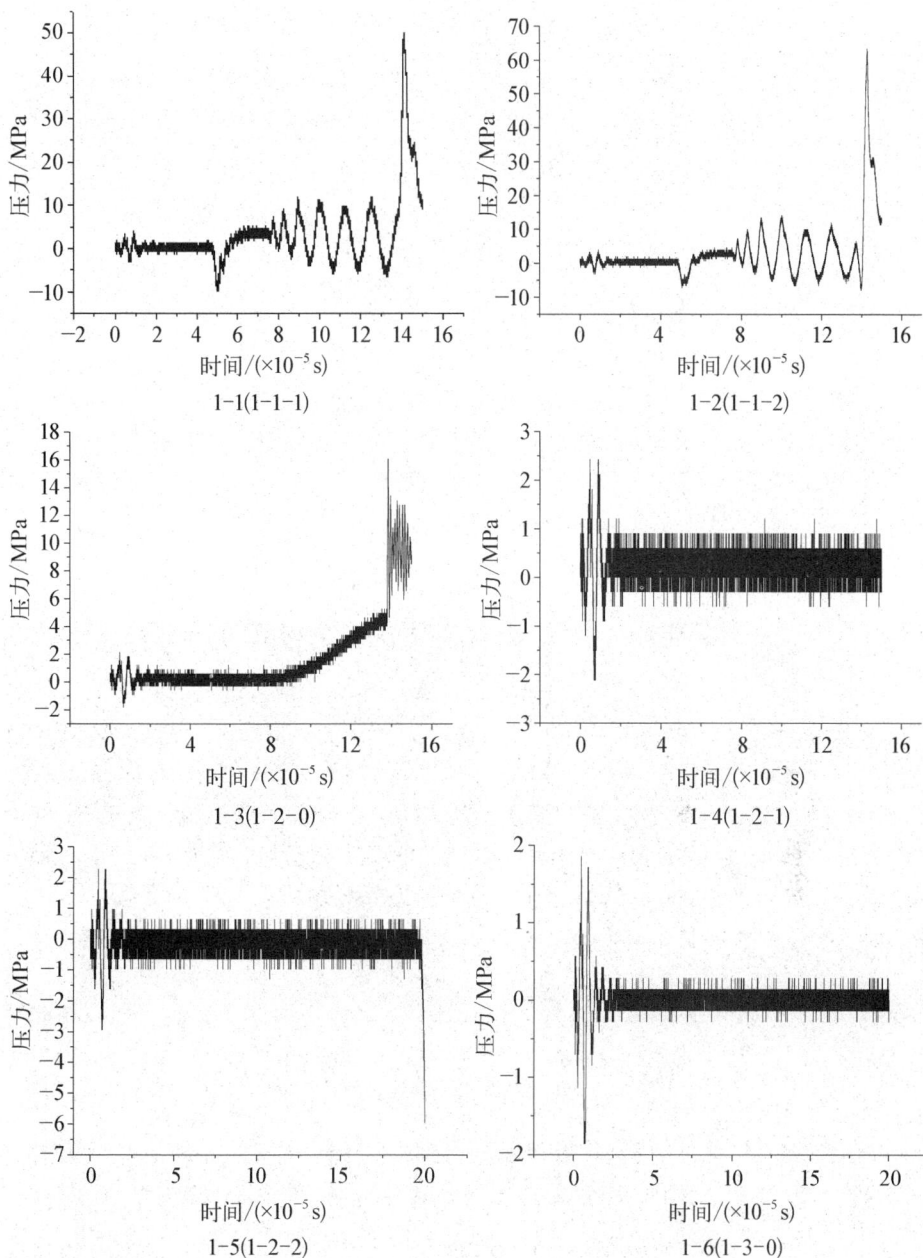

1-1(1-1-1)

1-2(1-1-2)

1-3(1-2-0)

1-4(1-2-1)

1-5(1-2-2)

1-6(1-3-0)

图 4-16　试件 1 各测点压力波形

模型试件 1 实验所用的 PVDF 压力计有效面积 A_g 均为 0.1 cm^2，电荷积分器的电容 C_c 为 0.010 2 μf。压力计的其他参数及冲击波类型，冲击波到达测点时间及峰值压力均列于表 4-3 中。

表4-3　试件1试验PVDF参数及冲击波压力测试结果

压力计编号	灵敏度 $\mu C/cm^2$	校正温度 T_c /(℃)	冲击波类型	到达时间 T_a /μs	峰值压力 P_{max} /MPa
1-1-1	0.015 0	24.0	板中冲击波	48.01	10.77
			水中冲击波	140.40	50.07
1-1-2	0.014 9	24.0	板中冲击波	48.01	7.43
			水中冲击波	140.40	63.66
1-2-0	0.015 7	24.1	板中冲击波	137.90	16.24
1-2-1	0.015 9	24.1	板中冲击波	198.30	5.22
1-2-2	0.014 8	24.1	板中冲击波	198.30	6.30
1-3-0	0.016 8	24.2	产生弹性振荡,应力波不可测		

2) 第二个试件的试验及试验结果描述

试验前和试验后试件的整体情况如图4-17所示。

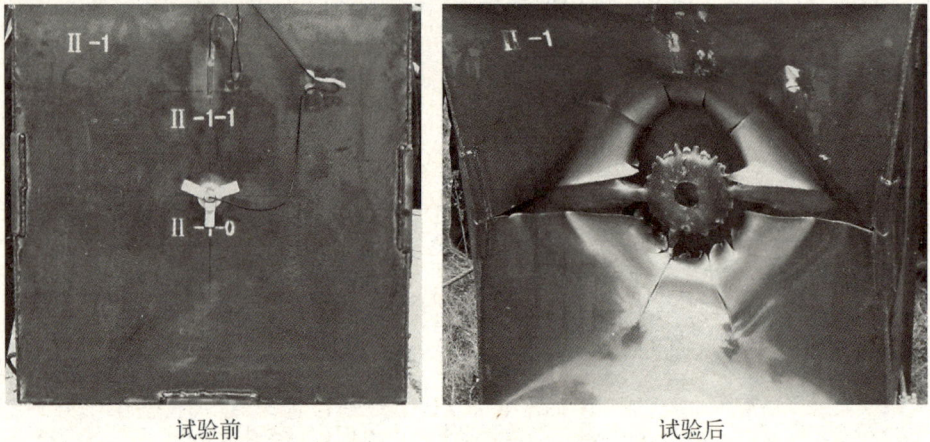

试验前　　　　　　　　　　　　　　　试验后

图4-17　试件2试验前后的照片实物

图4-18是对试验后试件进行剖分得到的第一层靶板的破坏情况。从图中可以看出,试验后,在第一层靶板的中心形成了一个不规则的圆形孔,孔径约为240 mm,靶板较均匀撕裂后向后卷起形成十余个花瓣,向后突起,最大突起高度为280 mm,横向(水平方向)最大裂口贯穿整个靶板,直到靶板两端边缘处终止,其中加强角钢的板面重叠部分也形成了与板一致的裂口。纵向(垂直方向)最大裂口间距为600 mm。破口周围正面有明显的爆炸产物冲刷的迹象,压力计测点处未出现裂缝。

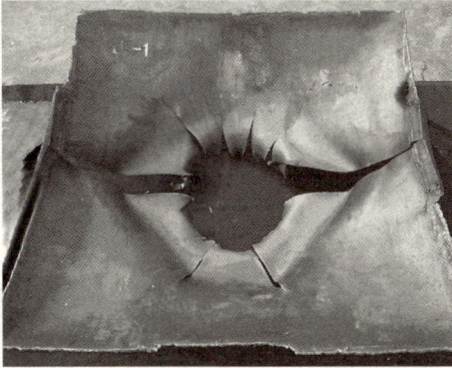

第一层钢板正面　　　　　　　　　　　第一层钢板背面

图 4 - 18　第二次试验后第一层靶板的破坏情况

试件分剖后第二层靶板的破坏情况如图 4 - 19 所示。

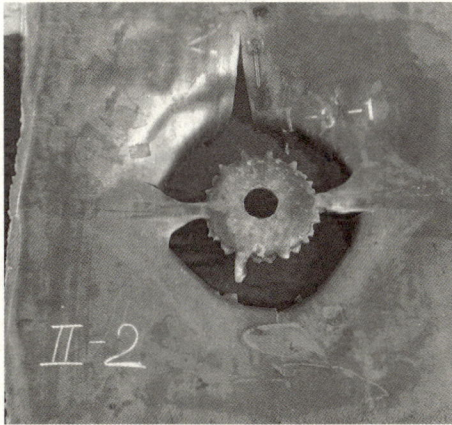
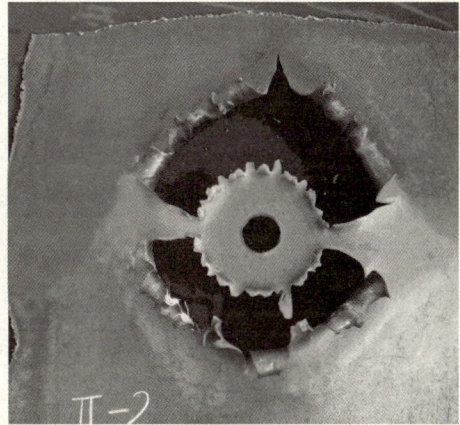

靶板正面　　　　　　　　　　　靶板背面

图 4 - 19　第二次试验后第二层靶板的破坏情况

从图 4 - 19 可看出,第二层靶板的中心形成了一个直径 65 mm 的圆形穿孔,该孔外围是未破坏的圆环,环外围呈不规则的锯齿形,在水平方向有一未破坏的条带与靶板相连,圆环外围是一已破坏无靶板存在的更大的圆环,该大圆环的外径约为 220 mm,两环间距,即破坏部分约为 210 mm。纵向出现了一个最大裂口,纵向最大破坏尺寸(从下边破坏边缘到破口尖端处)为 650 mm。该层靶板的两个测点(2 - 2 - 0,2 - 2 - 1)的压力计均遭到破坏。

第三层靶板在液舱一侧的中心位置有一个小凹坑,板的其余部分未出现明显变化。

第四层靶板周围焊缝有相当部分开焊,整个板向箱内侧有较明显的凹陷变形,凹陷最大处在板的中心。

另外,第二层靶板中间完整的圆形破片已在解剖试件后的液舱中找到,而未发现第一层靶板中间的相应圆形破片,第一层靶板上部的焊缝部分开焊。

试验所获得的各测点经处理后的压力波形如图 4-20 所示。

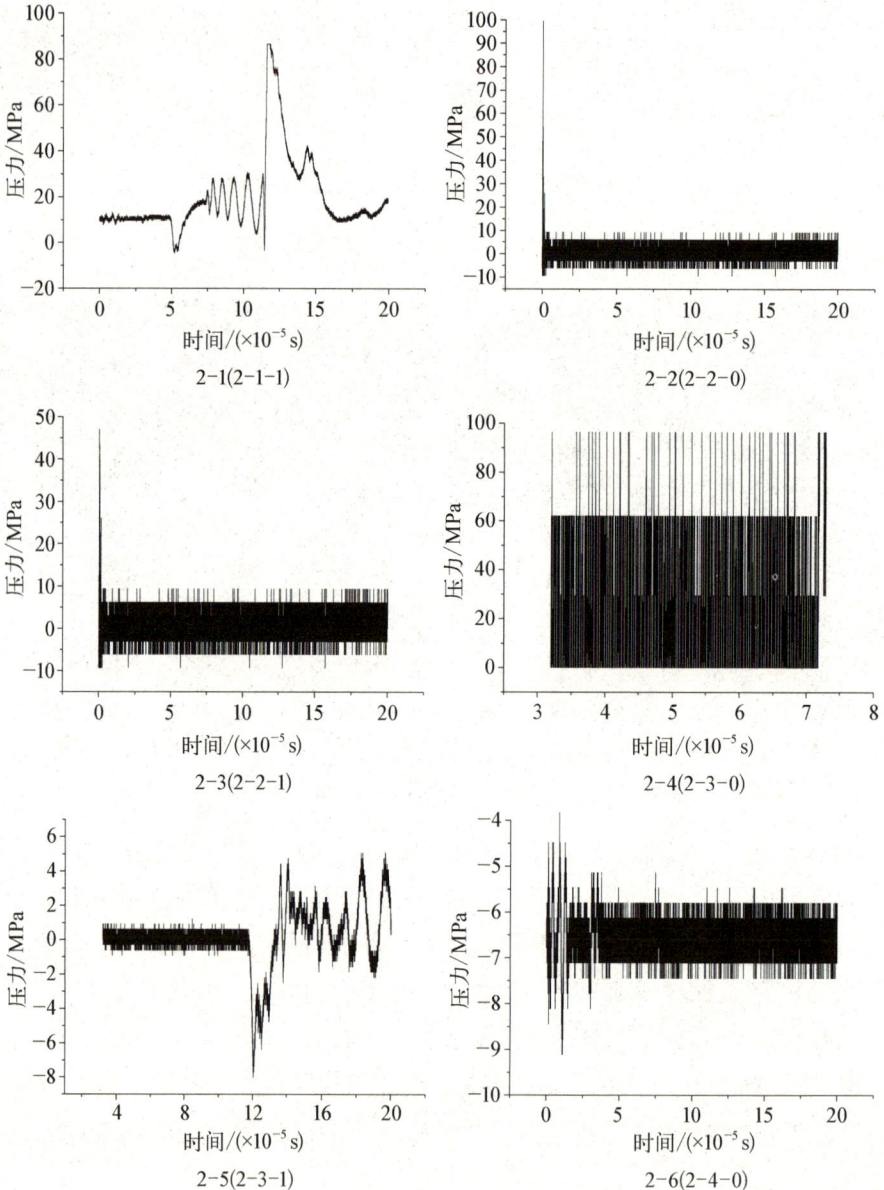

2-1(2-1-1)

2-2(2-2-0)

2-3(2-2-1)

2-4(2-3-0)

2-5(2-3-1)

2-6(2-4-0)

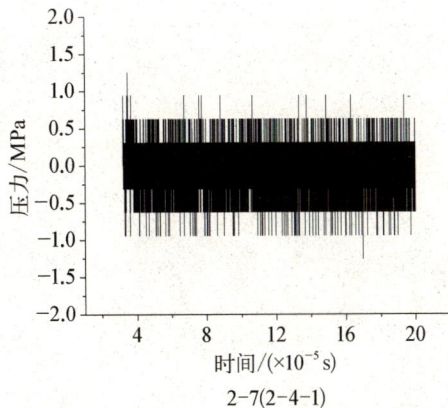

2‑7(2‑4‑1)

图 4‑20　试件 2 各测点压力波形

模型试件 2 试验所使用的 PVDF 压力计有效面积 A_g 均为 $0.1\ \text{cm}^2$，电荷积分器的电容 C_c 除了 2‑3‑0 测点处为 $0.10\ \mu\text{f}$ 外，其余各测点处均为 $0.010\,2\ \mu\text{f}$。压力计的其他参数及冲击波类型、冲击波到达测点时间及峰值压力如表 4‑4 所示。

表 4‑4　试件 2 试验所用 PVDF 参数及冲击波压力测试结果

PVDF 压力计编号	灵敏度 $\mu\text{C}/\text{cm}^2$	校正温度 T_c /(℃)	冲击波类型	到达时间 T_a /μs	峰值压力 P_{max} /MPa
2‑1‑1	0.016 8	24.2	板中冲击波	49.20	16.09
			水中冲击波	115.20	95.35
2‑2‑0	0.016 2	24.5	板中冲击波	71.80	35.18
2‑2‑1	0.016 0	24.6	板中冲击波	117.20	7.98
2‑3‑0	0.017 5	24.3	板中冲击波	372.00	585.60
2‑3‑1	0.015 7	24.4	板中冲击波	502.30	1.88
2‑4‑0	0.015 6	24.7	板中冲击波	936.30	1.58
2‑4‑1	0.015 6	24.8	板中冲击波	1 310.80	0.94

3）第三个试件的试验及试验结果描述

试验前和试验后试件的整体情况如图 4‑21 所示。

试件 3 在试验之后，第一、第二、第三层靶板中心处都形成了破口，即实现了预估的 3 层靶板破坏，第一和第四层靶板都出现了向内凹陷，特别是第四层靶板，产生了较严重的内向凹陷，第一层和第四层周边有加强角钢处焊缝未被拉开。试件解剖后未见到前两个试件出现的圆形破片。

试验前　　　　　　　　　　　　　　试验后正面

试验后背面

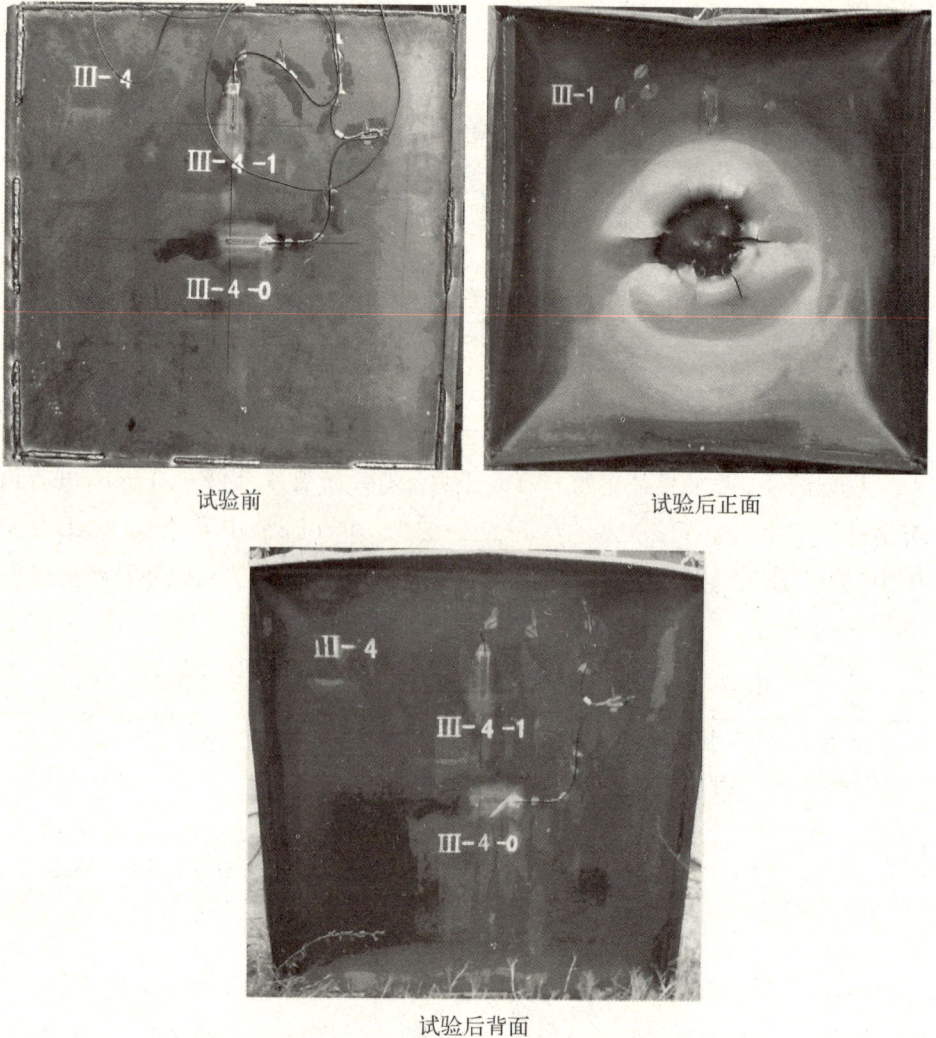

图 4 - 21　试件 3 试验前后的整体实物照片

　　试件 3 试验后进行剖分得到的第一层靶板的破坏实物图片如图 4 - 22 所示。

　　由图 4 - 22 可以看出，第一层靶板中间出现不规则花瓣式圆形破口，破坏直径约为 200 mm，横向（水平方向）最长裂缝长度约为 420 mm，纵向（垂直方向）裂缝最长长度为 290 mm。破口背后花瓣最高突起的高度约为 250 mm。上部压力计未出现明显破坏。

　　经解剖分解后得到第二层靶板破坏情况的实物图片如图 4 - 23 所示。

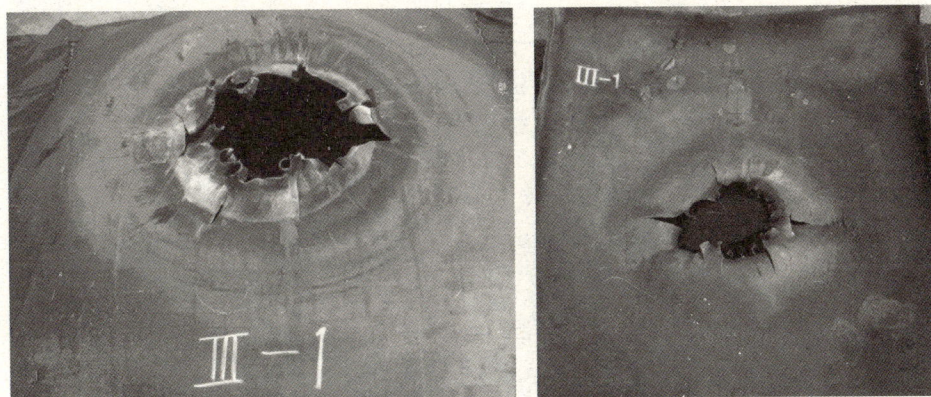

第一层靶板正面　　　　　　　　　　　第一层靶板背面

图 4 - 22　第三次试验后第一层靶板的破坏情况

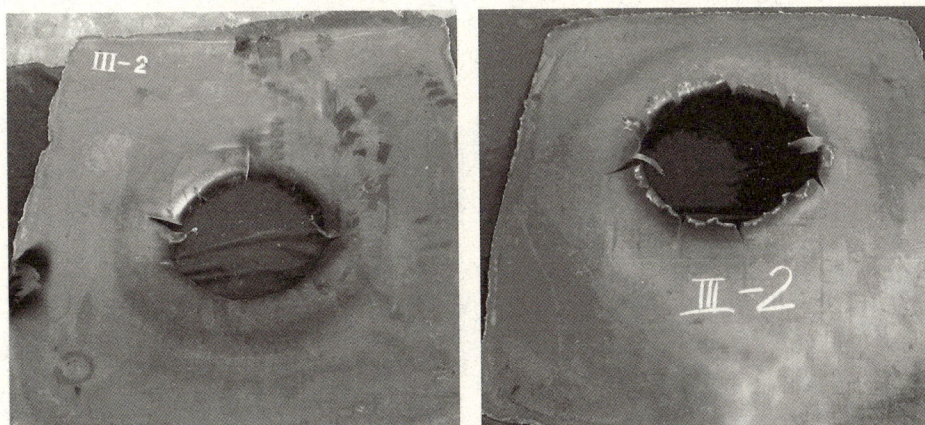

第二层靶板正面　　　　　　　　　　　第二层靶板背面

图 4 - 23　第三次试验后第二层靶板的破坏情况

　　从图 4 - 23 可以看出,第二层靶板的中间形成周边带有花瓣的不规则椭圆形孔,其横向长轴长约为 410 mm,纵向短轴长约为 320 mm。破口花瓣最高凸起处高度约为 250 mm。整个靶板略显向内凹陷,该层靶板测点处(测点 3 - 2 - 0)的压力计已破坏,而测点 3 - 2 - 1 处的压力计基本完好。

　　经解剖分解后得到的第三层靶板的破坏情况实物图片如图 4 - 24 所示。

　　第三层靶板整体稍向液舱方向凹陷。中心未形成较大的规则孔洞,只留下一向空舱方向的凹痕,产生一三角形裂口,从该裂口处向外延伸的裂缝清晰可见。裂纹横向最大长度约为 50 mm,纵向最大裂纹长度约为 40 mm,破口处只有

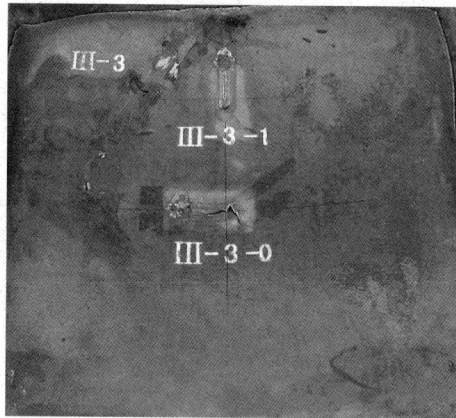

图 4‑24　第三次试验后第三层靶板破坏的实物照片

裂纹,没有花瓣。

第四层靶板试验解剖分解后所得到的实物图片如图 4‑25 所示。

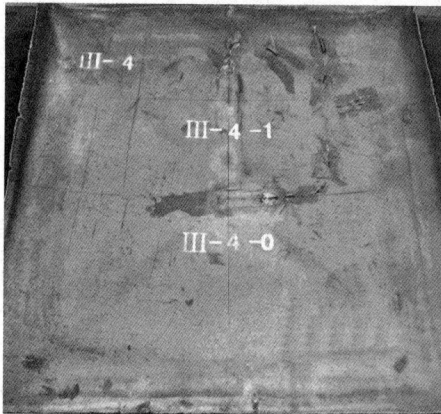

第四层靶板正面　　　　　　　　　　第四层靶板背面

图 4‑25　第三次试验后第四层靶板的实物照片

第四层靶板上既无穿孔,也无裂纹,亦无明显的局部破坏,只是整体产生了较大的塑性变形。另外,板上部没有经角钢加强的焊缝局部被撕开。

模型试件 3 所测得的各测点的实测波形经处理后的压力时程波形如图 4‑26 所示。

数据处理所用的其他参数以及压力计测得后经处理的一些结果如表 4‑5 所示。

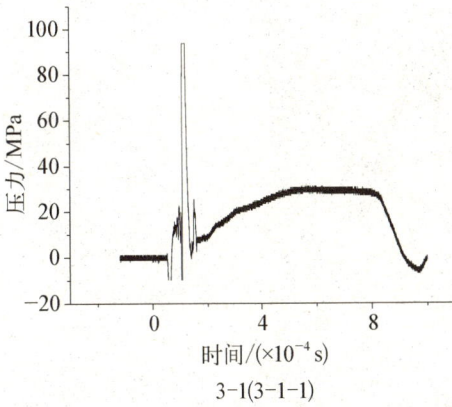

3-1(3-1-1)

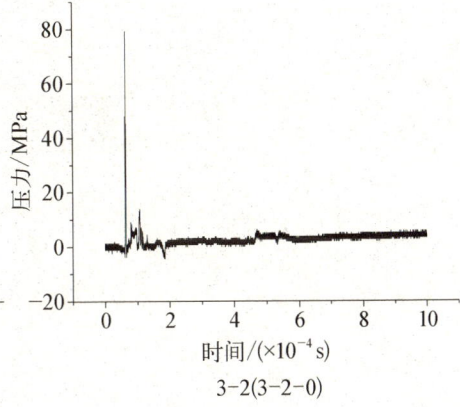

3-2(3-2-0)

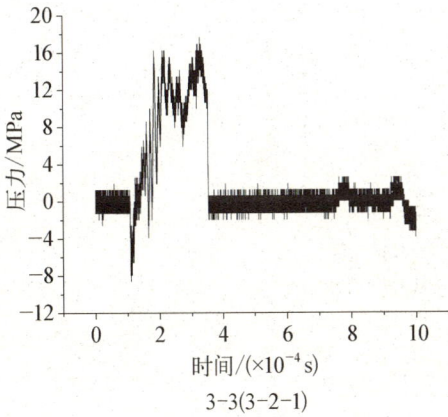

3-3(3-2-1)

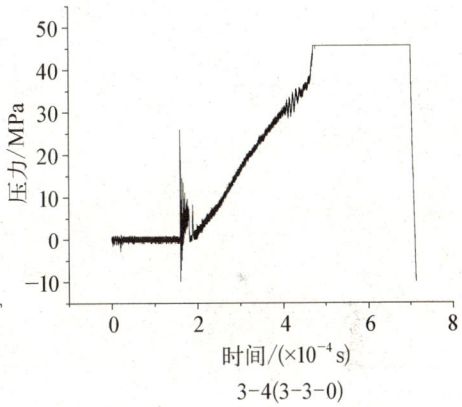

3-4(3-3-0)

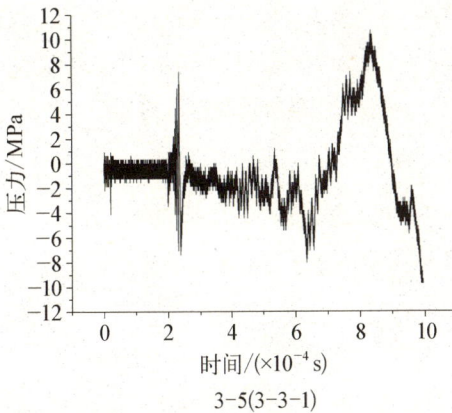

3-5(3-3-1)

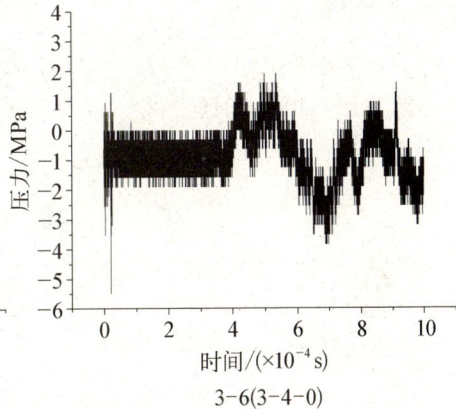

3-6(3-4-0)

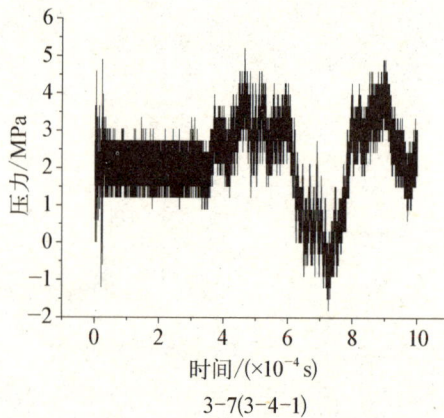

3-7(3-4-1)

图 4‑26　试件 3 各测点压力波形

表 4‑5　压力计有关参数及测得冲击波压力结果

PVDF 压力计编号	灵敏度 $\mu C/cm^2$	校正温度 T_c /(℃)	冲击波类型	到达时间 T_a /μs	峰值压力 P_{max} /MPa
3‑1‑1	0.015 6	24.8	板中冲击波	51.20	23.05
	0.015 6	24.8	水中冲击波	108.20	129.50
3‑2‑0	0.015 6	24.8	板中冲击波	61.16	47.86
3‑2‑1	0.015 2	24.9	板中冲击波	108.28	8.61
3‑3‑0	0.015 2	24.9	板中冲击波	159.83	25.52
3‑3‑1	0.015 6	24.9	板中冲击波	198.52	3.48
3‑4‑0	0.015 4	24.9	板中冲击波	1 159.00	2.55
3‑4‑1	0.016 2	24.9	板中冲击波	1 386.00	1.20

4.3.6　试验结果分析

1）破口情况分析

本次试验的一个主要目的是通过不同装药量对模型试件的不同破坏情况，检验理论结果的正确性。试验结果与理论预估的结果完全吻合，证明了本研究所提供理论的合理性。理论计算破口尺寸与试验结果如表 4‑6 所示。

表 4‑6　试验、理论计算破口尺寸　　　　（单位：mm）

试件号	破口尺寸直径	第一层		第二层		第三层	
		试验	理论	试验	理论	试验	理论
1		320*	120	34			

(续表)

试件号	破口尺寸直径	第一层		第二层		第三层	
		试验	理论	试验	理论	试验	理论
2		240	290	220	174		
3		200	400	365**	304.6	45***	68.8

说明：　＊　　试件1不规则菱形破口的最短两边距离；

　　　　＊＊　试件2第二层椭圆形破口长短轴的平均值；

　　　　＊＊＊　试件3第三层取裂纹长度的平均值。

从表4-6中可以看出，在3种不同装药条件下3个试件各层破坏的破口尺寸的折算直径值，用两种不同方法得出的结果基本相符，从而验证了本章所导出的理论公式及所得出的结论是正确的，完全可信。

对于试件1的20 g装药破口情况，试验结果是第二层靶板的中心处出现了圆形孔，其孔径略小于柱形药柱直径。这是由于第一层靶板与药柱直接接触的部分在炸药爆轰结束后，受高强度爆炸冲击波及高速运动的高温高压爆炸产物的共同作用，已变成流体状态的高速运动的铁粒子，理论计算其速度可达932.5 m/s。由于其高速运动对第二层靶板的冲击，使第二层靶板中间形成圆形孔，而由于空舱对铁粒子的衰减作用，第二层靶板受冲击部分仍保留了其破片的完整性，被冲掉的第二层靶板的圆形破片由于受到液舱中水的阻滞，当达到第三层靶板时，其能量已基本耗尽，其对第三层靶板的冲击只留下了很少的一个塑性变形区，没有大的整体塑性变形。

关于试件2的200 g装药破口情况，试验结果在第二层靶板的中央出现了圆形孔的原因与试件1相同，但第二层的破坏形成周边锯齿形的中间圆环是由于第一层靶板所形成的花瓣对第二层的冲击造成的。因圆环外周的锯齿与靶板的连接恰好与第一层靶板破坏的横向大裂口相对应。第二层靶板圆环破口所造成的花瓣应解释为爆炸气体运动的结果。

试件2的第一层靶板破坏相当严重，如此大范围的破坏消耗了炸药的大量爆炸能，从而使第二层靶板的破坏情况与预估的冲击波造成中间完全破坏成不规则圆形孔情况略有差别。其主要原因是第一层靶板与周边钢板的焊接为单面焊，且只在两侧中间仅有24 cm长度的角钢加固，致使多处焊缝严重开裂，这既造成靶板的大破口尺寸，同时也造成了靶板的大变形，从而造成对第二层靶板的破坏能量不足。

试件3的400 g装药破口情况是,第一层靶板和第二层靶板破口的大小和形状类似。第一层靶板的破坏原因与第一个试件及第二个试件相同。第二层靶板的破坏也是冲击波和随后爆炸产物共同作用的结果。由于药量较大,冲击波虽经空舱的衰减及对爆炸产物的稀疏,仍有足够的破坏能量使第二层靶板形成较大的破口。另外,由于稀疏波对爆炸产物的稀疏作用,使爆炸产物的体积膨胀变大,从而对第二层的作用范围也变大,因此,第二层靶板形成的破口尺寸比第一层的略大。由于液舱中水的阻滞作用,使前两层靶板形成的液态高速铁粒子已消耗了相当部分的能量,只有一部分能够撞击到第三层靶板,因此,第三层靶板的破坏应视为部分铁粒子流及液舱中水冲击波的共同作用结果。

对3个试件破坏情况试验结果的综合分析,可得出如下的破坏过程:炸药爆轰结束后,与炸药直接接触部分的靶板,在强冲击波的作用下,局部变为液态,形成高速运动的铁粒子流,空舱对该铁粒子流影响很小。因所形成高速铁粒子流对第二层靶板的撞击,使受撞击部分靶板同样形成液态高速铁粒子流完成对第三层靶板的撞击。由于液舱中水的阻滞作用,使铁粒子的速度大为降低,难以使第三层靶板生成新的铁粒子流,也就不会出现对第四层靶板的撞击,只能对第三层靶板产生局部破坏。若第二层形成的不是液态铁粒子,而是破片,则不会对第三层靶板产生严重破坏。

在各层出现破口之后,主要是由于爆炸产物高温高压及高速运动的作用,使破口尺寸扩大并出现花瓣,由于爆炸产物因稀疏波作用而膨胀,其对以后各层靶板的作用范围扩大,从而会使后续靶板的破口尺寸逐次变大。对液舱外第三层靶板的破坏,应视为铁粒子流、水中冲击波、冲击波后高速运动的水及爆炸产物的共同作用结果。

2) 各测点压力情况分析

本次试验的重点是用压力计测量预定各测点的压力,主要关注冲击压力的时程变化,并与理论结果相对比,进一步验证理论结果的正确性,也为理论研究提供必要的试验支持。

爆炸冲击波压力是使结构破坏的主要原因,为了分析比较,现将3种方法所得结果按靶板分层列于表4-7~表4-10中。

表 4-7　第一层靶板各测点冲击波峰值压力

方法	试件测点 峰值压力 /MPa	1		2	3
		1-1-1	1-1-2	2-1-1	3-1-1
试验	板中	10.77	7.13	16.09	23.05
	水中	50.07	63.66	95.35	129.50

表 4-8　第二层靶板各测点冲击波峰值压力

方法	试件测点峰值压力/MPa	1			2		3	
		1-2-0	1-2-1	1-2-2	2-2-0	2-2-1	3-2-0	3-2-1
试验		16.24	5.22	6.30	35.18	7.98	47.86	8.61
理论		29.10	—	—	38.20	—	47.10	—

表 4-9　第三层靶板各测点冲击波峰值压力

方法	试件测点峰值压力/MPa	1	2		3	
		1-3-0	2-3-0	2-3-1	3-3-0	3-3-1
试验		—	—	1.88	25.52	3.84
理论		—	—	—	28.15	—

表 4-10　第四层靶板各测点冲击波峰值压力

方法	试件测点峰值压力/MPa	1	2		3	
		1-4-0	2-4-0	2-4-1	3-4-0	3-4-1
试验		—	1.58	0.94	2.55	1.20

　　上述表中只列出了冲击波的峰值压力,由于理论是建立在一维分析基础上的,所以表中只列出了各层靶板中心点处的理论计算值。实际上,中心处的冲击波峰值压力值基本上能够反映出靶板的可能破坏状况。

　　表 4-7 列出了 3 个试件第一层靶板各测点冲击波的峰值压力,试验结果中

给出了板中冲击波和水中冲击波两种冲击波的峰值压力,这与图 4-23 中第一层靶板各测点出现的两个峰值压力相对应。之所以有两个冲击波在第一层靶板中出现,是因为当炸药爆轰完成后,炸药与板接触的部分形成垂直于板的强冲击波,该冲击波穿过靶板在空舱的空气中继续传播,在与炸药接触的局部靶板受到高强度冲击波冲击的同时,冲击作用即引发了在板平面内传播的冲击波。由于这一冲击波在板中传播的速度较快,故被压力计首先测到,但这一冲击波较弱。另外,由于爆炸产物在水中的膨胀,从而产生了水中冲击波,水中冲击波传播速度相对较慢,压力计后测到,但这一冲击波较板中冲击波能够使靶板造成破坏。实际上,冲击波与爆炸产物共同作用使靶板的破口扩大并出现了花瓣。

由于理论分析采用的是一维模型,只能给出各层靶板中心测点的压力值,而不能给出板平面内其他测点的压力值。理论上也没有对炸药产物及水的相互作用以及爆炸产物和水流场的运动规律作出详尽的分析。故未能给出第一层靶板各测点的压力理论计算值,这些都在表 4-7 中得到了反映。

因板中冲击波较弱,只能使板产生弹性变形,冲击波过后在板中产生弹性恢复力,从而使板产生弹性振动,故出现了压力的振荡波形。这种弹性振动受到水中冲击波的作用而消失。

在其他层靶板的测点压力波形图中,也有多个出现两个峰值的情况,这也是由两种原因形成的。其一是由于铁粒子或破片对靶板的冲击形成的,其二是正冲击波在空气或水中传达到该测点对该测点处靶板的作用形成的。根据中国工程物理院专家的经验,在空气中,开始较短距离内,破片的速度高于冲击波的速度。因此,第二层靶板上各测点的第一个峰值可认为由破片冲击形成,第二个峰值是由于正冲击波产生的。炸药爆轰产物的运动速度略慢于破片和冲击波的速度,同样会产生压力峰值。同时,由于板中冲击波的传播及冲击波在各介质中的反复透射、折射、反射、散射等存在,使得第二层靶板以后各层靶板测点处的压力波形变得相当复杂,但是,引起板可能破坏的,只是那些最大峰值处的压力。这正是试验和理论分析所关心的。

本次试验所用的压力计采用进口产品,质量能够得到充分保证。但压力计的测量范围是根据理论分析提供的数据预先定好的,且所用压力计的测量范围均相同。若实际压力超出了预定的测量范围,或过大或过小,压力计或不能提供测量值,或所提供的值不够正确。这可以从所给出的压力波形图中看出,所提供的峰值压力表中的相关数据情况也说明了这一点。

3）其他问题分析

（1）配重的影响。

由于试件中有两个舱为空舱，且处于密封状态，若试件处于水中，则必产生浮力。初步计算表明，若不加配重，重力和浮力相当，不能保证试件箱体沉于水中规定的深度，故在试件箱体底部拴固了一块 300 kg 的钢板，以确保试件沉于水下规定的深度。

配重的存在，相当于在箱体的上、下两个端面上施加了一固定的静荷载，箱体受一个竖向力。在非试验状态，该力不会使箱体产生显著的变形，当爆炸发生后，受到冲击及爆炸产物作用的靶板，其一部分或大部分会处于塑性变形状态，甚至流塑状态，这时靶板的强度很低，在固定静载的作用下，会比不受力状态的靶板产生更大的变形。正是由于这一原因，使靶板在爆炸后的破口横向尺寸变大，3 个试件均出现了这种情况，第二个试件这种情况更为明显。

（2）加强角钢的作用。

试件的前后靶板是在压力计安装完毕后，在试验现场焊上的，因此这两块靶板的四周与箱体的焊缝均采用单面焊，焊缝强度较低。

考虑到这种情况，在前后靶板两侧面中间与箱体连接处分别焊接了长 24 cm 的角钢，规格为 30 mm×30 mm，厚度为 3 mm，起加固作用。第一个和第二个试件均如此。试验结果表明，这种局部加强的作用是极为有限的，试验后均出现了周边焊缝的开裂，甚至是较为严重的开裂。

在分析两个模型试件试验结果之后，对前后靶板除上部焊缝外的其余三边，对整个焊缝均用上述规格的角钢进行了加固。试件 3 虽然装药量加大了，但是除上部局部开焊外，其余部分均未出现开焊现象。同时因配重载荷主要内加固角钢承重，板不再作为主要受力体，因此破口在纵向和横向尺寸没有显著差别。

根据以上分析可以明确这样两个问题：① 边界情况的不同会导致破坏结果的一定差异。② 能够推断原计划中的固定边界条件和所试验的自由边界条件，其试验结果不会完全一样，这种差别的具体情况，还应进一步通过实际试验、理论分析及仿真计算才能得出。

（3）各舱作用分析。

模型试件是由四层靶板间隔成等距离的 3 个隔舱构成，依次为空舱、液舱、空舱。试验结果表明，这种结构形式具有较强的抗爆炸冲击能力。

对于试件 1 而言，20 g 装药显然使第一层靶板遭到了较大的破坏，但对于第二层靶板,除中间冲击一个圆孔外,靶板的其余部分完好无损,即冲击波及爆炸产物气体未能使第二层靶板形成任何永久性的塑性变形,表明空舱对冲击波有很强的衰减作用和对爆炸气体有很强的吸纳作用。当装药量较小,仅一个空舱就能对爆炸荷载起到很好的防护作用。但空舱对破片的防护能力较差,对高速运动的破片,几乎起不到任何防护作用。试件1和试件2的第二层靶板被破片击穿就说明这一点。

试件3的400 g装药试验结果表明,液舱既能对破片起到很好的阻滞作用,又能对冲击波起到很好的衰减作用、对爆炸气体起到阻滞作用。

因从试后试件中,未找到试件3中第二靶板受第一层靶板高速运动铁粒子冲下的完整破片,表明第二层靶板受冲击后中心圆孔部分亦形成高速运动的铁粒子,若是空舱,第三层靶板会像前两个试体一样被冲成圆形孔,但试验结果并未出现这种情况,同时也未发现受冲击的明显痕迹,这表明高速运动的铁粒子流受到液舱中水的阻滞,基本留在了液舱中,即使很少一部分铁粒子或铁的碎片能够到达第三层靶板,由于温度的降低、速度的减小,已不能对第三层靶板构成破坏。

从试件3试后情况可以看出,冲击波及爆炸产物的气体对第一层和第二层靶板的冲击很严重,但在第三层靶板的破坏处,这种冲击作用极不明显,从而表明,爆炸产物通过液舱后,其膨胀破坏作用已微乎其微。

3个试件的试验结果均显示,高速运动的铁粒子流或破片,冲击波及爆炸产物气体,由于空舱、液舱、空舱的作用,均未对第四靶板构成破坏。这既为舰船的抗爆设计提供了试验依据,也为武器战斗部设计提出了新的课题。

(4)第四层靶板反向变形分析。

3个试件的试验结果均出现了第四层靶板凹向箱体方向的整体较大变形。这种现象说明,第四层靶板没有受到与爆炸冲击波方向一致的正向力或者即使存在因正向冲击波存在而施加的正向力,但其量值也很小,未对第四层靶板造成任何破坏或损伤。而施加到该层靶板上的反向力却较大,且作用到整个靶板面上,以至于使靶板出现向箱体方向凹陷和周边焊缝撕裂。

这种情况进一步证明,本试验模型所采用的结构形式对冲击波及破片具有很好的阻隔防护作用,亦即具有很强的抗爆能力。

作用于第四层靶板上的反向力应来源于水中冲击波,爆炸产物膨胀在水中产生的冲击波在传播过程中,绕过试件箱体,使试件箱体背面受到水中冲击波较高的压力,而该压力是作用到整体第四层靶板面上,因作用面积大,故整个作用力也较大,使靶板超过了Q235钢的塑性极限,且靶板的另一面是空舱,既没有任何支撑,又没有能与之相抵的反向作用力,故而使靶板产生了较大的塑性变形。

(5) 装药因素分析。

本次试验的试件 1 和试件 2 均采用压制成型的多块装药叠加。试件 1 用了 4 块,试件 2 用了 5 块,压制的药柱加工方便,但密度低,故而爆压也略低,且多块叠放,在爆炸过程中,其爆轰机理与整块浇注成型的情况也有差别。由于各块之间间隙的存在,使爆轰过程变成一个间断的过程,在间隙处,爆轰波变成冲击波。由冲击波引爆下一块炸药,从而对试验的结果会产生一定的影响。

按要求,装药应采用整体细晶铸装装药。第三个试件便为这种装药,这种装药的装药密度、爆速、爆压等炸药爆炸参数均满足预定要求,从而达到较好的破坏效果。试件 3 的试验结果也证明了这一点。

4.3.7　结论

通过对本次试验的结果分析,能够得出如下结论:

(1) 试验定性地验证了理论预估结果的正确性:即 20 g 装药使试件第一层靶板破坏;200 g 装药使试件第一层和第二层两层靶板破坏;400 g 装药使试件第一层、第二层和第三层靶板破坏。这里的破坏是指靶板出现破口。试验结果与理论计算预估结果完全一致。

(2) 接触爆炸对多层防护结果的局部破坏(产生破口)具有明显的效果,而非接触爆炸(第四层靶的破坏)一般不会使多层结构产生严重的局部破坏,只能对整体产生一定程度的破坏。

(3) 模型试件所提供的结构形式具有较强的抗爆能力。这为大型舰船防护设计和武器战斗部设计提供了试验依据。

(4) 由爆炸产物和水共同形成的流场对防护结构的破坏起到了很大的作用。但对三维流场运动规律的理论描述和流场与靶板之间耦合作用的理论有待于今后进一步工作。

4.4　舰船防护结构模型的仿真分析

利用非线性动力有限元分析软件 LS - DYNA 中的 ALE 算法,提出一种多舱室、多介质的多耦合面在爆炸载荷作用下的动态响应问题的计算方法。即在计算过程中,用关键词 * MAT_ADD_EROSION 定义板的破坏强度,利用侵蚀

(Erosion)算法消去破坏的单元,并重新定义耦合接触面。

结构单元失效将造成耦合面不封闭,这在计算中将给予重新定义。钢板单元破坏时,其应力为0,不再与周围流体发生耦合作用,但会与下一层板产生耦合,采用双向接触类型,即用关键词 * CONTACT_SURFACE_TO_SURFACE 来定义主、从接触面。钢板中剩余的单元将与流体重新定义耦合,用关键词 * CONSTRANED_LAGRANGE_IN_ SOLID 来描述。

对试验中 200 g 和 400 g 装药时防护结构的破坏情况进行仿真分析。取总计算时间为 5 ms,计算步长为 0.025 ms。

4.4.1　有限元模型

该有限元模型为由 4 层钢板组成的板壳结构,如图 4-8 所示。图中 1,2,3,4 分别代表第一、二、三、四层钢板。第一层为空舱,第二层为液舱,液舱中的液体为水,第三层也为空舱,舱间隔均为 0.15 m。

由于爆炸载荷只对船体舷侧局部产生影响,故取钢板有限大小为 1 m×1 m,厚度为 4 mm。板定义为四边固支的边界条件。炸药为圆柱形装药,布置在第一层钢板的中心处。

图 4-27 为有限元网格划分图,一般来说,网格的大小不大于结构构件的最小尺寸。钢板的网格大小为 0.01 m,空气和水的网格划分在中心处与炸药相同,四周比板的网格稍大,为 0.015 m。空气和水定义为无反射边界。

图 4-27　网格划分

4.4.2　数值仿真结果

图 4-28 为 200 g 装药情况下的破口图,引爆后很短的时间内,第一层板中

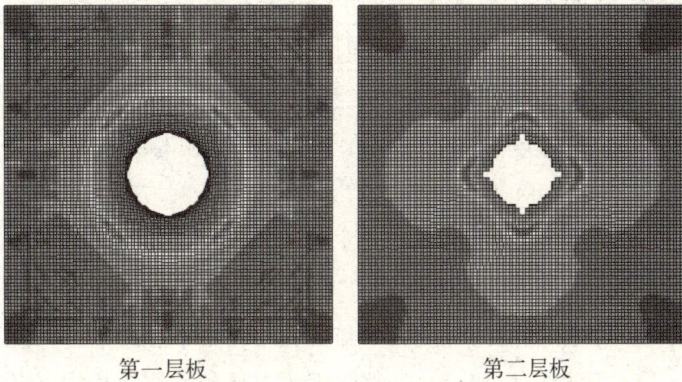

第一层板   第二层板

图 4 - 28   200 g 装药时的破口

心半径为 0.06 m 处出现环向裂纹,随后产生一块与炸药半径大小相近的圆形破片。随着冲击波及爆轰产物的传播,在 5 ms 时产生直径为 256 mm 的圆形破口,并有对称的 8 个花瓣开裂和较大的塑性变形。由于防护结构的空间有限,两层板距离较小,冲击波及爆轰产物传播速度快,第二层板在冲击波传播方向很快产生了塑性变形。由于空舱的稀疏作用,爆轰产物的作用范围扩大,故在 0.20 ms 中心处出现了裂纹,随后板塑性变形范围和破口不断扩大,最终破口直径为 210 mm。由于液舱使集中载荷变为分布载荷以及能量的进一步减弱,第三层板只产生大范围的塑性变形而未出现破口。爆炸的能量经过两层空舱和液舱的吸收已不能使第四层板出现大的塑性变形。

图 4 - 29 为 400 g 装药情况下的破口图,第一层板在爆炸产生的冲击波及随后的爆轰产物、水等共同作用下,中心处出现塑性变形,产生环向裂纹。随后板

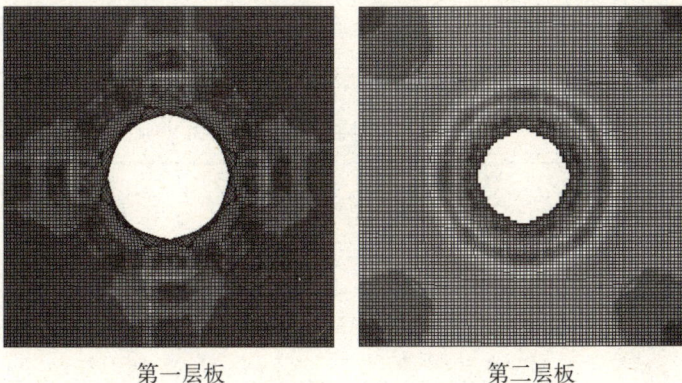

第一层板   第二层板

图 4 - 29   400 g 装药时的破口

的破口和变形不断增大,产生对称的 10 个花瓣开裂,圆形破口直径为 340 mm。第二层板很快受到冲击波作用而产生塑性变形,0.15 ms 中心处出现了裂纹,随后板塑性变形范围和破口不断扩大,最终破口直径为 280 mm。第三、四层板的变形情况与 200 g 情况类似,只产生了塑性变形,无破口产生。

4.4.3 仿真结果与试验结果分析

1) 破口分析

由表 4-11 可知,数值仿真的破口与试验相比基本相符,但仿真的第一层板破口相对大,第二层板破口相对小。这是因为在数值仿真分析中,将钢板的边界设为理想固支,而在试验中,只是在钢板的 4 个角上用角钢固定,爆炸作用使第一层板边界开裂而产生大变形,消耗部分能量致使对第一层板的破口较小。而且在试验中,试件的上下边界都受到拉力作用,所以对于第二层板来说,试验的破口比仿真的大。

表 4-11　两种装药时破口尺寸　　　（单位：mm）

		第一层板	第二层板	第三层板	第四层板
200 g	试验	240	220	—	—
	仿真	256	210	—	—
400 g	试验	200	365	45	—
	仿真	340	280	—	—

2) 压力分析

爆炸冲击波是结构破坏的主要因素之一,考虑到试验中第一、二层板中心处压力计被破坏,为便于分析说明,取每一层板中心上方 250 mm 处的测点进行比较,将试验和数值仿真两种方法所得结果按板分层列于表 4-12 中。

表 4-12　两种装药时峰值压力　　　（单位：MPa）

		第一层板		第二层板	第三层板	第四层板
		板中	水中	板中	板中	板中
200 g	试验	16.09	95.35	7.98	1.88	0.94
	仿真	18.33	80.40	5.74	1.69	0.99
400 g	试验	23.05	129.50	8.61	3.84	1.20
	仿真	20.68	100.49	10.76	5.54	4.06

从表 4 - 12 中可看出,大多数情况下,数值仿真结果与试验实测结果基本一致。但对于某些试验实测结果,由于受破片冲击和高速扩展裂纹的影响,使得试验结果和仿真存在一定差别。

比较表 4 - 12 中的结果可以看出,两种装药时测点处的峰值压力都比较小。但由于爆轰波和爆轰产物直接作用于第一层板,故其值相对大一些。随着装药量的增加,各层板该测点处的值变化较小,这是由于该测点位于距中心四分之一处,而爆炸载荷只对板中心附近的局部影响较大。

由以上分析可知,在破口尺寸和峰值压力方面,数值仿真的结果与试验基本一致,可以认为其能较好地模拟试验。但对于塑性区范围及单元的有效应力等时程变化,试验中未予测量,下面利用数值仿真对水下接触爆炸载荷作用下的防护结构进行动态参数分析。

3) 塑性区分析

利用钢板爆炸破坏后的塑性应变分布,根据 Von-Mises 屈服准则,钢板破口半径为 R_c,可以得到装药量为 200 g 时,第一层钢板塑性区的最大半径 R_p 约为 $1.96R_c = 250$ mm,则钢板的塑性区的范围是 $R_c \leqslant R \leqslant 1.96R_c$。第二层钢板塑性区的最大半径 R_p 约为 $1.51R_c = 160$ mm,第三层钢板塑性区的最大半径为 100 mm。当装药量增加到 400 g 时,第一层钢板塑性区的最大半径 R_p 约为 $1.91R_c = 325.6$ mm,则钢板塑性区的范围是 $R_c \leqslant R \leqslant 1.91R_c$。第二层钢板塑性区的最大半径 R_p 约为 $1.57R_c = 220$ mm,第三层钢板塑性区的最大半径为 282 mm。

比较图 4 - 30 和图 4 - 31 可看出,随着装药量的增加,每一层钢板的塑性区范围都在增大,而对于第三层板则更明显。这是由于装药量增加,第二层板的破

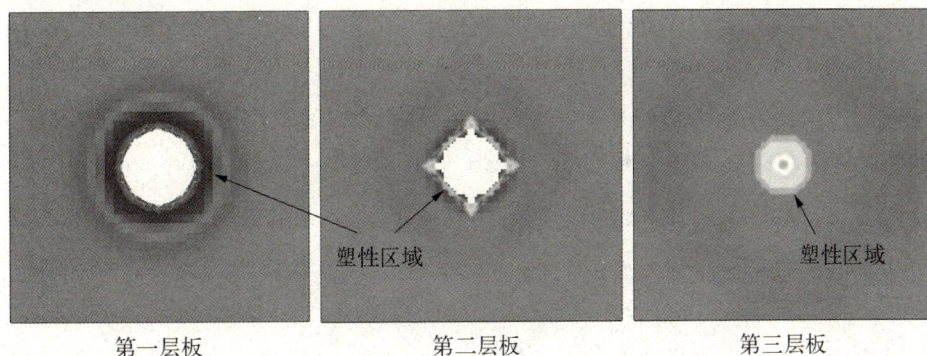

| 第一层板 | 第二层板 | 第三层板 |

图 4 - 30　200 g 塑性区

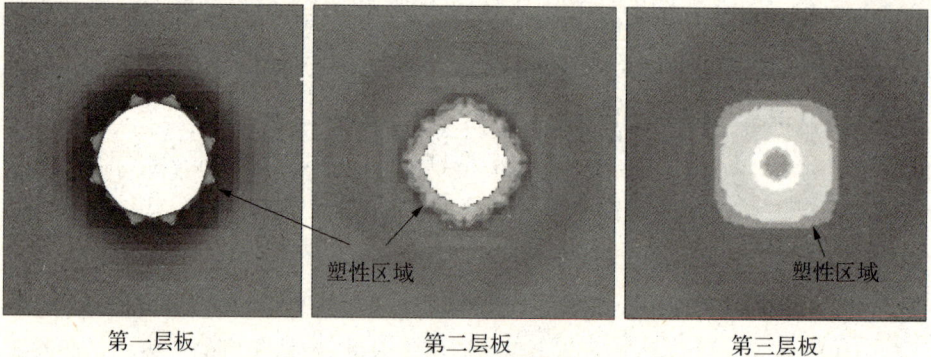

第一层板   第二层板   第三层板

图 4 - 31   400 g 塑性区

口增大,更多的花瓣碎片进入液舱,且这些碎片具有更大的动能,由于水的阻滞作用,仅能对第三层板造成较小的破坏,但这些碎片的高速运动在水中产生了冲击波,板的塑性区变大。

除此以外,我们还发现,对于第一层板,当装药量为 200 g 时,其塑性区半径与破口半径之比 $R_p/R_c = 1.96$,而装药量为 400 g 时,$R_p/R_c = 1.91$,说明装药量越大,接触爆炸产生的塑性区所占的比例越小。这是因为随着装药量的增加,在药柱半径相同的情况下,由于温度和压强的增大,其中心以外一定区域内的板近似为流体,对周围的区域影响很小。

4) 有效应力、速度历程分析

在 400 g 装药的情况下,取各层板的中心为观测单元进行比较分析。图 4 - 32 为各层板观测单元的有效应力历程图,图中 A,B,C,D 分别代表第一、二、三、四层板上的观测单元。第一、二层板中心处有效应力在极短的时间内从 0 急剧上升到最大值又降为 0,这是由于第一层板在接触爆炸的直接作用下,其中心处在极短的时间内受到很大的冲击作用而破坏。

而对于第二层板则是因为第一层板碎片的冲击而产生破坏,故其达到峰值的时间略滞后于第一层板。第三层板中心处的有效应力先上升后趋于平稳最终降为很小值。这是由于空舱对爆轰产物的稀疏作用及液舱对碎片的阻滞,只剩下很小的一部分能量对其作用,故第三层板的有效应力增长较慢,而这个平稳阶段是由于此时该处已屈服,产生了塑性变形,最终由于残余应力的存在而降为较小值。第四层板中心处应力在弹性范围内呈直线增长。

图 4 - 33 为观测单元的合成速度历程图。第一层板中心处在爆轰波和爆轰产物的联合作用下,速度迅速增大到 1 200 m/s,而由于该处破坏的单元立刻撞

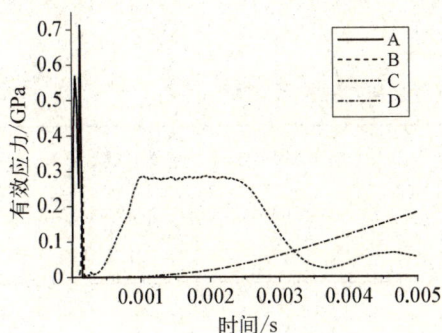

图 4-32　观测单元的有效应力历程

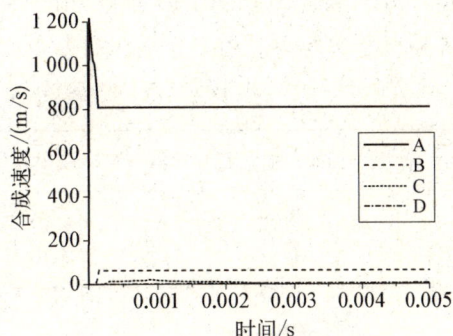

图 4-33　观测单元的合成速度历程

击第二层板,故在 0.2 ms 时降为 800 m/s,这时第二层板中心处单元破坏,速度增大到 65 m/s,并与第一层板的破片一起进入液舱。第三层板只产生了很小的速度,第四层板的速度基本为 0。

由以上分析可知,多层防护结构中,爆炸载荷对前两层板的破坏比较明显,而这两层板破坏过程中所产生的破片速度较大,如果没有液舱或液舱宽度设计不够,则这些破片很可能击碎第三层甚至第四层板,使整个舷侧防护系统崩溃。

4.5　水下接触爆炸载荷作用下防护结构的破坏概率分析

影响爆炸载荷作用下舰船舷侧防护结构可靠性的因素有很多,攻击武器战斗部的装药量,炸药性质等的不确定性,防护结构材料的不确定性等。本章对单枚武器接触爆炸作用下船体舷侧防护结构的可靠性进行研究。随机变量考虑了炸药的密度以及舰船防护材料的弹性模量、屈服强度和切线模量。采用 Monte Carlo 模拟得到一定数量的样本,借助于有限元程序 LS-DYNA 并利用这些样本对爆炸载荷作用下的多层板壳防护结构进行数值模拟得到结构的响应,通过拟合得到其概率分布,进而求得防护结构破坏概率,对水下爆炸载荷作用下多层板壳结构的可靠性进行了初步探索。

4.5.1　随机变量的确定

1) 确定随机变量的均值和变异系数

船体舷侧防护结构的材料选用 Q235 钢[10]。材料的本构关系采用双线性各向同性弹塑性模型。假设弹性模量 E、切线模量 E_t 和屈服强度 σ_y 均服从正态分布。对于武器战斗部的装药量选用 TNT 炸药,假设炸药密度 ρ_D 服从正态分布。各随机变量的均值和变异系数如表 4 - 13 所示。

表 4 - 13 各随机变量的均值 μ 和变异系数 V

	弹性模量 E	切线模量 E_t	屈服强度 σ_y	炸药密度 ρ_D
μ	2.07×10^{11} N/m^2	6.05×10^8 N/m^2	235 MPa	1 630 kg/m^3
V	0.031	0.03	0.034	0.03

2) 随机数的产生

随机数的生成方法同 2.4.5 节:

(1) 产生均匀分布的随机数;

(2) 得到正态分布的随机数。

3) 随机变量样本值的确定

将标准正态分布的随机样本转化为正态分布随机样本。随机取 50 组标准正态分布的随机数 x_i,按照公式 $y_i = \mu + \sigma x_i$ 依次求出密度 ρ_D、弹性模量 E、切线模量 E_t 和屈服强度 σ_y 的样本值。然后得到 50 组 $(\rho_D, E, E_t, \sigma_y)$ 值。

最后按照关系式 $D = 5\,010 + 3\,225(\rho_D - 1.0)$ 和 $P = 1/4\rho_D D^2$ 求出爆速和爆压的样本值。

4.5.2 模型的建立

舷侧防护结构为空舱、液舱、空舱的 4 层板壳结构,如图 4 - 34 所示。计算结构在接触爆炸载荷时的破坏概率。圆柱形炸药半径为 0.3 m,高为 1 m。各舱尺寸为 6 m×6 m×1 m,4 层钢板的尺寸为 6 m×6 m×0.02 m,钢板四边采用固支边界,空气和水采用无反射边界条件。四分之一有限元模型如图 4 - 35 所示。

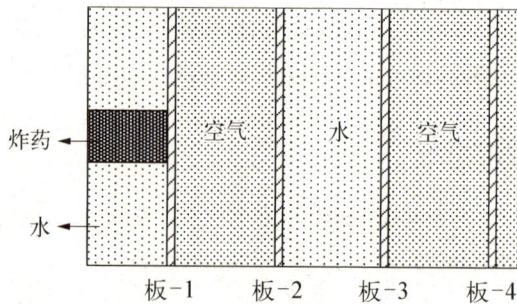

图 4 - 34 模型

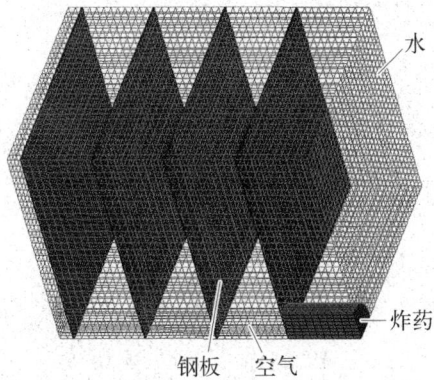

图 4-35　有限元模型

4.5.3　破坏准则

从本质上讲,在爆炸冲击载荷作用下,一切材料的破坏和损伤是一个与速率相关的动态过程。大量的试验表明,材料在静态载荷作用下的破坏与动态载荷作用下的破坏之间存在很大的差别,并且动态载荷破坏所需的局部应力比静态的明显增大。

接触爆炸对多层板的破坏概率计算采用强度破坏准则,即当接触爆炸载荷在钢板中产生的应力超过钢板规定的动态极限强度时认为钢板破坏。试验表明,即使是同一种材料,动态极限强度在不同的载荷条件下也不同,但在工程实际中,作为近似计算,动态极限强度可由静态极限强度放大一定比例得到[13]。因此,本节认为低碳钢的动态极限强度 R_D 服从正态分布,均值取为 0.67 GPa,变异系数 0.034。

4.5.4　防护结构各层板的破坏概率计算

利用有限元软件 LS-DYNA 进行 50 次数值模拟计算,对应每组 ρ_D, E, E_t, σ_y 的值可得到各层板的最大应力值。

1) W 检验

国际上及我国国标对所假设的分布是否符合正态分布的拟合优度检验推荐使用 Shapiro-Wilk W 检验,该方法使用于样本容量 $3 \leqslant n \leqslant 50$,检验步骤为

(1) 将样本从小到大排列成次序统计量。

$$x_{(1)} \leqslant x_{(2)} \leqslant \cdots \leqslant x_{(n)} \tag{4-62}$$

（2）计算统计量。

$$W = \frac{\left\{ \sum_{k=1}^{n/2} \alpha_{k,n} \left[x_{(n+1-k)} - x_{(k)} \right] \right\}^2}{\sum_{k=1}^{n} \left[x_{(k)} - \bar{x} \right]^2} \tag{4-63}$$

式中，$\alpha_{k,n}$ 可以查表得到[14]。

（3）对给定的显著性水平 α 和 n，由表可以查得 W 的临界值 Z_α。对于 $n = 50$，显著性水平 $\alpha = 0.05$ 时，W 的临界值 $Z_\alpha = 0.947$。

（4）作出判断：若 $W \geqslant Z_\alpha$，总体服从正态分布；反之 $W < Z_\alpha$，总体不服从正态分布。

2）破坏指标

在结构的可靠性分析中，可靠指标为[15]

$$\beta = \frac{\mu_R - \mu_S}{\sqrt{\sigma_R^2 + \sigma_S^2}} \tag{4-64}$$

但对于爆炸载荷作用下的结构可靠性分析，结构的强度均值可能小于应力均值，故定义 $(\mu_S - \mu_R)/\sqrt{\sigma_R^2 + \sigma_S^2}$ 为破坏指标，用 $\beta_{\rm f}$ 来表示，即

$$\beta_{\rm f} = \frac{\mu_S - \mu_R}{\sqrt{\sigma_R^2 + \sigma_S^2}} \tag{4-65}$$

则破坏概率为

$$P_{\rm f} = \Phi(\beta_{\rm f}) \tag{4-66}$$

由以上可知，可靠指标是对结构安全性能来说的，可靠指标越大，结构就越安全；而破坏指标是相对于结构的失效来说的，破坏指标越大，结构就越不安全。

3）各层板的破坏概率计算

第一层板应力的最小值和最大值分别为 1.178×10^9 Pa，1.269×10^9 Pa，所以数据区间取 $[1.170 \times 10^9, \ 1.275 \times 10^9]$。

将区间 $[1.170 \times 10^9, \ 1.275 \times 10^9]$ 的数据分组，一般按照经验公式确定所分组数 k，即

$$k = 1 + 3.3\lg n = 1 + 3.3\lg 50 = 6.6 \approx 7 \qquad (4-67)$$

式中，n——观测的数据个数。

计算组距 Δt，即组与组之间的间隔：

$$\Delta t = \frac{1.275 \times 10^9 - 1.170 \times 10^9}{7} = 1.5 \times 10^7 \qquad (4-68)$$

小区间的断点为组限，数出落在每组内数据的频数，得到频数直方图。如图 4-36 所示。

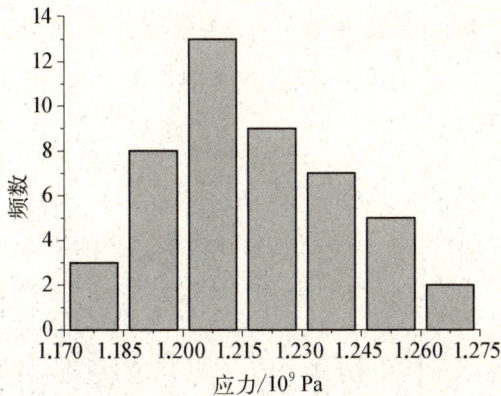

图 4-36　第一层板应力-频数直方图

由于频数直方图的形状类似正态分布，假设应力 S_1 服从正态分布，则均值和方差的估计值为

$$\hat{\mu} = \bar{x} = \frac{1}{n} \sum_{i=1}^{n} x_i = 1.2155 \times 10^9 \qquad (4-69)$$

$$\hat{\sigma}^2 = \frac{1}{n-1} \sum_{i=1}^{n} (x_i - \bar{x})^2 = (0.02251 \times 10^9)^2 (n = 50) \qquad (4-70)$$

拟合概率密度函数为

$$\hat{f} = \frac{1}{\sqrt{2\pi} \times 0.02251 \times 10^9} \exp\left[-\frac{(x - 1.2155 \times 10^9)^2}{2 \times (0.02251 \times 10^9)^2}\right] \qquad (4-71)$$

利用 W 检验计算可知，$W = 0.976 > 0.947$，对于显著水平 $\alpha = 0.05$ 时，应力 S_1 服从正态分布。

根据检验结果,由于应力和强度均服从正态分布,所以破坏指标 β_f 为

$$\beta_f = \frac{\mu_{S_1} - \mu_{R_D}}{\sqrt{\sigma_{R_D}^2 + \sigma_{S_1}^2}} = \frac{1.215\,5 \times 10^9 - 0.67 \times 10^9}{\sqrt{(22.78 \times 10^6)^2 + (22.51 \times 10^6)^2}} = 17.033\,3$$

$$(4-72)$$

破坏概率为

$$P_f(R_D < S_1) = \Phi(\beta_f) = \Phi(17.033\,3) \approx 1 \qquad (4-73)$$

所以认为第一层板的破坏概率近似为 1。

采用与第一层板的破坏概率相同的计算方法,可得到第二、三、四层板的破坏概率。第二、三、四层板的应力-频数直方图如图 4-37 所示。四层板的破坏概率如表 4-14 所示。

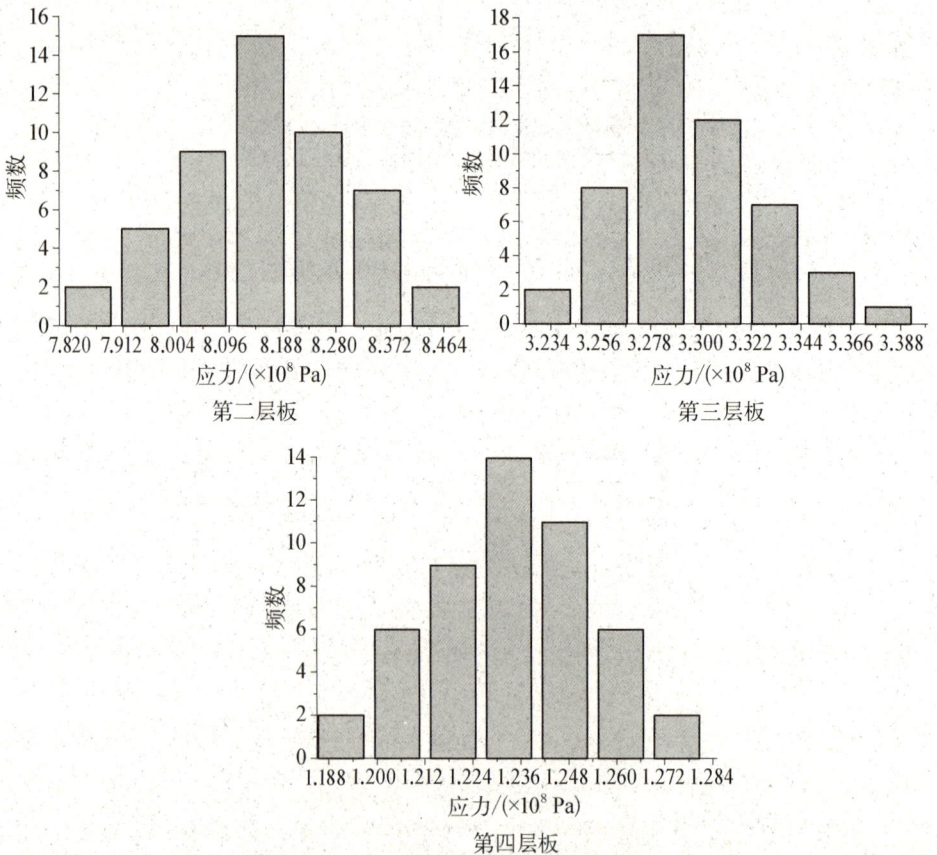

图 4-37 各层板应力-频数直方图

表 4-14　4 层板的破坏概率

	应力分布类型	均值 $\hat\mu$/Pa	标准差 $\hat\sigma$/Pa	可靠(破坏)指标	破坏概率 P_f
第一层板	正态分布	1.2155×10^9	0.02251×10^9	17.0333	1
第二层板	正态分布	8.1936×10^8	0.12155×10^8	5.7847	1
第三层板	正态分布	3.2994×10^8	0.03232×10^8	14.7780	0
第四层板	正态分布	1.2256×10^8	0.02013×10^8	23.9383	0

表 4-14 中，由于第一、二层板的应力均值大于强度均值，故表中对应的值为破坏指标。而第三、四层板的值为可靠指标。

4.5.5　舷侧防护结构系统可靠性分析

第一层板和第二层板均破坏的概率为

$$P_{f12}(R_D<S_1,R_D<S_2)=P_f(R_D<S_1)P_f(R_D<S_2/R_D<S_1)$$

由于 $P_f(R_D<S_1)\approx1$，则

$$P_{f12}(R_D<S_1,R_D<S_2)\approx P_f(R_D<S_2)\approx1 \qquad(4-74)$$

前 3 层均破坏的概率为

$$P_{f123}(R_D<S_1,R_D<S_2,R_D<S_3)=P_{f12}P_f(R_D<S_3/R_D<S_1,R_D<S_2)$$

由于 $P_{f12}=1$，所以

$$P_{f123}(R_D<S_1,R_D<S_2,R_D<S_3)\approx P_f(R_D<S_3)=0 \qquad(4-75)$$

4 层板均破坏即整个系统失效的概率为

$$P_{f1234}(R_D<S_1,R_D<S_2,R_D<S_3,R_D<S_4) \qquad(4-76)$$
$$=P_{f123}P_f(R_D<S_4/R_D<S_1,R_D<S_2,R_D<S_3)=0$$

参考文献

[1] 北京工业学院八系爆炸及其作用编写组. 爆炸及其作用(上册)[M]. 北京：国防工业出版社,1979.
[2] Rinehart J S. Stress transients in solids. Hyper Dynamics[M]. New Mexico,1975.
[3] 吴斌. 结构中弹性波传播的理论及试验研究[D]. 太原：太原工业大学博士学位论

文,1996.

[4]　黎在良,刘殿魁. 固体中的波[M]. 北京：科学出版社,1995.

[5]　丁启财. 固体中的非线性波[M]. 北京：中国友谊出版公司,1985.

[6]　王礼立. 应力波基础[M]. 北京：国防工业出版社,1985.

[7]　Bejda J. Propagation of two-dimensional stress waves in an elastic-viscoplastic materials[C]. Proc, 12th Int, Cong APPL Mech. Berlin：Springer, 1969.

[8]　周方毅,陈晓强,张可玉,等. 无限水介质中爆炸冲击波压力计算公式辨析[J]. 爆破, 2003,20(1)：7 - 11.

[9]　Kingery, Bulmash G. Air-blast parameters from TNT spherical air burst and hemispherical surface burst[R]. US Army Ballistic Research Laboratory, Aberdeen Proving Ground, MD, ARBRL - TR - 02555, 1984.

[10]　虞莲莲,曾正明. 实用钢铁材料手册[M]. 北京：机械工业出版社,2003.

[11]　肖刚,李天柁. 系统可靠性分析中的蒙特卡罗方法[M]. 北京：科学出版社,2003.

[12]　陈虬,刘先斌. 随机有限元法及其工程应用[M]. 成都：西南交通大学出版社,1993.

[13]　周南,乔登江. 脉冲束辐照材料动力学[M]. 北京：国防工业出版社,2002.

[14]　贺国芳. 可靠性数据收集与分析[M]. 北京：国防工业出版社,1995.

[15]　何水清,王善. 结构可靠性分析与设计[M]. 北京：国防工业出版社,1993.

第5章 舰船防护结构的抗爆影响研究

5.1 舰船防护结构的简化模型

舰船水下防雷舱遭受鱼雷攻击时,接触爆炸载荷对防雷舱整体而言所造成的破坏应属于局部破坏,因此防雷舱的结构可以简化为多层板架结构。研究舰船局部结构在爆炸载荷作用下的破坏问题,可以将其简化为四边固支的加筋板在冲击载荷作用下的动态响应问题。在加筋板的等效模型中,可以将加筋等效成板厚,加筋板等效成等厚板来处理。加筋板的模型如图 5-1 所示。

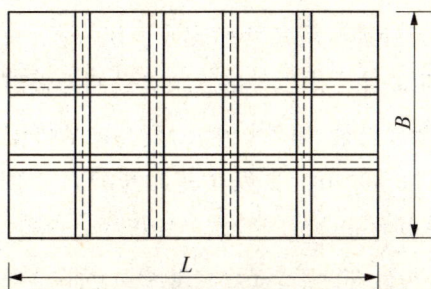

图 5-1 加筋板模型

假设矩形加筋板长为 L、宽为 B、板厚为 h',其上有纵向骨架 n 根,骨架横断面积为 F_i,横向骨架 m 根,骨架横断面积为 F_j,将板架中的骨架均布到板上,得到板的相当板厚为

$$h = h' + \frac{(\sum_{i=1}^{n} F_i L + \sum_{j=1}^{m} F_j B)}{LB} \qquad (5-1)$$

对于圆柱形装药的接触爆炸,可以将四边固支的方板进一步简化为圆板来

进行理论计算。

5.2 防雷舱在水下接触爆炸作用下的毁伤理论分析

本节根据"复杂板壳结构在冲击载荷作用下的破坏机理研究"项目在中国工程物理研究院进行的水下爆炸试验和有关舰船防护结构方面的资料,对舰船在水下接触爆炸作用下的毁伤理论进行分析。

舰船防雷舱在遭受鱼雷等武器攻击、装药与舷侧外板接触爆炸时,外板与药柱直接接触的部分在炸药爆轰结束后受高强度爆炸冲击波及高速运动的高温、高压爆炸产物的共同作用出现破坏,甚至变为流体状态的高速运动的铁粒子流。舷侧外板瞬时出现破口,随后外板在高温、高压及高速运动的爆炸产物作用下破坏进一步加剧。由于横向变形所引起的环向应变使破口边缘产生径向开裂,之后外板开始花瓣开裂变形。当板的动能全部转化为裂瓣的断裂能和塑性铰的耗散能之后裂纹停止扩展。

当爆炸使舷侧外板破坏后,将继续对内层板架结构产生作用。而液舱外板的破坏主要有3个方面原因:一是舷侧外板接触爆炸产生的飞片或高速运动粒子流的穿透作用;二是冲击波、爆轰产物的冲击作用;三是舷侧外部的水流向舱内涌入对液舱外板产生的冲击作用。由于来自舷侧外板破裂时产生的飞片或粒子流足以将液舱外板击穿,使液舱外板产生破口,之后液舱外板在爆轰产物和水流的共同作用下破口进一步加剧,并发生花瓣开裂。而由于爆炸产物因稀疏波作用而膨胀,使液舱外板的破口范围较舷侧外板的破口范围大。

舷侧外板、液舱外板破坏之后,爆炸将继续对防雷舱内部各层产生作用。由于液舱中水的阻滞作用,将使前两层板产生的飞片或铁粒子流速度大为降低,难以使液舱内板生成新的铁粒子流。甚至液舱将使铁粒子流的速度降低为零,不对液舱内板产生冲击。并且液舱使爆炸的集中载荷变为分布载荷,作用在液舱内板上。液舱内板首先发生横向塑性变形,当塑性变形达到一定值时中部应变达到极限发生开裂,之后在水的作用下破坏进一步加剧。

最后接触爆炸产生的能量再经过第二层空舱的衰减到达内层防御纵壁。其防御纵壁的破坏模式与液舱内板相类似。当剩余能量大于其开裂所需最大塑性变形能量时,防御纵壁发生破坏,反之则不发生开裂即达到防御的目的。

5.2.1　舷侧外板破口半径

接触爆炸舰船舷侧外板破口半径的计算问题,科研工作者已进行了大量的实验和理论研究。舷侧板的破口半径为[1]

$$R = \sqrt{\frac{\eta W E_{\text{TNT}}}{\pi t \sigma_{\text{f}} \varepsilon_{\text{f}}}} \tag{5-2}$$

式中,η——装药能量转化为板变形的能量百分比;

W——装药量;

t——舷侧板的厚度;

σ_{f}——板破坏的极限应力;

ε_{f}——板破坏的极限应变;

E_{TNT}——单位质量的 TNT 所包含的能量。

5.2.2　液舱外板破坏变形

防雷舱在爆炸载荷作用的破坏中,除舷侧外板属于接触爆炸破坏以外,其余各层板均属于非接触爆炸[2]。因为非接触爆炸对防雷舱内层板的破坏涉及流固耦合和非线性大变形问题,所以应用理论解析详细求解破坏过程比较困难。而在实际工程中对破坏过程并不过分关注,重点是想知道爆炸最终产生的破坏结果。因此对内层板的破坏可以从能量角度来分析。将装药爆炸传给防雷舱的总能量,减去舷侧外板破坏消耗的能量即可得到作用在液舱外板上的总能量。然后将能量转化为装药量,按照式(5-2)计算液舱外板的破口半径。

1) 舷侧外板消耗能量计算

舷侧外板破坏消耗的能量可以分为花瓣开裂变形前和花瓣开裂变形后两部分。其中,花瓣变形前消耗的能量 W_1 包括板的冲塞临界能 E_{cr},环向拉伸变形能 $W_{\theta t}$,环向弯曲变形能 $W_{\theta b}$,径向弯曲变形能 W_r 以及破片的动能 E_p;花瓣变形后消耗的能量 W_2 包括花瓣弯曲能 E_b 和花瓣断裂能 E_m。所以有

$$W_1 = E_{\text{cr}} + W_{\theta t} + W_{\theta b} + W_r + E_p \tag{5-3}$$

$$W_2 = E_b + E_m \tag{5-4}$$

式(5-3)和式(5-4)的具体分析可见 3.1 节。

所以,舷侧外板消耗的能量为

$$E_1 = W_1 + W_2 = W_1 + \int_{t_{rpl}}^{t_c} (\dot{E}_b + \dot{E}_m) d\tau \tag{5-5}$$

式中,t_{rpl}——花瓣根部塑性铰开始运动时刻,开始运动位置距中心 r'_p;

t_c——系统停止运动时刻,即裂纹停止扩展的时刻。

设铰线的运动位移场为

$$l(\tau) = l_c \sin\left(\frac{\pi}{2t_c}\tau\right) \tag{5-6}$$

式中,l_c——铰线最终位移,$l(\tau)$ 满足 $l(0) = \dot{l}(t_c) = 0$ 和 $l(t_c) = l_c$。

由文献[3]可知

$$\theta = 53.7° \tag{5-7}$$

$$L = 1.3 \left(\frac{0.5Ml - 0.088\rho t(l \cdot \ddot{l} + 1.7\dot{l}^2)l^2}{M_0 t^{-1}\delta^{1/3}}\right)^{0.6} (\sin\theta)^{1.4} \tag{5-8}$$

$$t_c^2 = \frac{0.18\rho t}{M} l_c^3 \tag{5-9}$$

$$l_c = R\cos\theta \tag{5-10}$$

联立式(5-5)~式(5-10)可得

$$E_1 = W_1 + \int_{t_{rpl}}^{t_c} [3.84 M_0 t^{-1}\delta_t^{1/3} L^{2/3} \dot{l} (\sin\theta)^{4/3} (\cos\theta)^{-1} +$$

$$2Ml\frac{\dot{l}}{R}\tan\theta] d\tau \tag{5-11}$$

式(5-11)中右边第一项均为已知,且右边第二项中 t_{rpl},t_c,$l(\tau)$,l_c,L 都可以用舷侧外板破口半径 R 表示。由式(5-2)可以求得 R,代入式(5-11)中即可求到舷侧外板消耗的能量。

2) 液舱外板破口半径计算

根据式(5-11),可以求得舷侧外板消耗的能量 E_1,所以作用在液舱外板上的能量为

$$E_2 = E_{总} - E_1 \tag{5-12}$$

式中，$E_\text{总}$——爆炸传给防雷舱的总能量。

然后根据式(5-2)，并使式中 $WE_\text{TNT} = E_2$，求得液舱外板破口半径。

5.2.3　液舱内板破坏变形计算

液舱内板的破坏同样属于非接触爆炸作用下的破坏。由于液舱的存在可以吸收前两层破坏产生碎片，使其不能达到液舱内板，并且由于液舱使集中载荷变为分布载荷。同样应用能量法来计算，将爆炸作用在液舱外板上的能量减去外板消耗的能量，即可得到作用在液舱内板上的能量。由于前两层板对能量的消耗剩余能量对液舱内板的破坏可以分为两种情况：① 液舱内板出现变形无破口；② 液舱内板出现破口。

1) 无破口板最大挠度计算

如果爆炸传给内层板的能量，由于前面各层板的吸收使得剩余能量很少，不足以使该层板产生破口，那么，板将只出现挠度变形而无破口出现。仍然从能量角度来分析，计算简图如图 5-2 所示。

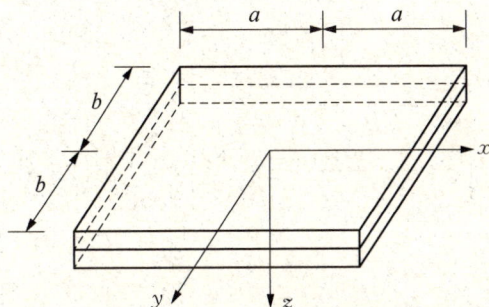

图 5-2　板架计算简图

平板单位体积的变形能可以写成

$$\mathrm{d}U_\mathrm{p} = \sigma_{xx}\mathrm{d}\varepsilon_{xx} + \tau_{xy}\mathrm{d}\gamma_{xy} + \tau_{yx}\mathrm{d}\gamma_{yx} + \sigma_{yy}\mathrm{d}\varepsilon_{yy} \qquad (5-13)$$

实际上大变形平板的变形能 U_p 包括相应于弯曲变形的势能 U_1 和相应于中面应变的势能 U_2，即

$$U_\mathrm{p} = U_1 + U_2 \qquad (5-14)$$

对于 U_1 仍按弯曲形变关系处理，即变形满足

$$\begin{cases} \varepsilon_{xx} = -z \dfrac{\partial^2 \omega}{\partial x^2} \\[2mm] \varepsilon_{yy} = -z \dfrac{\partial^2 \omega}{\partial y^2} \\[2mm] \gamma_{xy} = \gamma_{yx} = 2z \dfrac{\partial^2 \omega}{\partial x \partial y} \end{cases} \qquad (5-15)$$

式中,ω —— 板 z 方向扰度;

z —— 板任意一点距中平面的距离。

因为爆炸载荷下,板的变形较大,甚至破坏,在这种情况下弹性变形已可以忽略不计,将板看成是刚塑性材料处理。所以屈服时有

$$\sigma_{xx} = \sigma_s, \ \sigma_{yy} = \sigma_s \qquad (5-16)$$

若按 Von Mises 屈服准则,应有

$$\tau_{xy} = \tau_{yx} = \frac{\sigma_s}{\sqrt{3}} \qquad (5-17)$$

所以

$$U_1 = 4 \int_0^a \int_0^b \int_{-\frac{h}{2}}^{\frac{h}{2}} \left[\sigma_s \left(-z \frac{\partial^2 \omega}{\partial x^2} - z \frac{\partial^2 \omega}{\partial y^2} \right) + \frac{2}{\sqrt{3}} \sigma_s \left(2z \frac{\partial^2 \omega}{\partial x \partial y} \right) \right] \mathrm{d}x\,\mathrm{d}y\,\mathrm{d}z$$

$$(5-18)$$

式中,a —— 板长度的一半;

b —— 板宽度的一半;

h —— 板厚度。

由位移引起的中面应变为

$$\begin{cases} \varepsilon_x = \dfrac{1}{2} \left(\dfrac{\partial \omega}{\partial x} \right)^2 \\[2mm] \varepsilon_y = \dfrac{1}{2} \left(\dfrac{\partial \omega}{\partial y} \right)^2 \\[2mm] \gamma_{xy} = \dfrac{\partial \omega}{\partial x} \cdot \dfrac{\partial \omega}{\partial y} \end{cases} \qquad (5-19)$$

相应的中面应变势能 U_2 为

$$U_2 = \iint (N_x \varepsilon_x + N_y \varepsilon_y + N_{xy} \varepsilon_{xy}) \mathrm{d}x \mathrm{d}y \qquad (5-20)$$

式中，N_x，N_y，N_{xy}——板中面膜力，$N_x = h\sigma_x$，$N_y = h\sigma_y$，$N_y = h\sigma_y$。所以

$$U_2 = 4h \int_0^a \int_0^b \left\{ \sigma_s \left[\frac{1}{2} \left(\frac{\partial \omega}{\partial x} \right)^2 + \frac{1}{2} \left(\frac{\partial \omega}{\partial y} \right)^2 \right] + \frac{2}{\sqrt{3}} \sigma_s \left(\frac{\partial \omega}{\partial x} \frac{\partial \omega}{\partial y} \right) \right\} \mathrm{d}x \mathrm{d}y$$

$$(5-21)$$

现在假设平板的扰度方程为

$$\omega = A_0 \left(1 + \cos \frac{\pi x}{a} \right) \left(1 + \cos \frac{\pi y}{b} \right) \qquad (5-22)$$

式中，A_0——待定系数。

式（5-21）满足边界条件。若设板中心处的扰度为 ω_0，则由式（5-22）有 $\omega_0 = 4A_0$，因而式（5-22）可变为

$$\omega = \frac{\omega_0}{4} \left(1 + \cos \frac{\pi x}{a} \right) \left(1 + \cos \frac{\pi y}{b} \right) \qquad (5-23)$$

将式（5-23）代入式（5-21）和（5-18）并依据式（5-14）最后得平板的变形能为

$$U_p = \frac{\sqrt{3}\pi(a^2 + b^2) + 8ab}{2\sqrt{3}ab} h^2 \sigma_s \omega_0 + \frac{3\sqrt{3}\pi(a^2 + b^2) + 256ab}{32\sqrt{3}ab} h \sigma_s \omega_0^2$$

$$(5-24)$$

根据能量原理，板的变形能应等于爆轰传给该层板的能量 E_3，而爆轰传给该层板的能量等于作用在液舱外板上的能量 E_2 减去液舱外板破坏吸收的能量 E_2'，即

$$E_3 = E_2 - E_2' \qquad (5-25)$$

式中 E_2 已经已知，而液舱外板消耗的能量 E_2' 计算方法和舷侧外板消耗能量的计算相同。所以将 E_3 代入式（5-24）中即可求得板中心处最大挠度 ω_0，再将 ω_0 代入式（5-22）即可求得板中任意一点的扰度值。

2）液舱内板破口半径计算

当作用在液舱内板上的能量超过板最大变形能时，板即出现破口。板破口半径的计算仍根据式（5-2），将能量转化为装药量，然后计算破口半径。

5.2.4　防御纵壁破坏变形计算

防御纵壁的变形同样是非接触爆炸作用下板架的变形。当爆炸传给防雷舱的能量经过前三层板的消耗之后，剩余能量小于板最大变形能时，板只有挠度而不出现破口，剩余能量大于板最大变形能时，板出现破口。所以防御纵壁变形的计算方法与液舱内板的方法完全相同。

5.2.5　算例

采用本课题在中国工程物理研究院所做的水下爆炸试验来验证计算防雷舱各层板破坏变形的理论。

试验模型为长×宽×厚＝1.0 m×1.0 m×0.45 m 的带舱室箱体，模拟舰船舷侧防雷舱结构。模型如图5-3所示。

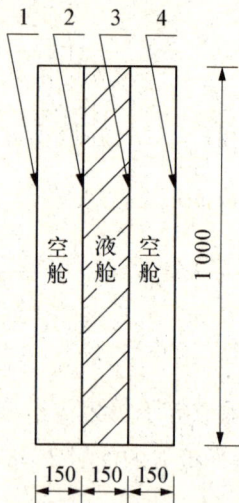

1-第一层板；2-第二层板；3-第三层板；4-第四层板

图5-3　试验模型

试验模型板的材料为4.0 mm 厚的 Q235 钢，板与板之间连接方式采用焊接，其中液舱中为水。试验时采用400 g 的 TNT/RDX（40/60）炸药，在第一层板中央水下接触爆炸。试验结果和理论计算值如表5-1所示。

表 5 - 1 破口半径试验值与理论值比较

模型靶板	试验值/mm	理论值/mm
第一层钢板	100.0	122.8
第二层钢板	182.5	171.3
第三层钢板	22.5	25.9

第四层板无破口产生,其板中心的挠度为 24.6 mm,试验值为 22.7 mm。经过比较可以看出,试验值和理论值相差不大。说明本节按照能量守恒理论推导的破口和挠度计算方法能够有效预测接触爆炸载荷作用下的多层板架的破坏情况。

5.3 空舱和液舱尺寸对舰船防护结构的影响

5.3.1 有限元仿真模型

为提高舰船生存能力,舷侧一般采用多层防护体系。第一层为空舱,给接触爆炸时的外板提供变形的空间,从而迅速衰减冲击波的压力;第二层为液舱,使鱼雷和外板的爆炸碎片穿入液舱后迅速衰减;第三层又为空舱,以再次阻隔冲击波对内层舰体的破坏作用。本章基于这种典型的舰船舷侧防护结构建立有限元仿真模型。钢板为平板不考虑加强筋的影响。舷侧在受到鱼雷接触爆炸时的整体模型如图 5 - 4 所示。

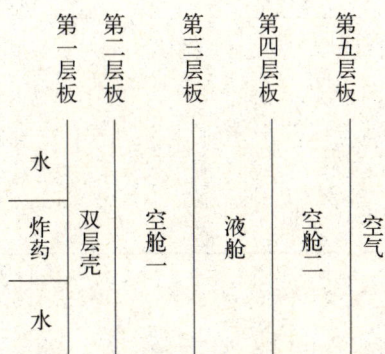

图 5 - 4 舷侧接触爆炸整体模型

模型共有 5 层钢板,构成舷侧的双层壳、两个空舱和一个液舱。按从外到内的顺序依次为炸药、第一层钢板、双层壳(空气)、第二层钢板、空舱一、第三层钢板、液舱、第四层钢板、空舱二、第五层钢板、空气。进行有限元仿真时5层钢板尺寸均为10 m×10 m×0.02 m。在进行有限元网格划分时，为计算更加精确，从四边向中心处逐渐加密。钢板采用 Lagrange 实体单元，材料选用 MAT - PLASTIC - KINEMATIC 卡片[4]。边界条件为四边固定。

目前典型鱼雷装药约为300 kg 高爆炸药，约为500 kg TNT 当量[5]。所以，模型中炸药装药量为500 kg，圆柱形装药。半径为0.35 m，高为0.8 m。炸药采用欧拉体单元，材料选用 MAT - HIGH - EXPLOSIVE - BURN 卡片。

空气和水的模型是第一层板外在炸药四周为水体模型[6]，长、宽与板相同，厚度与炸药相同。第五层板后为空气模型，长宽与板相同，厚度为0.2 m。其余各舱长宽均与板相同，厚度如前所述。空气和水的网格划分在中心处与炸药相同，四周比板的网格稍大。单元选用欧拉体单元，材料选用 MAT - NULL 卡片。边界条件为四周无反射边界条件。

5.3.2 仿真时情况讨论

仿真计算时，固定炸药的装药量，变化舰船舷侧防雷舱的空舱和液舱的尺寸，观察改变空舱和液舱尺寸时对整体防护结构的影响。建模时根据空舱和液舱的具体尺寸共分为5种情况，如表5-2所示。

表5-2　模型中舷侧防护体系各舱的厚度　　　　　（单位：m）

模拟情况	双层壳	空舱一	液舱	空舱二
情况一	0.6	0.5	1.5	1.0
情况二	0.6	1.0	1.0	1.0
情况三	0.6	1.5	0.5	1.0
情况四	0.6	1.0	0.5	1.5
情况五	0.6	1.0	1.5	0.5

5.3.3 结果分析

1）各层板的破坏情况

（1）第一层板的破坏情况。

5种情况下第一层板的破坏如图5-5所示。从图中可以看出各种情况下，

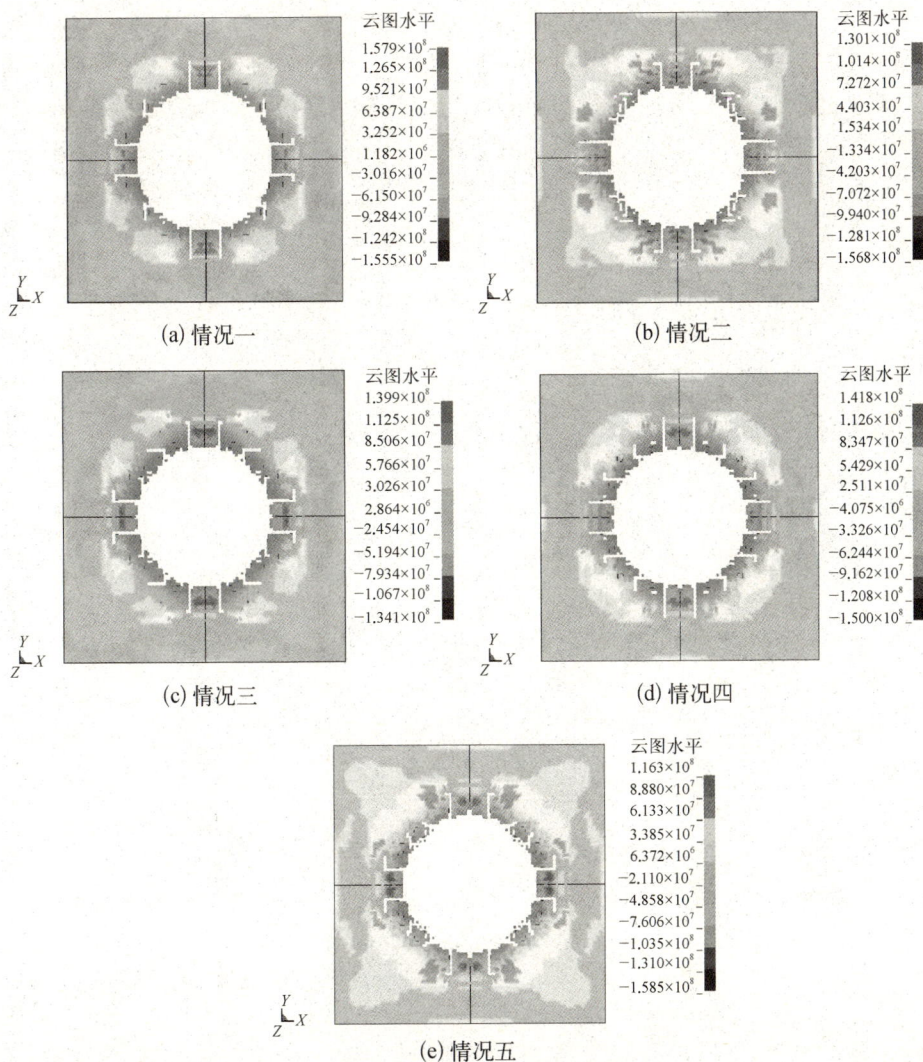

云图水平
1.579×10⁸
1.265×10⁸
9.521×10⁷
6.387×10⁷
3.252×10⁷
1.182×10⁷
−3.016×10⁷
−6.150×10⁷
−9.284×10⁷
−1.242×10⁸
−1.555×10⁸

(a) 情况一

云图水平
1.301×10⁸
1.014×10⁸
7.272×10⁷
4.403×10⁷
1.534×10⁷
−1.334×10⁷
−4.203×10⁷
−7.072×10⁷
−9.940×10⁷
−1.281×10⁸
−1.568×10⁸

(b) 情况二

云图水平
1.399×10⁸
1.125×10⁸
8.506×10⁷
5.766×10⁷
3.026×10⁷
2.864×10⁶
−2.454×10⁷
−5.194×10⁷
−7.934×10⁷
−1.067×10⁸
−1.341×10⁸

(c) 情况三

云图水平
1.418×10⁸
1.126×10⁸
8.347×10⁷
5.429×10⁷
2.511×10⁷
−4.075×10⁶
−3.326×10⁷
−6.244×10⁷
−9.162×10⁷
−1.208×10⁸
−1.500×10⁸

(d) 情况四

云图水平
1.163×10⁸
8.880×10⁷
6.133×10⁷
3.385×10⁷
6.372×10⁶
−2.110×10⁷
−4.858×10⁷
−7.606×10⁷
−1.035×10⁸
−1.310×10⁸
−1.585×10⁸

(e) 情况五

图 5 - 5　5 种情况下第一层板的破坏图像

第一层板的破口形状基本呈圆形,且破口半径变化不大,大约为 2.44 m。可以认为改变空舱和液舱的尺寸对第一层板的破坏没有影响。

(2) 第二层板的破坏情况。

5 种情况下第二层板的破坏如图 5 - 6 所示。从图中可以看出各种情况下第二层板的破口半径也基本相同,大约为 2.34 m,且与第一层板的破口半径大小接近。可以认为改变空舱和液舱的尺寸对第二层板的破坏情况影响也比较小。

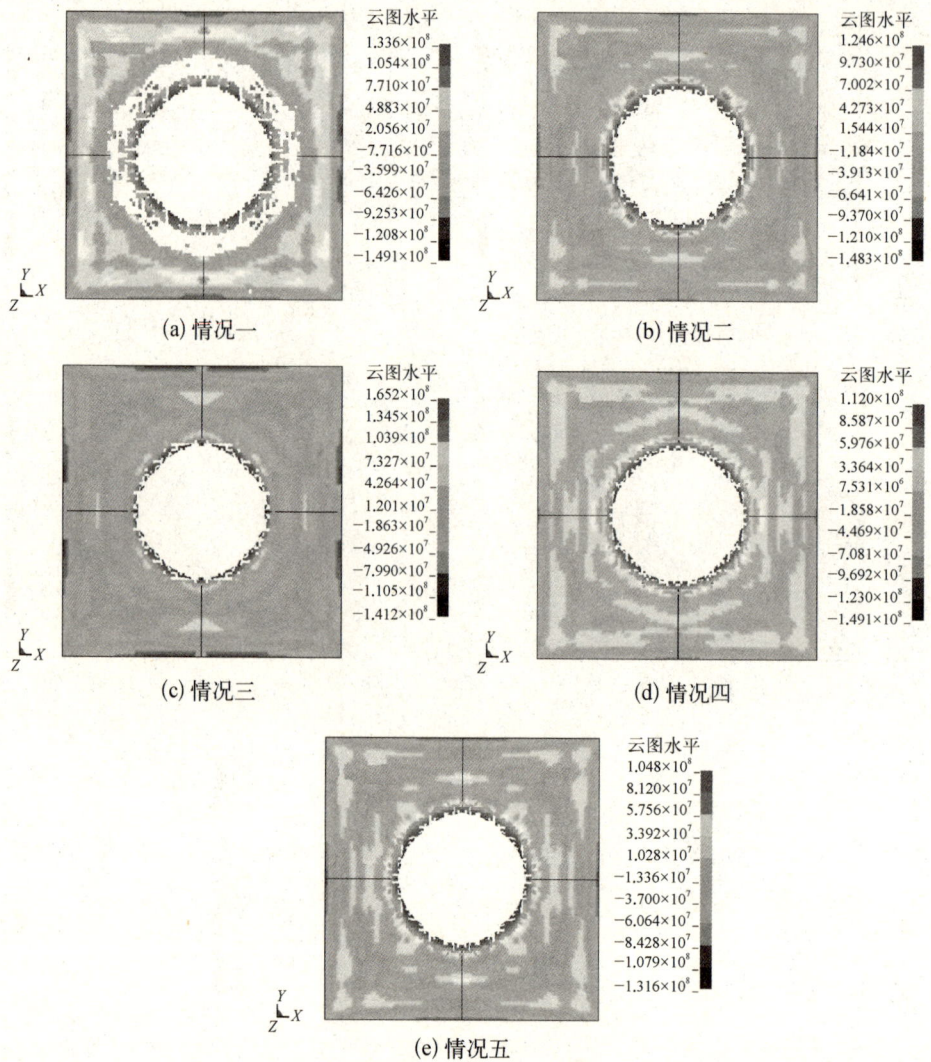

<table>
<tr><td>云图水平</td></tr>
<tr><td>1.336×10⁸</td></tr>
</table>

(a) 情况一

(b) 情况二

(c) 情况三

(d) 情况四

(e) 情况五

图 5‐6　5 种情况下第二层板的破坏图像

（3）第三层板的破坏情况。

5 种情况下第三层板的破坏如图 5‐7 所示。通过比较可以看出各种情况对第三层板的影响比较明显。在 5 种情况中,情况一板距离炸药最近,破口半径大约为 3.17 m;情况二、四、五板到炸药的距离相同,破口半径大约为 3.38 m;情况三板距离炸药最远,破口半径大约为 3.38 m,但是板中心 1 m 左右的范围内没有距中心较远处破坏严重。可见,装药量比较大的时候,炸药对位于一定距离处物体的破坏有可能因稀疏波的膨胀比离其近的物体的破坏更严重。

(a) 情况一

(b) 情况二

(c) 情况三

(d) 情况四

(e) 情况五

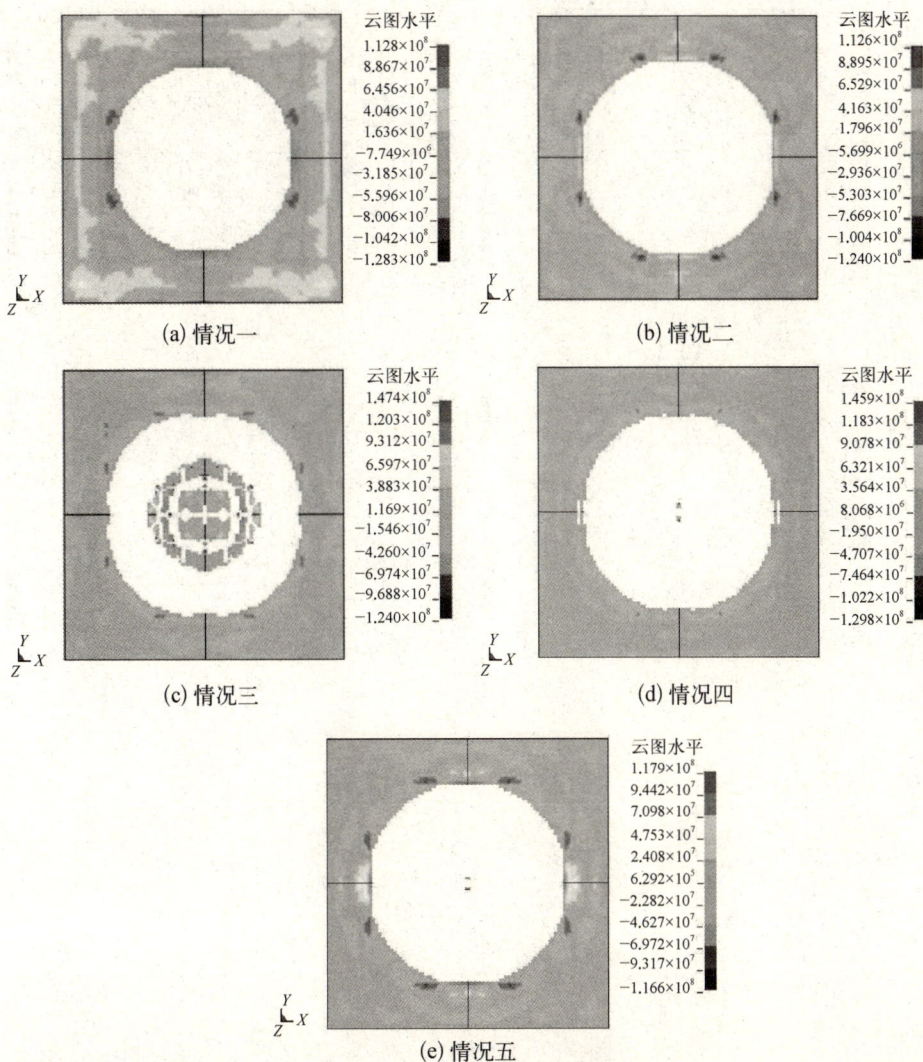

图 5-7　5 种情况下第三层板的破坏图像

（4）第四层板的破坏情况。

第四层板的破坏如图 5-8 所示。通过比较第四层板均未出现较大的破口，只是在距中心一定范围内有较大的裂缝。这是由于液舱使爆炸的集中载荷转变为分布载荷。5 种情况中，情况四板距离炸药最近，裂纹范围（从中心到裂纹最远端，以下相同）为 3.34 m；情况五板距离炸药最远，裂纹范围为 3.19 m；情况一、二、三板到炸药距离相同，但是空舱和液舱尺寸不同，裂纹范围分别为 3.4，3.3，3.26 m。可以看出在距离炸药相同位置，空舱尺寸大时板的破坏范围小一些。

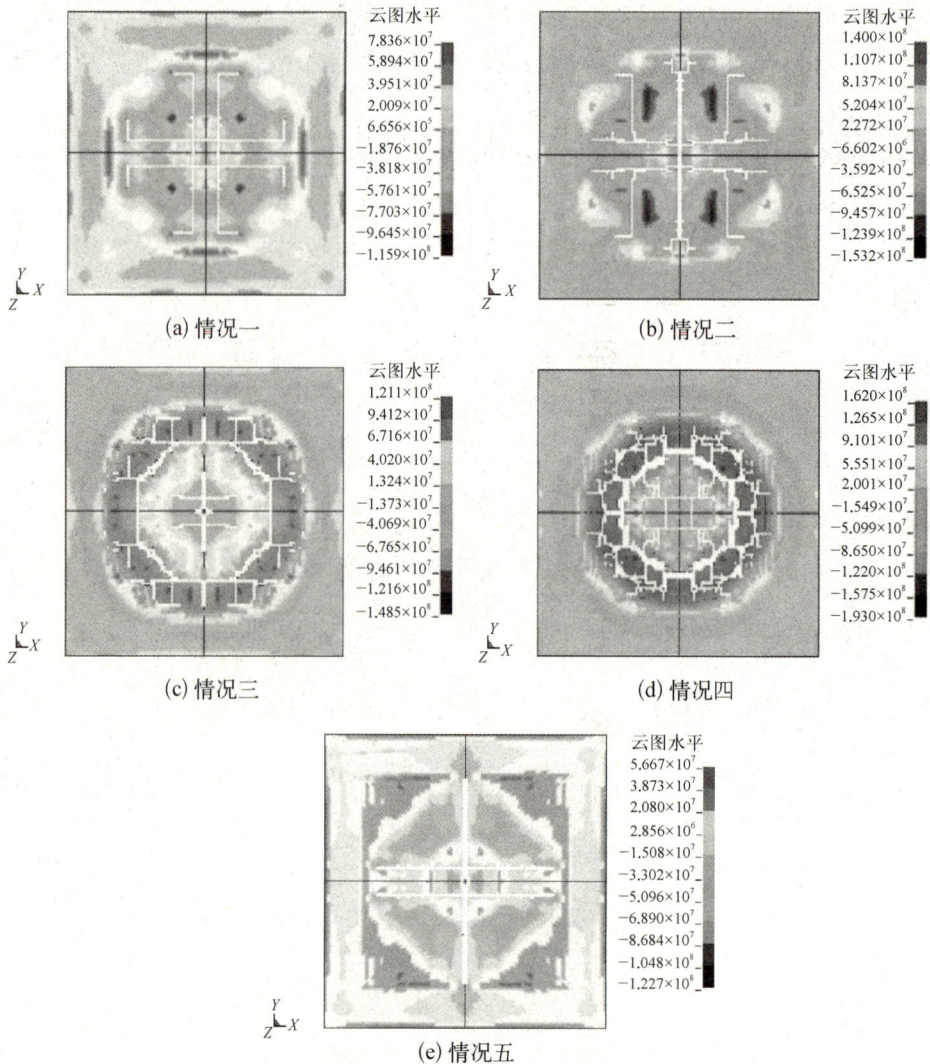

(a) 情况一

(b) 情况二

(c) 情况三

(d) 情况四

(e) 情况五

图 5-8　5 种情况下第四层板的破坏图像

(5) 在各种情况下,第五层板均未有明显的破坏出现。

2) 各层板中心处的压力时间曲线

由图 5-9 可知,第一层板在 5 种情况下的压力时间曲线和峰值压力基本相同。最大压力约为 1.94 GPa。压力时间曲线与炸药的压力时间曲线相似,压力在 0.1 ms 即达到峰值压力,之后很快变为零。

由图 5-10 可知,第二层板在 5 种情况下的压力时间曲线和峰值压力也基本相同,大约在 59.8 MPa。与第一层板相比第二层板的压力持续时间明显加长,

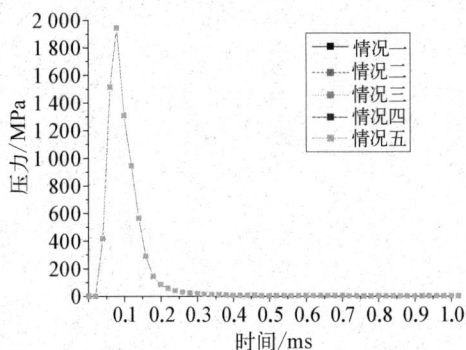

图 5 - 9　第一层板中心压力时间曲线

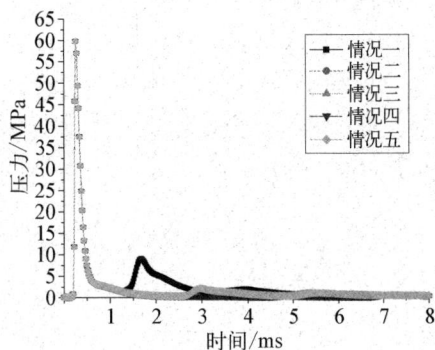

图 5 - 10　第二层板中心压力时间曲线

大约在 0.002 s 时压力减小到零,之后压力有微小的振荡。而第二次峰值压力出现的时间有明显的不同,这和第三层板与第二层板之间的距离变化有关。

由图 5 - 11 可知,第三层板在不同情况下压力时间曲线变化较大。其中情况一峰值压力最大,情况三峰值压力最小,这与板距离炸药越近压力越大的事实相符。其他情况峰值压力基本相同。在各种情况下峰值压力的最大值约为64.9 GPa,最小值为 13.9 GPa,虽然相差较大但是在同一个数量级。

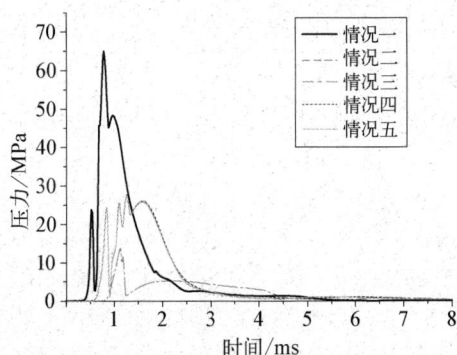

图 5 - 11　第三层板中心压力时间曲线

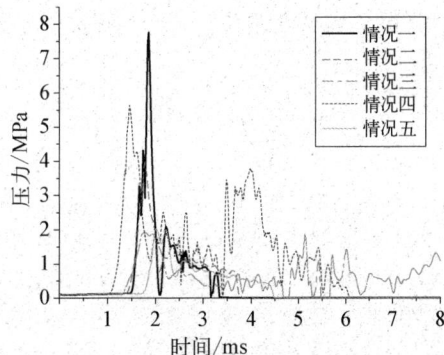

图 5 - 12　第四层板中心压力时间曲线

由图 5 - 12 可知,第四层板的压力时间曲线出现多次振荡,并且压力持续时间明显增长。峰值压力变化也比较大。比较其中情况一、二、三,峰值压力最大的是情况一,最小的是情况三。可知在第四层板距炸药距离相同时,同厚度的空气要比水对爆轰波的衰减强烈。而情况四板中心达到峰值压力的时间与其他情况相比明显提前,这与情况四板距离炸药近的事实吻合。

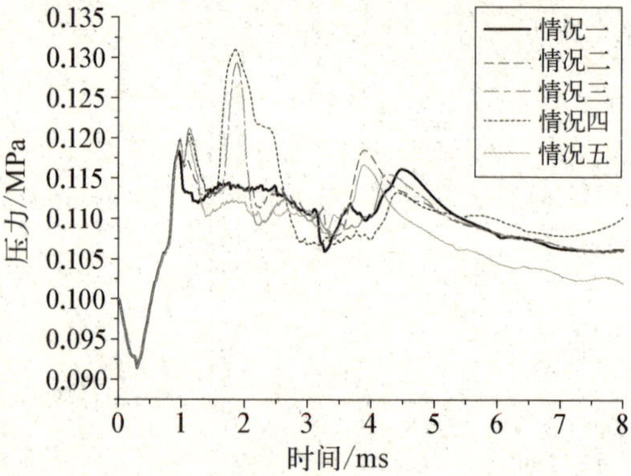

图 5‑13　第五层板中心压力时间曲线

由图 5‑13 可知,第五层板的压力时间曲线在不同情况下变化不大。峰值压力也基本相同。可见在板距炸药一定距离后,改变空舱和液舱的大小对板的破坏影响并不显著。

3) 数值模拟结论

表 5‑3 中列出了数值仿真结果板的破口半径和板中心点处的压力值。

表 5‑3　各种情况下数值仿真结果比较

工况	数值结果	第一层板	第二层板	第三层板	第四层板	第五层板
情况一	破口半径/m	2.44	2.34	3.17	3.40	0
	中心压力/Pa	1.954×10^9	5.982×10^7	6.499×10^7	7.758×10^6	1.183×10^5
情况二	破口半径/m	2.44	2.34	3.39	3.31	0
	中心压力/Pa	1.945×10^9	5.982×10^7	2.718×10^7	3.948×10^6	1.198×10^5
情况三	破口半径/m	2.44	2.34	3.38	3.26	0
	中心压力/Pa	1.945×10^9	5.982×10^7	1.400×10^7	1.909×10^6	1.293×10^5
情况四	破口半径/m	2.44	2.34	3.37	3.34	0
	中心压力/Pa	1.945×10^9	5.982×10^7	2.780×10^7	5.636×10^6	1.310×10^5
情况五	破口半径/m	2.44	2.34	3.39	3.19	0
	中心压力/Pa	1.945×10^9	5.982×10^7	2.778×10^7	2.023×10^6	1.197×10^5

注:各情况下第四层板没有明显的破口,表中破口半径是指板中心到裂纹最远端的距离。

通过观察板的破口半径和板中心的压力时间曲线等数值模拟结果得出:水下接触爆炸对舰船的破坏性很大。在装药量为 500 kg TNT 当量时,破坏纵深可达 3 m,完全可以使舷侧防护体系的空舱和液舱发生破坏。舷侧出现较大的

破口,造成舱室的大量进水。舰船舷侧防护结构为双层壳、第一层空舱、第二层
液舱、第三层空舱的防护体系时,空舱和液舱都对爆轰波起到衰减作用,并且液
舱能将爆炸的集中载荷转变为分布载荷。因为空气比水对爆轰波的衰减更强
烈,所以加大空舱厚度要比加大液舱厚度防护效果好。而加大第一层空舱要比
加大第二层空舱的防护效果好。因为这样可以在第五层板都不发生破坏的情况
下,第四层板破坏得更小。

　　但是在数值模拟中,采用了破坏单元消去的方法,所以未能模拟出板破坏后
产生的碎片及其高速的铁粒子流。

5.3.4　数值模拟的结果检验

1) 炸药爆压检验

数值模拟中,炸药中心点处的压力时间曲线如图 5-14 所示。

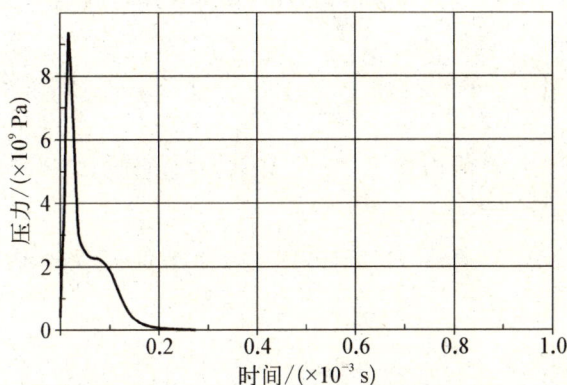

图 5-14　炸药中心处的压力时间曲线

从图 5-14 中可以看出,炸药爆心处的压力在爆炸后瞬时即达到最大值,然后很
快衰减到零,大约在 0.2 ms 内压力变为零。图的曲线形状和有关文献中的压力
时间图相似。峰值压力如果按瞬时爆轰计算有

$$\bar{P}_{w} = \frac{P_{D}}{2} = \frac{1.278 \times 10^{10}}{2} = 9.135 \times 10^{9} (Pa)$$

式中, P_{D} ——爆轰波初始压力。

　　数值模拟中峰值压力为 9.4723×10^{9} Pa,这与理论计算值相差 3.7%,可以
认为数值模拟结果合理。

2) 水中冲击波峰值压力检验

从图 5-15 中可以得到,数值模拟中距离爆心 0.35 m 处水中冲击波的峰值压力为 1.994×10^9 Pa。水中峰值压力计算公式计算得

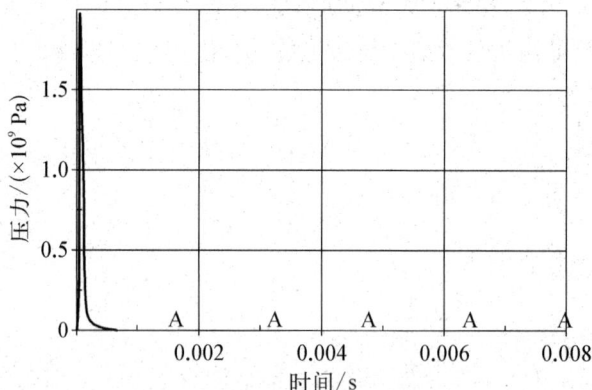

图 5-15　距爆心 0.35 m 处水中压力时间曲线

$$P_{\mathrm{m}} = 53.3 \left(\frac{W^{\frac{1}{3}}}{R} \right)^{1.13} = 53.3 \times \left(\frac{500^{\frac{1}{3}}}{0.35} \right)^{1.13} = 1.813\,6 \times 10^9 (\mathrm{Pa})$$

数值模拟值与理论计算值相差 9.9%,可以认为数值模拟结果合理。

3) 第一层板破口半径检验

根据式(5-2)给出的破口半径计算公式,计算第一层板的破口半径为

$$R_{\mathrm{d}} = \sqrt{\frac{\eta m E_{\mathrm{TNT}}}{\pi t \sigma_{\mathrm{f}} \varepsilon_{\mathrm{f}}}} = 2.34 (\mathrm{m})$$

数值模拟中,第一层板的破口半径大约为 2.44 m。这与理论计算相比相差不大。所以数值模拟结果是合理的。

4) 冲击波在多层结构中传播的检验

当冲击波入射到不同介质的分界面上时将会产生反射和透射,由 4.2.1 节可知,当冲击波经过钢板进入空舱或液舱时,因为钢板的波阻抗 ρU 要远远大于空气和水的波阻抗,所以冲击波将被削弱。又因为空气的波阻抗要小于水的波阻抗,所以空气对冲击波的衰减要比水强烈。这与数值模拟中加大空舱的尺寸比加大液舱尺寸对冲击波的衰减强烈的结论是一致的。

综合以上关于数值模拟结果的检验可知,数值模拟结果基本上符合理论分析的结论,可以认为数值模拟结果是准确可信的。

5.4　舰船防护结构中液舱影响仿真分析

　　舰船防护系统中第一层空舱主要是为外板变形提供空间及稀疏爆轰产物;液舱主要的作用是阻滞破片的侵入;而第三层空舱可再次消减冲击波的作用。显然液舱在整个防护系统中的作用非常重要,其一旦被破坏则整个防护系统将变得脆弱。借助于有限元程序 LS‐DYNA 中的 ALE 算法,在装药量相同的情况下,分别对两层空舱和一层空舱、一层液舱及改变液舱中水位的情况进行比较分析。

5.4.1　有限元模型

　　为比较水下接触爆炸时多层板架结构中液舱及其水位不同的影响,建立 5 种模型,如表 5‐4 所示。每种模型都由 3 层板构成,模型的布置如图 5‐16 所示。

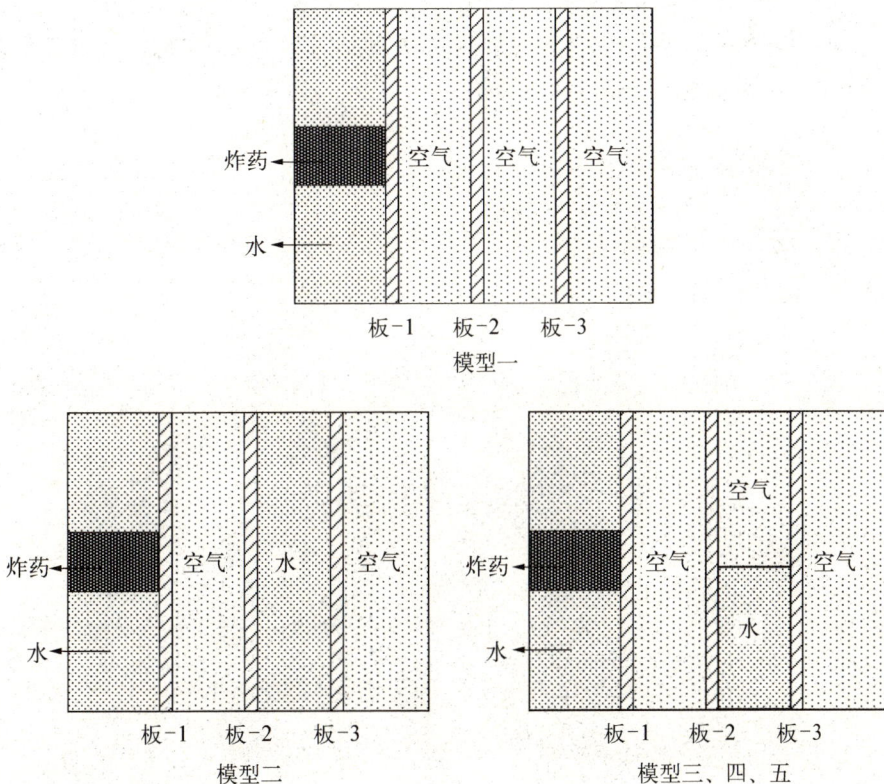

图 5‐16　模型布置

表 5-4 5 种模型

	第一舱室	第二舱室	第三舱室
模型一	空舱	空舱	空舱
模型二	空舱	液舱	空舱
模型三	空舱	0.25 液舱	空舱
模型四	空舱	0.50 液舱	空舱
模型五	空舱	0.75 液舱	空舱

注：0.25 液舱是指水占整个舱室的 25%，0.50 液舱指水占 50%，0.75 液舱指水占 75%。

钢板尺寸为 3.2 m×3.2 m，厚度为 0.02 m。板定义为四边固支的边界条件。炸药为 TNT 圆柱型装药，密度为 1 630 kg/m³，半径为 0.15 m，高为 0.4 m，炸药布置在第一层钢板的中心处。炸药四周为水体模型，长、宽与板相同，厚度为 0.4 m。空气和水的网格划分在中心处与炸药相同，四周比板的网格稍大。空气和水定义为无反射边界条件。

为了便于对各种模型随时间变化的动态响应情况进行研究，所以在 5 种情况下，分别取各层板的中心点为观测单元。

5.4.2 液舱影响的数值结果及分析

为了得出液舱的设置对整个防护结构的作用，下面对模型一、模型二的数值结果进行分析比较。

1）破损比较

图 5-17 为模型一各层板的破口图。引爆后 0.2 ms 内第一层板中心处出

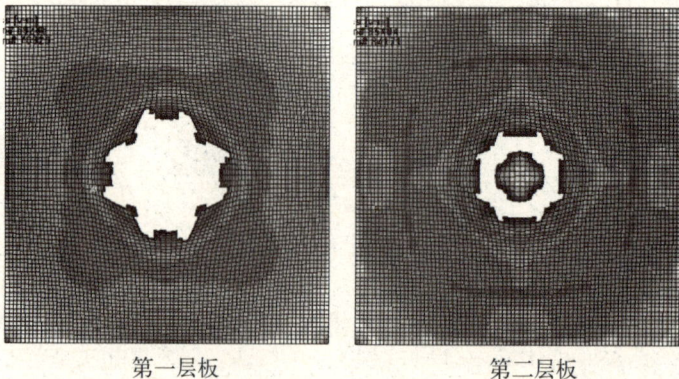

第一层板   第二层板

图 5-17 模型一破口

现半径为 0.160 m 的环向裂纹,随后产生一块与半径大小相近的圆形破片。随着冲击波及爆轰产物的传播,在 8 ms 时产生半径为 0.501 m 的圆形破口,并有对称的 8 瓣花瓣开裂和较大的塑性变形。防护结构的空间有限,两层板距离较小,冲击波及爆轰产物传播速度快,第二层板在冲击波传播方向很快产生塑性变形,由于空舱的稀疏作用,爆轰产物的作用范围扩大,故在 0.9 ms 时中心处出现了半径为 0.230 m 的环形裂纹,并产生圆形破片,飞向第三层板,接着板塑性变形范围和破口不断扩大,最终破口半径为 0.360 m。而第三层板只产生大的塑性变形。

图 5-18 为模型二各层板的破口图。第一层板产生半径为 0.420 m 的破口,由于第二个舱室为液舱,在水和钢板的分界面上所反射的冲击波强度比模型一大,则进入爆轰产物的稀疏波作用更大。故与其相比,模型二第一层板的破口小,第二层板和第三层板产生了较大的塑性变形。由此可看出,液舱的作用不仅能阻滞破片的运动,保护第三层板,而且还能减小爆炸对第一、二层板的破坏。

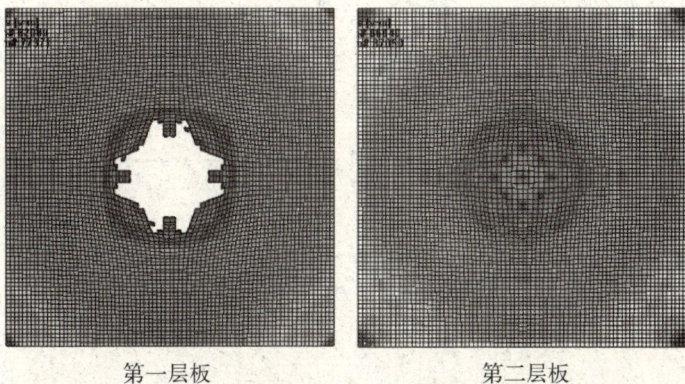

第一层板　　　　　　　　　　第二层板

图 5-18　模型二破口

图 5-19 中 v_1,v_2 分别为第一层板中心处破片速度和第二层板中心单元速度。由图可看出,第一层板破片单元速度达到极大值 1 321 m/s 后迅速下降,此时破片与第二层板发生作用,与第二层板中心处单元以相同的速度向前运动,最终板停止变形。第一层板破片的速度很大,可对第二层板产生一定的损伤。

2) 有效应力、压力及位移比较

图 5-20 和图 5-21 分别为模型一、二中各层板中心处的有效应力图、压力

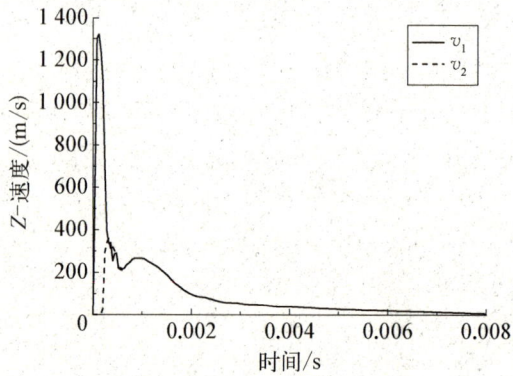

图 5‑19　破片速度

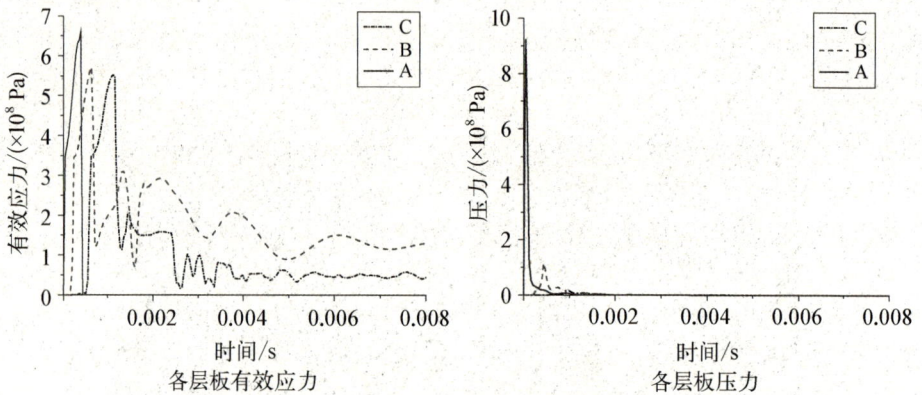

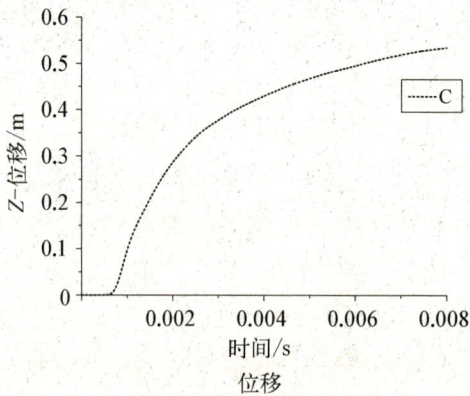

各层板有效应力

各层板压力

位移

图 5‑20　模型一响应

各层板有效应力

各层板压力

位移

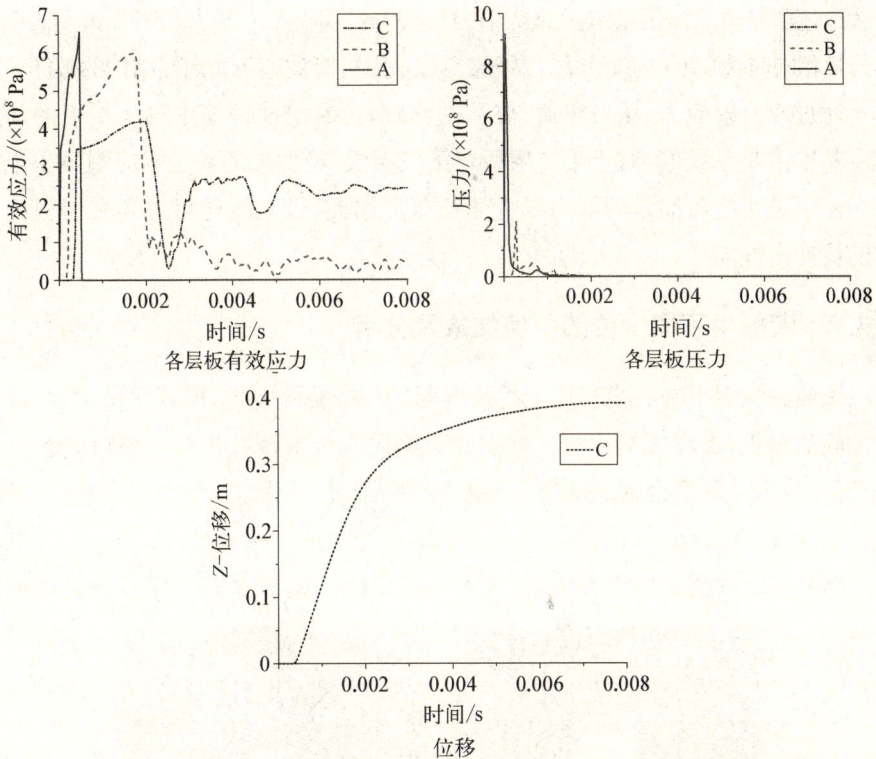

图 5-21 模型二响应

图及第三层板 Z 方向位移图。图中,A,B,C 分别为第一、二、三层板中心处单元。从有效应力图可看出,模型一、二的第一层板峰值分别为 6.61×10^8 Pa,6.56×10^8 Pa,表明两个模型第一层板的最大有效应力基本相同,且随时间变化的趋势相同,由于该处同时受冲击波和爆轰产物的作用,单元的应力超过了极限应力,单元破坏,故在很短时间内达到最大值后突变为零。而对于第二层板,由于模型二中没有破口产生,故其有效应力略大于模型一。模型一、二的第三层板最大有效应力分别为 5.57×10^8 Pa,4.21×10^8 Pa,模型二的峰值减小了24.4%,这是因为模型二中的第二层舱为液舱,能吸收更多的能量。

由各层板的压力图,比较模型一、二各层板的压力峰值,模型一、二第一层板的峰值均为 9.23×10^8 Pa,第二层板峰值分别为 2.10×10^8 Pa,1.14×10^8 Pa,这是由于模型一的第二层舱为空舱,而模型二为液舱,经过前两个舱室能量的衰减,到达第三层板的爆炸能量少,而两个模型第三层板的压力值都较小。

由于模型一第一、第二层板有破口产生,故只比较第三层板的位移情况。从位移图看出,模型一的第三层板位移最大值为 0.534 m,而模型二的为 0.391 m,则表明当炸药量相同时,模型一的损伤大于模型二,故液舱可有效地防止内层结构的破坏。

通过对有效应力、压力峰值、位移的比较,可看出两模型中第一层板的动力响应基本上是一致的,对于第二层板与第三层板,模型二的动力响应明显小于模型一。可见水吸收能量的能力要大于空气。因此,设立液舱可提高多层板壳结构的抗冲击性能。

5.4.3 液舱中不同水位的数值结果及分析

液舱的设置可在一定程度上提高舰船结构的抗爆能力,但若水量太大,即会增加舰船自重,提高成本。所以有必要对不同水位的液舱进行分析(即模型三、四、五),找出一种最合理的情况对舰船防护结构进行设计。

1) 破损比较

图 5-22 和图 5-23 为模型三、五的破口图。模型三第一层板破口半径为

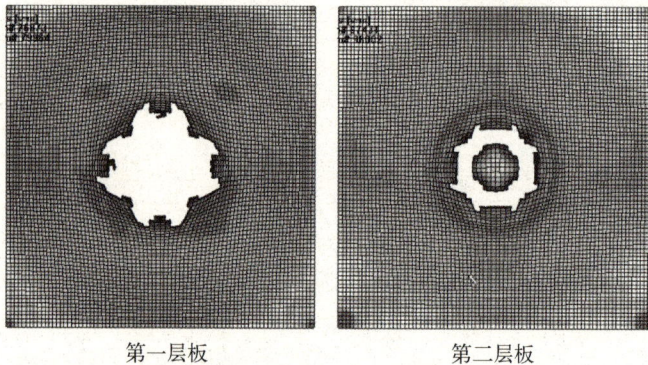

| 第一层板 | 第二层板 |

图 5-22 模型三破口

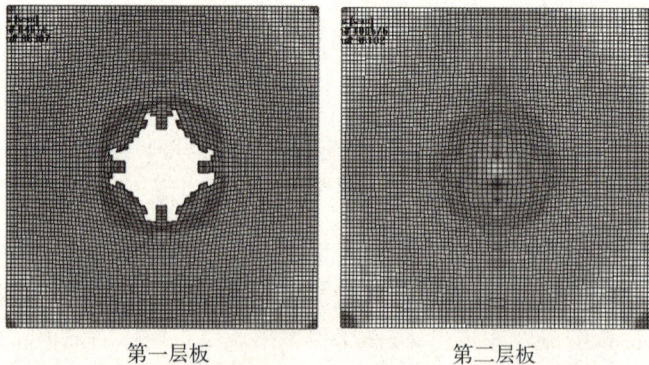

| 第一层板 | 第二层板 |

图 5-23 模型五破口

0.468 m,第二层为 0.358 m,第三层板产生塑性变形。其破损情况与模型一基本相同,故当液舱中的水很少时,液舱的设置没有意义。模型五第一层板破口半径为 0.408 m,第二、三层板只产生塑性变形。这表明略降低液舱中的水位(模型五)与液舱满水时(模型一)破损情况相似,对结构的抗爆能力无影响。

图 5-24 为模型四的破口图,在爆轰刚开始 0.2 ms 时,第一层板中心处产生环向不连通的裂纹且板中心处单元出现破坏,产生横向连通的裂纹,形成破口。由于横向破口比纵向破口延伸的速度快,且板的上半部分比下半部分破口变化大,最终形成左右对称、上下不对称的菱形破口,最长破口半径为 0.814 m。第二层板在 0.5 ms 时产生横向连通裂纹,不断扩大,与第一层板变形情况类似,0.8 ms 时产生半径为 0.76 m 的菱形破口。表明在液舱中只有一半水时,其破损情况比空舱的情况还严重,这是因为在液舱中水和空气的分界面上冲击波将不断地反射和透射,故在其分界面处的板破坏最严重。

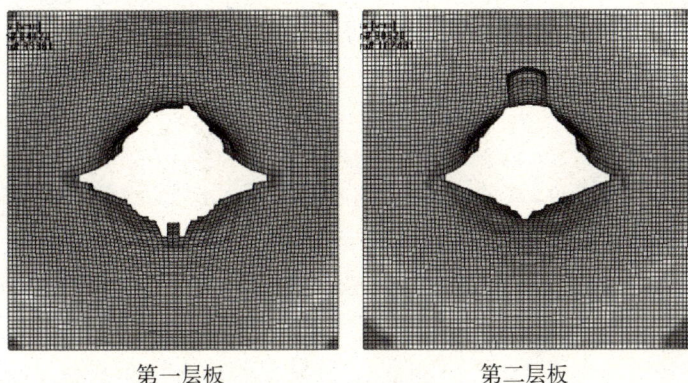

第一层板　　　　　　　　　　　第二层板

图 5-24　模型四破口

2) 有效应力最大值、压力峰值、最大位移比较

取每层板的中心点为观察点,3 种模型的有效应力(Von Mises 应力)最大值、压力峰值、最大位移如表 5-5 所示。

表 5-5　有效应力最大值、压力峰值、最大位移

	各层板	有效应力最大值/($\times 10^9$ Pa)	压力峰值/($\times 10^9$ Pa)	最大位移/m
模型三	第一层板	0.65	0.92	—
	第二层板	0.57	0.11	—
	第三层板	0.55	0.02	0.53

（续表）

	各层板	有效应力最大值/ （×10⁹Pa）	压力峰值/ （×10⁹Pa）	最大位移/m
模型四	第一层板	0.63	0.92	—
	第二层板	0.43	0.13	—
	第三层板	0.46	0.02	0.5
模型五	第一层板	0.65	0.92	—
	第二层板	0.60	0.21	0.6
	第三层板	0.43	0.02	0.4

从表 5-5 中可看出，对于 3 种模型，各层板有效应力最大值、压力峰值没有太大的差别。模型五第二层板压力峰值较大，主要是因为三、四模型的第二层板出现了破口，而模型五无破口产生。

模型三、四、五的第三层板最大位移逐渐减小，模型五的变形最小，这说明了舱室中水量的多少对板的变形有影响，水量大，变形小，更说明了水吸收爆炸能量的能力比空气要大。

5.4.4 结果分析

对于 5 种模型来说，液舱中为 0 水位（模型一）、0.25 水位（模型三）、0.5 水位（模型四）时，前两层板均产生破口，0 水位和 0.25 水位时的前两层破口基本相同，而 0.5 水位时破口最大；而 0.75 水位（模型五）、1 水位（模型二）时，只有第一层板产生破口，其大小基本相同。

对于最内层结构，即第三层板来说，其破坏程度直接影响整个舰船的生命力。图 5-25 和图 5-26 分别为第三层板中心点处有效应力峰值及最大位移随

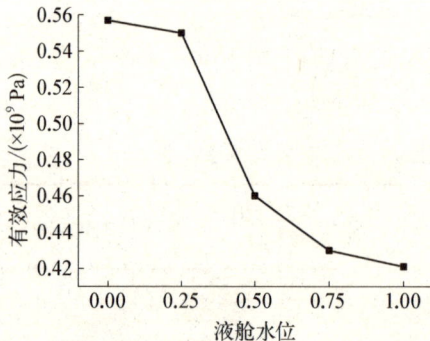

图 5-25 液舱不同水位第三层板有效应力峰值

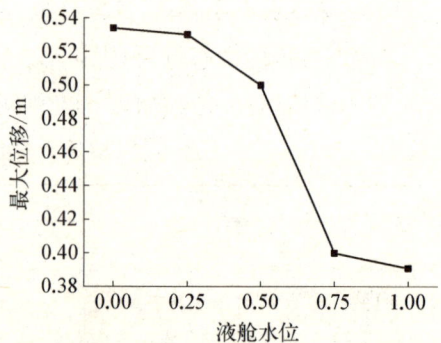

图 5-26 液舱不同水位第三层板最大位移

液舱水位变化的曲线。由图可见,第三层板的有效应力峰值和最大位移均随液舱中水位的增大而减小。而 0 水位、0.25 水位时有效应力峰值和最大位移相差不大,0.75 水位、1 水位时情况也类似。

综上所述,液舱(满水)的设置不仅能阻滞破片的运动,还可有效地防止内层结构的破坏。对于液舱中 0 水位和 0.25 水位,破损及各动态参数基本相同,即在液舱中加入 0.25 水时,与 0 水位相比,舰船的抗爆能力没有提高。对于液舱中 0.75 水位和 1 水位,破损及各动态参数也基本一致,即在液舱中加入 0.75 水,与满水相比,舰船的抗爆能力没有减小。

参考文献

[1]　盖京波.舰船结构在爆炸冲击载荷作用下的局部破坏研究[D].哈尔滨工程大学博士学位论文,2005:28-32.
[2]　朱锡,张振华,刘润泉,等.水面舰艇舷侧防雷舱结构模型抗爆试验研究[J].爆炸与冲击,2004,24(2):133-139.
[3]　Wierzhicki T. Petaling of plates under explosive and impact loading. International Journal of Impact Engineering. 1999,22:935-954.
[4]　赵海鸥.LS-DYNA 动力分析指南[M].北京:兵器工业出版社,2003:3.
[5]　张庆明.爆轰物理学[M].北京:兵器工业出版社,2006:317-320.
[6]　汤文辉,张若棋.物态方程理论及计算概论[M].长沙:国防科技大学出版社,1999.

第6章 舰船舷侧在两发武器攻击下的破坏

目前,大型水面舰船的防护能力有了很大的提高,单发武器对舰船造成致命打击的概率很小。而且,敌方对舰船进行攻击时一般也是多发武器一起发射。这样不仅可以大大提高武器的突防概率,还可以增大打击威力。所以,研究多发武器对舰船的破坏也是至关重要的。本章主要研究船侧板架结构在遭受两发武器同时攻击和先后攻击两种情况下的动态响应。

6.1 两发武器同时攻击船侧板架结构的破坏分析

6.1.1 有限元模型

舰船舷侧防护结构采用空舱、液舱、空舱的3层防护结构。建模时各舱的尺寸均为 12 m×9 m×1 m。钢板的尺寸为 12 m×9 m×0.02 m。考虑板上加强筋的影响,布置为纵横分布的形式。加强筋的厚度为 0.02 m,高度为 0.04 m,间距为 1.5 m。空气和水采用无反射边界条件[1],钢板采用四边固支边界。

两发鱼雷采用相同类型,炸药均为圆柱形装药,装药量为 500 kg TNT,半径为 0.35 m,高为 0.8 m。两炸药间距为 3 m,均为接触爆炸,起爆点均为圆柱底面圆心。整体模型如图 6-1 所示。

6.1.2 仿真情况讨论

鱼雷攻击舷侧的位置具有随机性,根据炸药接触点,炸药半径和加强筋的位置关系可以将板分成 3 种类型的区域,如图 6-2 所示。

炸药中心点位于 A 区域:在爆炸过程中炸药与加强筋不接触;炸药中心点位于B区域:在爆炸过程中炸药与一个方向的加强筋接触;炸药中心点位于C

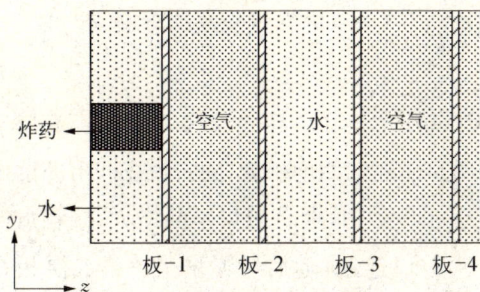

图 6-1　舷侧防护结构整体模型

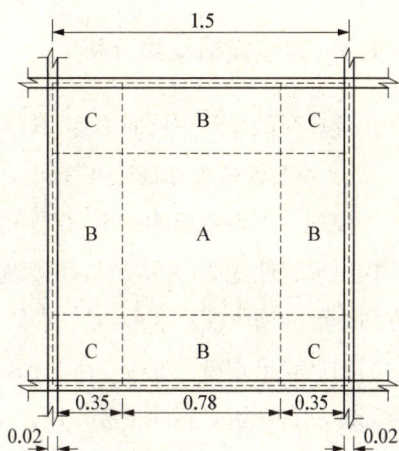

图 6-2　炸药在舷侧板上爆炸点分布

区域：在爆炸过程中炸药与两个方向的加强筋都接触。

　　根据第 5 章计算结果，装药量为 500 kg TNT 的单个鱼雷接触爆炸时，板的破坏半径大约在 3 m 左右。为研究两发鱼雷之间的相互影响，这里将两个爆炸点的距离确定为 3 m。考虑加强筋对爆炸的影响，分 3 种情况讨论，如图 6-3 所示。

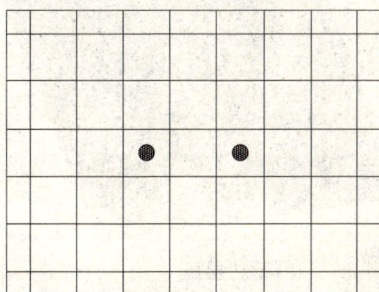

(a) 模型一

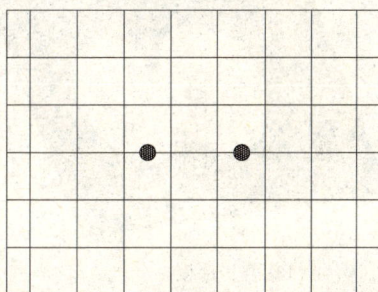

(b) 模型二

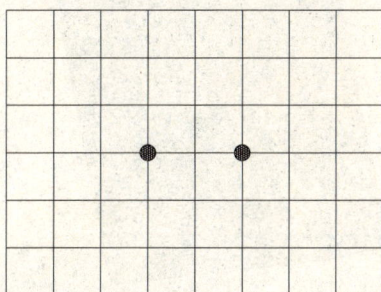

(c) 模型三

图 6-3　鱼雷在舷侧板攻击位置分布

6.1.3　数值模拟结果分析

计算时两发鱼雷同时爆炸,观察爆炸后 0.008 s 内舷侧板的动态响应[2,3]。

1) 各层板的破坏描述与分析

模型一中各层板的破坏情况如图 6-4 所示。在爆炸后大约 0.1 ms 左右第一层板出现塑性变形,并从与炸药接触的两点迅速向四周扩展,随着板在冲击波前进方向变形的增大在 0.2 ms 左右两点出现明显破口,随着破口不断增大,接触点四周的加强筋出现变形破坏,在 2 ms 时两破口连通,随后缓慢增大。第二层板在 0.5 ms 左右开始受到冲击波作用,0.7 ms 有塑性变形出现,变形较小但范围较大。在 3.8 ms 时首先在板的中心即相应两接触点连线的中心处出现破口随后破口向纵向扩展,破口两边横向加强筋出现破坏。第三层板在 1 ms 左右开始受冲击波作用,1.5 ms 左右出现塑性变形,然后变形缓慢扩展并向冲击波前进方向增大但最终没有破坏。第四层板没有出现明显变化。

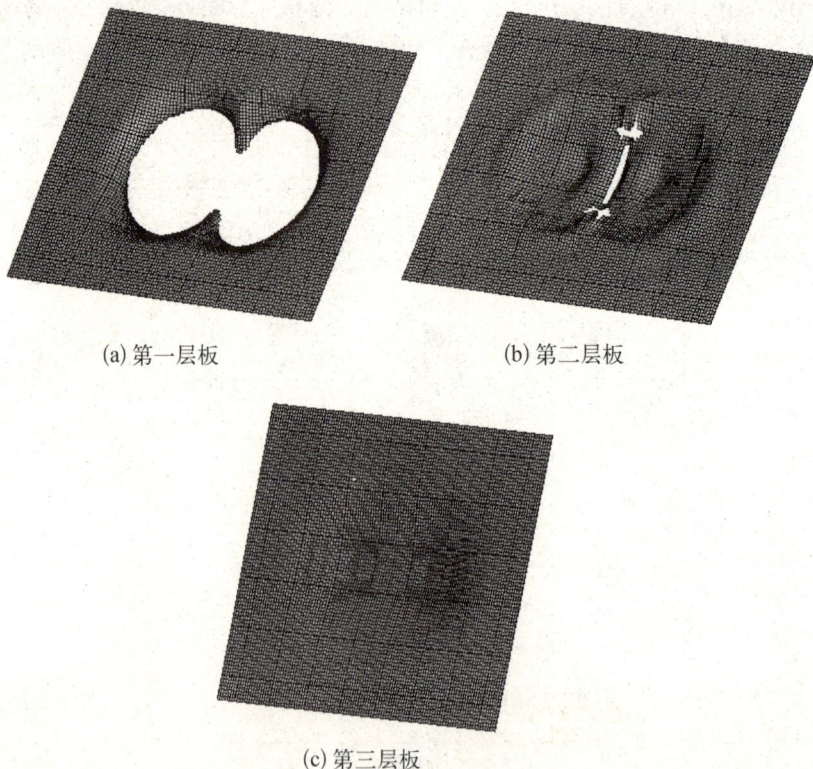

(a) 第一层板　　　　　　　　　(b) 第二层板

(c) 第三层板

图 6-4　模型一各层板破坏情况

　　第一层板的破坏是爆炸产生的冲击波及随后的爆轰产物、水等共同作用的结果,但是由于加强筋的存在使变形具有整体性,一定程度上也限制了破口的扩展。经过空舱对爆炸能量的衰减,不足以使第二层板产生较大范围的破口,但是在板中心处两侧爆炸的波首先在此处叠加加强,而板在此处又没有加强筋,所以首先在此处出现破坏。第三层板由于液舱使集中载荷变为分布载荷及能量的进一步减弱和加强筋的作用,只产生大范围的塑性变形而未出现破口。爆炸的能量经过前两层空舱和液舱的吸收已不能使第四层板出现破坏,所以第四层板没有出现明显的破坏。

　　模型二中各层板的破坏情况如图6-5所示。在爆炸后0.1 ms左右第一层板出现塑性变形,然后与炸药接触的纵向加强筋立刻出现破坏,并且裂纹沿加强筋方向扩展,在0.2 ms左右两接触点出现明显破口,在2.2 ms左右两破口连通。第二层板在0.5 ms左右开始受到冲击波作用,0.7 ms左右出现塑性变形,在3.5 ms时首先在与接触点相对应点的相邻纵向加强筋处出现破口,然后沿纵向加强筋不断扩展,在5.5 ms左右两破口连通形成条状裂缝。第三、四层板的变化情况与模型一基本相同。

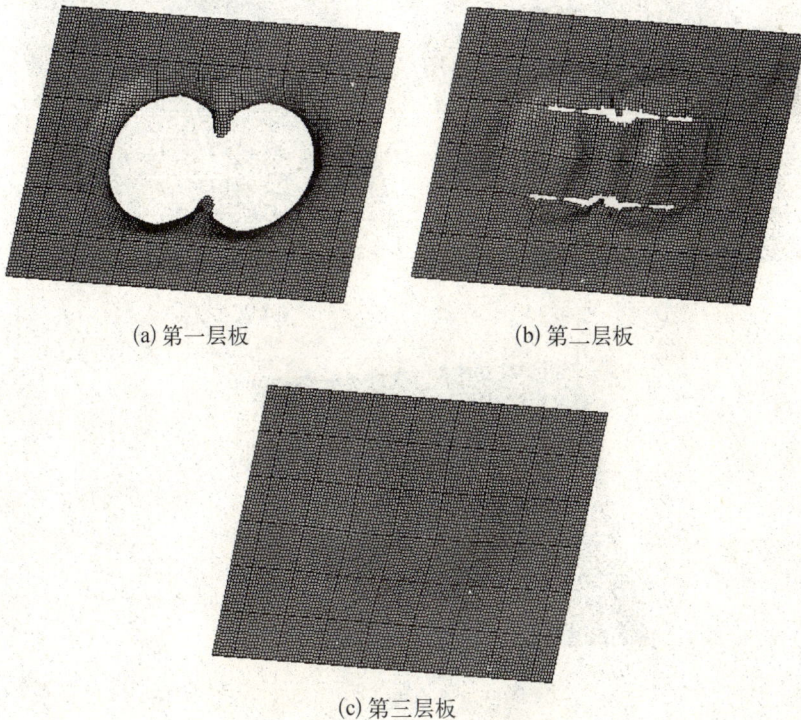

(a) 第一层板　　　　　　　　(b) 第二层板

(c) 第三层板

图6-5　模型二各层板破坏情况

第一层板的破坏同样是由于冲击波、爆轰产物、水等共同作用的结果。加强筋位置的变化只对板的在爆炸初始阶段的变形有所影响，对板最终的破坏影响不大。第二层板在与中央纵向加强筋相邻两侧的纵向加强筋处出现破坏是因为爆炸首先作用在中央纵向加强筋处，变形受到约束，从而带动两侧板整体变形。当到达两侧的纵向加强筋处时由于加强筋刚度比板大得多，所以板的变形大于加强筋的变形，从而造成板与加强筋结合处出现裂缝，并且在两侧波的叠加处破坏更严重。第三、四层板的破坏原因与模型一基本相同。

模型三中各层板的破坏情况如图 6-6 所示。在爆炸后 0.1 ms 第一层板出现塑性变形，然后在与炸药接触的两点沿加强筋出现十字形的裂纹，在 0.22 ms 左右两点出现破口，两破口在 2.28 ms 左右连通，然后不断扩大。第二层板在 2.4 ms 左右在板的中心即与两接触点连线中点相对应的点处首先出现破坏，并且裂纹沿横向加强筋扩展，在 3.3 ms 左右时与接触点相对应点相邻纵向加强筋处出现破坏，在 3.8 ms 左右相邻横向加强筋出现破坏，在 4.5 ms 左右时中点处

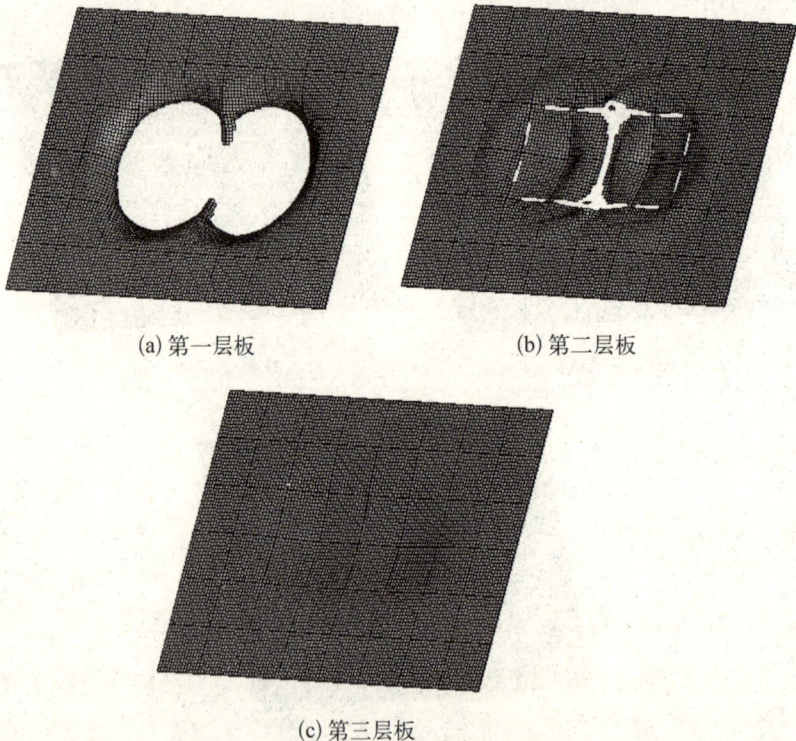

(a) 第一层板   (b) 第二层板

(c) 第三层板

图 6-6　模型三各层板破坏情况

的沿横向加强筋的破口和相邻纵向加强筋破口连通。第三、四层板的破坏情况与模型一基本相同。

第一、三、四层板的破坏情况与前两模型的原因相同。第二层板的破坏是由于爆炸中心点在十字加强筋的交叉处,限制了纵、横两方向的变形,使与加强筋相邻的 4 块板整体变形。而板四周的加强筋刚度较大,变形较小,所以在板与加强筋结合处出现裂纹,并且在两侧波叠加处破坏更严重。

2) 数值仿真结果

以板的长度方向为 x 轴,宽度方向为 y 轴,厚度方向为 z 轴建立坐标系。仿真结果的板中破口 x,y 方向最大距离、板 z 方向最大位移、最大应力、应变如表 6-1 所示。

表 6-1　数值仿真结果

仿真情况	各层板	破口最大距离/m		z 方向最大位移/m	最大应力/MPa	塑性变形区/m		最大应变
		x 方向	y 方向			x 方向	y 方向	
模型一	1	7.344	4.310	1.094	426.6	8.802	5.597	0.3
	2	0.317	2.014	0.587	421.9	8.791	5.788	0.3
	3	0	0	0.371	266.1	7.944	5.152	$4.002×10^{-2}$
	4	0	0	$2.114×10^{-2}$	246.7	0	0	$7.612×10^{-4}$
模型二	1	7.501	4.342	1.117	424.1	8.809	5.395	0.3
	2	5.164	0.462	0.588	419.9	8.781	5.989	0.3
	3	0	0	0.355	270.8	7.956	5.133	$4.344×10^{-2}$
	4	0	0	$2.076×10^{-2}$	246.7	0	0	$7.729×10^{-4}$
模型三	1	7.343	4.292	1.116	419.7	8.599	5.257	0.3
	2	5.134	3.654	0.588	418.0	8.559	5.355	0.3
	3	0	0	0.348	269.6	7.927	5.135	$4.117×10^{-2}$
	4	0	0	$2.034×10^{-2}$	246.7	0	0	$7.505×10^{-4}$

6.1.4　结论

本节对有加强筋的舰船舷侧防护结构在两发装药量 500 kg TNT 鱼雷同时攻击下的动力响应进行模拟。通过对爆炸位置不同的 3 种模型的计算可以得到:爆炸可以使前两层加筋板破坏并使第三层板发生较大塑性变形。

爆炸产生的冲击波、爆轰产物、水的共同作用使第一层板破坏。由于加强筋的存在明显地限制了板的变形,同时吸收了更多的爆炸能量,使第一层板的破口扩展受到约束,第二层板只出现裂缝,第三层板只发生较大塑性变形。而爆炸点相对加强筋位置的改变只是在板变形初始阶段有所影响而对板的最终破坏影响不大。但是爆炸点相对加强筋位置的改变对第二层板有明显不同。对于第二层板模型一中冲击波直接作用在板上,四周加强筋对板的变形加以约束造成整体变形,在板中心处由于两侧波的叠加首先在板与加强筋结合处破坏进而造成加强筋破坏。模型二由于纵向加强筋使板横向整体变形,约束纵向变形,而加强筋刚度比板的大,造成板的变形比加强筋大,从而使板与加强筋结合处出现裂缝。模型三中由于纵、横加强筋共同作用,板整体性更强,只在板与加强筋结合处出现裂缝。

6.2　两发武器先后攻击船侧板架结构的破坏分析

6.2.1　有限元模型

舰船舷侧防护结构仍采用 6.1 节中的结构,但是通过对数值模拟结果中板架破坏范围的观察,为了节省计算机资源、提高计算时间,又不至于对计算结果有较大影响,将模型的长、宽缩短为 9 m×6 m,其余各参数均不变。

通过模拟单发鱼雷对舷侧的破坏大约在 5 ms 已基本完成,以后为板架的缓慢的塑性变形。所以在两发鱼雷先后攻击时取爆炸时间间隔为 5 ms。总共计算时间取 14 ms。

6.2.2　仿真情况讨论

仿真模拟时各种情况与 6.1 节中相同,仍根据加强筋位置不同分为 3 种模型。

6.2.3　数值结果分析

1) 各层板破坏情况描述与分析

模型一中各层板的破坏情况如图 6-7 所示。在第一发鱼雷爆炸后 0.1 ms 左右,在第一层板与炸药的接触点处首先产生塑性变形,随变形增加在 0.2 ms 左右板出现明显破口,随破口不断增大四周加强筋出现破坏。在 5 ms 时第二发鱼雷爆炸,随后在接触点出现塑性变形,在 5.3 ms 时出现破口,随后破口不断增

(a) 第一层板

(b) 第二层板

(c) 第三层板

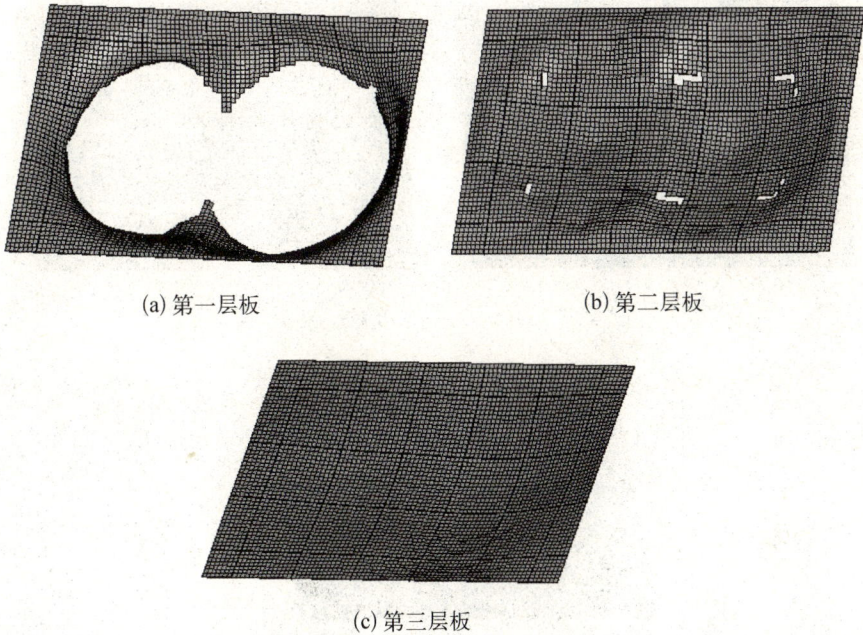

图 6-7　模型一各层板破坏情况

大。但由于第一发鱼雷爆炸形成的变形和破口的影响使远离第一个破口一侧的变形和破坏速度大于靠近一侧。随着变形的进一步加大在 6 ms 左右两破口连通，之后破口缓慢增长。所以第一层板破坏的原因是爆炸产生的冲击波、爆轰产物和水共同作用的结果。第二层板在第一发鱼雷爆炸后 0.5 ms 左右受到冲击波作用，在 0.7 ms 左右产生塑性变形，随后变形不断加大但是没有出现明显破口。第二发鱼雷爆炸后不久在与第一发鱼雷接触点相对应的相邻加强筋出现破坏，8.8 ms 左右在与接触点相对应的四角板格内出现破口，10 ms 左右与第二个接触点相对应的相邻板格也出现破口，之后变形与破口缓慢增长。因为两发鱼雷先后爆炸，所以破坏发生在两侧波叠加加强处而并不是在中心处。第三层板第一发鱼雷爆炸后 1 ms 左右受到冲击波作用，1.5 ms 左右出现变形并不断增大，当第二发鱼雷爆炸后在相应接触点处并没有出现较大变形，而是整体变形的增大，最终板没有出现破坏。第四层板没有明显变化。

模型二中各层板的破坏情况如图 6-8 所示。在第一发鱼雷爆炸后大约 0.1 ms 左右第一层板出现塑性变形，然后与炸药接触的横向加强筋立刻出现破坏，并且裂纹沿加强筋方向扩展，在 0.2 ms 左右两接触点出现明显破口，随后破口不断增加。在第二发鱼雷爆炸后同样在接触点出现破口，并在 6 ms 左右两破

(a) 第一层板

(b) 第二层板

(c) 第三层板

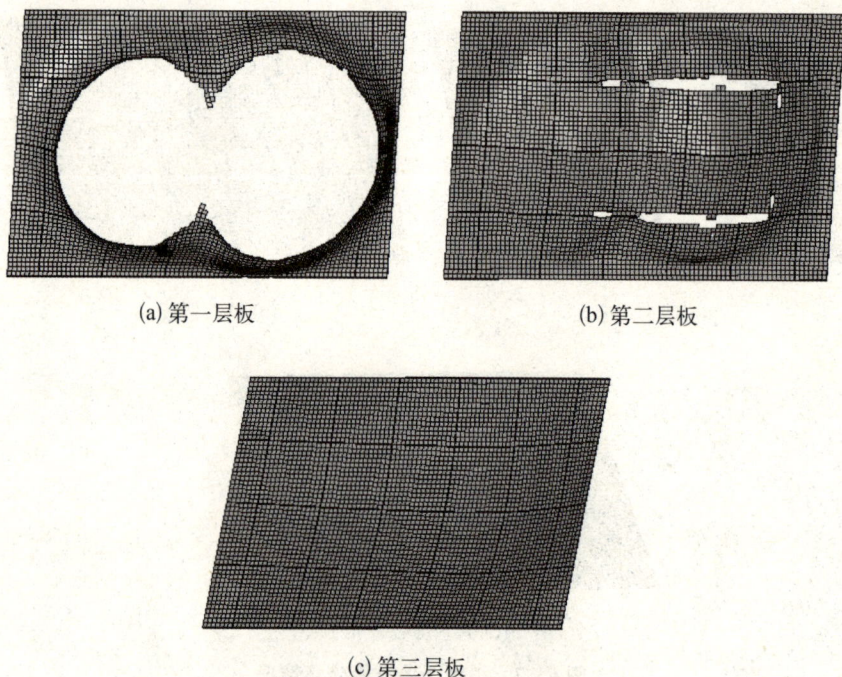

图 6-8　模型二各层板破坏情况

口连通。破坏原因与模型一相同。第二层板在第一发鱼雷爆炸后 0.5 ms 左右受到冲击波作用，在 0.7 ms 左右产生塑性变形，随变形加大在 3.6 ms 左右与接触点相对应处相邻横向加强筋出现破坏，之后变形不断加大。在 5 ms 时第二发鱼雷爆炸使变形和破口进一步加大，在 8 ms 左右与第二个接触点相对应相邻横向加强筋也出现破坏。这是由于加强筋刚度比板刚度大，造成两者变形相差较大，所以在板与加强筋结合处出现裂缝。第三、四层板的破坏与模型一基本相同。

　　模型三中各层板的破坏情况如图 6-9 所示。第一发鱼雷爆炸后 0.1 ms 左右第一层板接触点处产生塑性变形，然后接触点沿加强筋出现十字形裂缝，0.2 ms 左右出现破口，随后变形和破口不断增大。在 5 ms 时第二发鱼雷爆炸，随后在接触点处出现与第一发鱼雷爆炸相同的情况，随着两破口的不断增大在 6.6 ms 左右两破口连通。破坏原因与前两个模型相同。第二层板在 0.5 ms 左右受到冲击波作用，0.7 ms 左右产生变形，随变形增大在 2.8 ms 与接触点相对应处相邻纵、横向加强筋板边出现裂缝，3.2 ms 左右出现破口，随后破口沿加强筋扩展。在第二发鱼雷爆炸后与接触点相对应处产生变形，在 10 ms 左右在相

(a) 第一层板

(b) 第二层板

(c) 第三层板

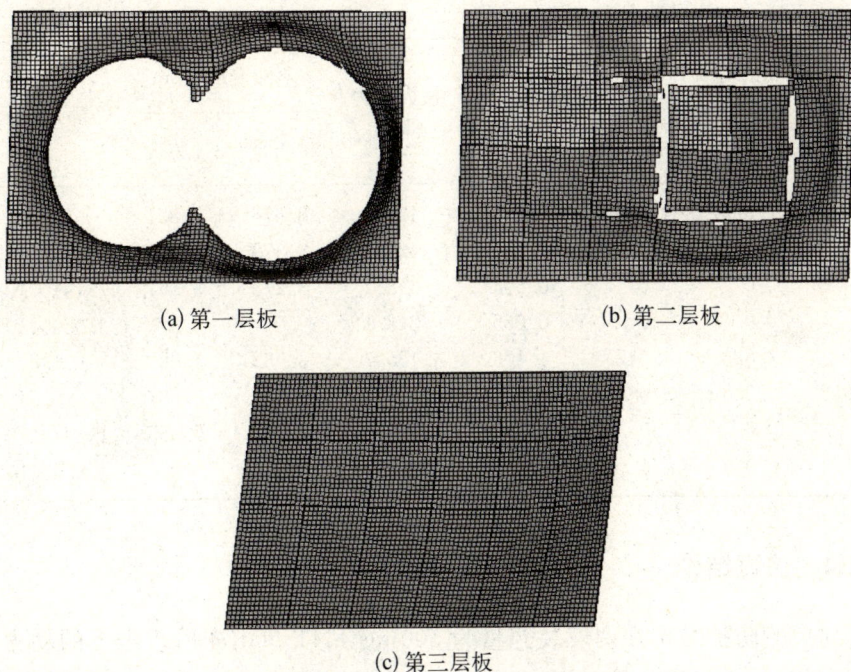

图 6-9 模型三各层板破坏情况

邻横向加强筋处出现裂缝,在 12 ms 左右出现破口,之后变形破口缓慢增长。破坏同样是由于板、加强筋刚度不同,变形相差较大造成的板与加强筋结合处出现裂缝。四层板的破坏与模型一基本相同。

2) 数值仿真结果

以板的长度方向为 x 轴,宽度方向为 y 轴,厚度方向为 z 轴建立坐标系。仿真结果的板中破口 x,y 方向最大距离、板 z 方向最大位移、最大应力、应变如表 6-2 所示。

表 6-2 数值仿真结果

仿真情况	各层板	破口最大距离/m		z 方向最大位移/m	最大应力/MPa	塑性变形区/m		最大应变
		x 方向	y 方向			x 方向	y 方向	
模型一	1	7.652	4.776	1.161	430.0	8.592	5.742	0.3
	2	0.645	0.357	0.818	424.8	8.580	5.782	0.3
	3	0	0	0.519	300.8	8.375	5.593	9.377×10^{-2}
	4	0	0	0.065	248.1	0	0	3.084×10^{-3}

（续表）

仿真情况	各层板	破口最大距离/m		z 方向最大位移/m	最大应力/MPa	塑性变形区/m		最大应变
		x 方向	y 方向			x 方向	y 方向	
模型二	1	7.595	4.800	1.145	427.1	8.676	5.851	0.3
	2	4.129	0.259	0.854	424.1	8.579	5.980	0.3
	3	0	0	0.504	318.2	8.278	5.567	1.191×10^{-1}
	4	0	0	0.065	248.1	0	0	3.050×10^{-3}
模型三	1	7.623	4.647	1.106	425.7	8.532	5.880	0.3
	2	2.938	3.087	0.871	419.4	8.466	5.381	0.3
	3	0	0	0.502	323.7	7.732	5.355	1.293×10^{-1}
	4	0	0	0.063	248.0	0	0	2.865×10^{-3}

6.2.4 仿真结论

对舷侧防护结构在两发装药量为 500 kg TNT 鱼雷先后攻击下的动力响应进行模拟，先后爆炸的时间间隔为 0.005 s。通过模拟得到：第一发鱼雷爆炸首先使板造成一定的变形和破坏，当第二发鱼雷爆炸时由于板破口的影响使板在破口处的边界条件变为自由，这样使板整体的变形加大而不易出现局部的破口。爆炸位置相对加强筋的不同对板的破坏与两发同时爆炸的影响相似。

在两发鱼雷先后攻击时，第二发鱼雷有可能从第一发鱼雷爆炸产生的破口中穿入防护结构内部在内部爆炸，这将对舰船造成更大的破坏。而本章中并未考虑这种情况，有待于进一步研究。

6.3 两发武器同时和先后攻击对舷侧结构的破坏比较

6.3.1 两发武器同时和先后攻击的相同点

舰船舷侧防雷舱结构为空舱、液舱、空舱并且钢板有加强筋，在遭受两发装药量为 500 kg TNT 鱼雷同时攻击和先后攻击时，结构的第一、二层板都出现较大的塑性变形和明显的破口，第三层板都只有塑性变形而没有破口出现，第四层板均没有明显变形。爆炸接触点相对于加强筋位置的不同在两种情况下的影响也基本相同，都起到了加强板的刚度和限制破口扩展的作用。

6.3.2　两发武器同时和先后攻击的不同点

舷侧防护结构在遭受两发鱼雷同时攻击和先后攻击时的不同点在于：同时爆炸在接触点处同时出现破坏，板的中心破坏最为严重，并且板的破坏具有对称性。而先后爆炸在先爆炸的一侧破坏比较大，并且由于第一发鱼雷使第一板出现较大破坏，当第二发鱼雷爆炸时就有更多的能量作用在内部结构上。所以先后爆炸各层板架的 z 方向上的变形比同时爆炸的变形大。

6.4　小结

本章对有加强筋的舰船舷侧防护结构在两发鱼雷攻击下的动态响应进行模拟。分别计算了爆炸点相对加强筋位置不同的 3 种模型在同时爆炸和先后爆炸下的破坏情况。从而得到爆炸可以造成第一、二层板出现破口，第三层板出现较大变形。而加强筋位置不同对第二层板影响最为明显。同时爆炸对于防护结构局部破坏更大，可产生较大破口，而先后爆炸对于防护结构整体破坏更大，局部破口小，但是可造成较大的变形。

参考文献

［1］　白金泽. LS‑DYNA3D 理论基础与实例分析［M］. 北京：科学出版社，2005.

［2］　LS‑DYNA Version 960 Keyword User Manual. Livermore Software Technology Corporation，2003.

［3］　赵海鸥. LS‑DYNA 动力分析指南［M］. 北京：兵器工业出版社，2003.